"安徽红色历史记忆丛书"编委会

主 编

陆发春

编 委

（按姓氏笔画排序）

朱贵平　张启兵　郝欣富　徐　京
唐国富　唐　莉　黄文治

安徽红色历史记忆丛书

红色宿州

丛书主编 陆发春

胡北 编著

时代出版传媒股份有限公司
安徽教育出版社

图书在版编目（CIP）数据

红色宿州 / 胡北编著. —合肥:安徽教育出版社,2021.4

(安徽红色历史记忆丛书 / 陆发春主编)

ISBN 978-7-5336-9019-9

Ⅰ.①红… Ⅱ.①胡… Ⅲ.①革命史—宿州 Ⅳ.①K295.43

中国版本图书馆 CIP 数据核字（2019）第 208097 号

红色宿州
HONGSE SUZHOU

出 版 人:	费世平
总 策 划:	郑 可　费世平
项目统筹:	姚 莉　王宗琦
质量总监:	姚 莉
策划编辑:	王宗琦
责任编辑:	魏飞建　张长举
装帧设计:	吴亢宗
责任印制:	李松伦

出版发行:时代出版传媒股份有限公司　安徽教育出版社

地　　址:合肥市经开区繁华大道西路398号　邮编:230601

网　　址:http://www.ahep.com.cn

营销电话:(0551)63683012,63683013

排　　版:安徽时代华印出版服务有限责任公司

印　　刷:安徽联众印刷有限公司

开　本:710×1010　1/16

印　张:23

字　数:230千字

版　次:2021年4月第1版　2021年4月第1次印刷

定　价:85.00元

（如发现印装质量问题,影响阅读,请与本社营销部联系调换）

总 序

2016年7月1日,习近平总书记在庆祝中国共产党成立95周年大会上的讲话中指出:"我们党已经走过了95年的历程,但我们要永远保持建党时中国共产党人的奋斗精神,永远保持对人民的赤子之心。一切向前走,都不能忘记走过的路;走得再远、走到再光辉的未来,也不能忘记走过的过去,不能忘记为什么出发。面向未来,面对挑战,全党同志一定要不忘初心、继续前进。"中国共产党一贯重视对党史国史的学习和研究,从这些历史中,可以看到中国共产党人的初心和使命,可以获得面对各种挑战所应具备的经验与勇气。

"安徽红色历史记忆丛书"在原有的安徽革命历史研究基础上,充分利用近现代历史文献、档案资料,真实全面地反映了安徽革命斗争历程。丛书试图构建一个红色文化研究平台,连点成线,系统地对安徽省内各地红色文化予以陈述。丛书选取安徽省最有红色革命历史传统的十个县市,即合肥、宿州、六安、黄山、寿县、定远、金寨、无为、泾县、岳西,对1912至1949年间这些地区

的红色革命历史予以梳理叙述。为避免与以往出版的同类型书籍同质化,本丛书在体例上采取专题叙事方式,即每本书均以专题方式,突出该地区重大主题的红色革命历史。各专题之间,有一定逻辑关系,按照事件的先后关系,分章叙事论述。丛书强调权威性、学术性和社会大众性有机结合,希望能够打造既有学术含量,又有文宣效果,能够深入人心的系列图书。

一、安徽红色文化的富矿,有待深入挖掘。

安徽是新民主主义革命时期的重大事件发生地、重要历史人物出生地和革命家活动地,是闻名国内外的红色文化资源大省,因此,研究和保护、开发和利用好红色文化资源,打造和传播好具有安徽特色的红色文化,既有重要的文旅经济价值,也有深远的社会意义和历史意义。

安徽红色历史文化除具备中国革命共通特征之外,另有几个主要特点:

首先,安徽是马克思主义思想传播较早,地方党组织组建较早的省域。有先进思想武装的革命组织是革命事业发展的发动机。1921年10月,当时的省城安庆即成立了安徽社会主义青年团组织,1923年安庆成立中共安庆基层支部,寿县乡村小甸集成立中共特别支部。这样一个特点与皖籍出身的中共早期创建者有着紧密关联。我们从《红色岳西》《红色合肥》等卷帙对王步文、蔡晓舟等早期接受新文化思潮的安徽人物的叙述中,可以了解马克思主义思想在安徽传播的概况。

其次,安徽是贯彻八七会议精神,较早进行土地革命,用武装暴动方式发动农民群众,建立独立乡村红色政权的革命先进地区。大革命失败之后,安徽地区的革命者没有被白色恐怖所吓倒,发动了皖西大别山商南立夏节暴动、六霍暴动和请水寨暴动三大农民暴动,成立了红色苏维埃政权和建制的军事武装,如红三十二师、红三十三师。1928年4月9日,皖北阜阳爆发著名的"四九"武装起义,成立了皖北苏维埃政府,建立了皖北工农红军。

第三,在1930年代初期,依托大别山区建设的鄂豫皖红色革命根据地,是仅次于中央苏区的红色苏维埃革命政权,覆盖了湖北、河南、安徽的广大地域,是土地革命战争时期中国共产党探索由农村包围城市革命新路径的另一个重要实验区;以红二十五军、红二十八军为主干建立的红四方面军,是发挥了红色种子作用的军队,是中国革命军队的一支源泉队伍。

第四,全国抗日战争爆发后,皖南泾县新四军军部成为大江南北新四军抗战的指挥中心,解放战争时期皖西、淮南、蚌埠、合肥瑶岗相继成为革命武装千里跃进大别山、挺进豫皖苏、淮海战役、渡江战役的指挥枢纽之地。横跨江淮的皖北、皖南是中国革命战争年代革命志士抛头颅洒热血,为建立新中国英勇奋战的热土,是追随中国共产党的革命群众贡献聪明才智的沃壤。

二、要认识到安徽红色文化的时代价值。

安徽是红色文化的富矿,值得研究者条分缕析,阐发隐微。红色文化作为一种独特文化标识,得到党中央的高度重视,其时代价值应该被清晰认知:

第一,安徽红色文化展示了20世纪革命年代以陈延年、陈乔年、王步文、曹渊、许继慎、胡底、陈原道、刘淠西、周维炯、漆德玮、舒传贤、王效亭等为代表的安徽革命志士,为了民族独立和人民解放,前赴后继、无畏牺牲的革命英雄主义气概和血战到底的对敌战斗意志;为了追寻国家光明前景和革命真理,宁肯舍弃一切献身革命事业的崇高革命信仰和历史情怀。这是新时期安徽人民仰之弥高的精神财富。

第二,安徽红色文化展示了革命年代安徽进步人士,始终以爱国主义为精神内涵,为了追求社会进步、国家富强,勇于走在反帝反封建斗争的时代前列,极大地丰富了20世纪安徽思想文化历史,为新时期安徽人民树立了力学笃行的精神丰碑。

第三,安徽红色文化展示了革命年代形成、新中国成立之后不断被阐释宣扬、历经百年风云已经内化为安徽历史传统的精神财富,是新时期安徽人民建功立业、创新进取、奋斗于民族复兴大业、建设美好家园的重要传家之宝。

重视红色文化,学习红色文化,实践红色文化,不仅是安徽文化强省的重大举措,更是中国人民增加文化自信的重要精神源泉。我们不能让富有特色的安徽红色文化,躺在历史的尘埃中。

陆发春
于安徽大学问津楼

目 录

导　语　　　　　　　　　　　　　　　　　　　　　　1

第一章　早期党团组织的创立　　　　　　　　　　　　11

　　一、暗夜宿州　　　　　　　　　　　　　　　　　12
　　二、五四风雷　　　　　　　　　　　　　　　　　18
　　三、建立组织　　　　　　　　　　　　　　　　　23
　　四、建党先驱　　　　　　　　　　　　　　　　　30

第二章　工农运动风起云涌　　　　　　　　　　　　　46

　　一、工人运动蓬勃兴起　　　　　　　　　　　　　49
　　二、农民暴动方兴未艾　　　　　　　　　　　　　62

第三章　日军在宿州的暴行　89

一、日军入侵，宿州沦陷　89
二、血债累累，罄竹难书　101

第四章　开辟抗日根据地　112

一、发动群众，团结抗战　113
二、创建皖东北抗日根据地　121
三、创建淮北抗日根据地　140

第五章　共筑淮北抗日根据地坚强堡垒　149

一、对敌斗争　150
二、根据地各项建设　182

第六章　中流砥柱　夺取抗战胜利　203

一、四师西征　204
二、局部反攻　224
三、夺取伟大胜利　235

第七章　解放区军民的自卫反击　239

一、自卫反击　242
二、全面恢复　260

第八章　决战双堆　宿州解放　　　　　　　　　279

　　一、决战前夜　　　　　　　　　　　　　281
　　二、阻击合围　　　　　　　　　　　　　298
　　三、准备攻击　　　　　　　　　　　　　302
　　四、阵地歼灭　　　　　　　　　　　　　308

结　语　　　　　　　　　　　　　　　　　　330

大事记　　　　　　　　　　　　　　　　　　338

参考文献　　　　　　　　　　　　　　　　　349

后　记　　　　　　　　　　　　　　　　　　353

导　语

　　宿州,简称"蕲",别称蕲城、宿城。位于安徽省东北部,黄淮平原南端,北邻江苏徐州和山东菏泽,西接河南商丘,东连江苏淮安,襟连沿海,背倚中原,是安徽的北大门。

　　宿州历史悠久。早在五千年前就有徐夷、淮夷等部落在此定居,渔猎耕牧,繁衍生息。春秋战国时期,即有宿国、萧国等小诸侯国。春秋时期,宋国曾一度迁都于宿州的相城。秦汉时为"舟车会聚,九州通衢之地"。秦置竹邑、蕲县、符离县,属泗水郡。汉置竹邑、符离侯国,属沛国。南北朝时有淮阳、斛城等县,北齐时并入符离县,并改蕲县为蕲城县。隋复蕲县,废竹邑入符离,属彭

城郡。隋大业年间,开通济渠(汴水),古城宿州随着汴水漕运的兴盛逐步发展起来,遂成为"扼汴控淮,当南北冲要"的军事重镇。唐宪宗元和四年(809),割徐州之符离、蕲县及泗州之虹县置宿州①,治设埇桥,宿州之名始此。据《史记》载:"殇公秋立,封孙文子林父于宿。"千余年间,宿州一直是历代州府的治所。1912年废宿州为宿县。1949年4月设宿县专署,属皖北行署。宿县专署驻宿县,辖宿城市及宿县、灵璧、泗县、泗洪、五河、怀远、砀山、萧县、永城等9县。1951年析置宿城市,1953年撤销。1979年于宿县城关设宿州市。②

宿州扼汴水咽喉,当南北要冲,河山交会,形势险要。其北部,群山拱卫,层峦列屏;其南部,河渠纵横,平原辽阔。自古为英雄逐鹿之所,兵家必争之地。历史上有多次重大战役都在此展开。秦末,中国历史上第一次农民大起义在这里的大泽乡揭竿而起。③楚汉相争,垓下决战,霸王别姬的旷古悲剧在这里绝唱。晚唐,宿人庞勋率领戍守桂林的徐泗募兵起义,回师故里,兵困宿

---

① 一说"泗州"。见安徽省地方志编纂委员会:《皖志综述》,内部资料,1988年,第362页。

② 安徽省地方志编纂委员会:《皖志综述》,内部资料,1988年,第362页。

③ 《水经注·淮水注》:"(蕲)县有大泽乡,陈涉起兵于此,篝火为狐鸣处也。"我国历史上第一次农民大起义,首先爆发于蕲县。见安徽省地方志编纂委员会:《皖志综述》,内部资料,1988年,第369页。

城,鏖战数旬,史卷上留下斑斑血迹。① 南宋时期,这里又是张浚、韩世忠抗击金兵的"戎马之郊"。清末张乐行的捻军起义,席卷宿州大地。民国时期,军阀混战在这里拉锯。

宿州文化底蕴深厚。这里曾是老子、庄子出入论道之地,曾留下孔子游说的轮迹。鄢陵季子挂剑徐公墓以践"心许"的掌故誉贯古今,"鞭打芦花车牛返"作为道德文章的典范,使闵子骞成为孔子高足"七十二贤"之端,闵墓闵祠为读书人膜拜了两千五百多年。② 宿州南有陈胜、吴广盟誓诛暴所筑的涉故台;北有刘邦避秦兵之地,现已被辟为国家森林公园的皇藏峪;东有垓下古战场、

---

① 晚唐庞勋起义,爆发于宿州,后庞勋牺牲于蕲县西。据《旧唐书·懿宗纪》与《资治通鉴·唐纪》等记载:咸通九年(868)七月,徐州赴桂林戍卒八百人,逾期不能还乡,"推粮料判官庞勋为都头",率众回归,途中起义。十月,攻宿州。"一日之中,四远云集","自旦至暮,得数千人",再克徐州,声势更壮,"不旬日其徒五万"。占领皖北、苏北、鲁南地区时,已有二十万人之众。曾在丰县击溃唐军数万,在淮口歼敌三万。后宿州守将张玄稔叛变,徐州随之失守。咸通十年(869)九月,庞勋率二万余人南走濠州,在蕲县西涣水边一战失利,"溺水而死"。起义军将领吴迥坚守濠州数月,直至粮尽,突围时牺牲。余部继续斗争,后参加黄巢起义。见安徽省地方志编纂委员会:《皖志综述》,内部资料,1988年,第370—371页。

② 光绪《宿州志》:州城北八十五里骞山,在闵贤集。"山前有闵子墓,左有龙涴潭。墓前有祠,旁有洗絮沟、晒书台。"宿州八景之一,名为"闵墓松风"。闵子,名损,字子骞,是孔子弟子,《史记·仲尼弟子列传》载其孝行,被后人列为"二十四孝"之一。闵损少时受后母虐待。冬日,母为亲生二子制棉衣,为闵损及弟絮芦花。父知后大怒,欲出其后妻。闵损哀劝:"母在一子单,母去四子寒。"后母闻之悔悟,待诸子如一。闵贤集,因闵损而名。闵子祠西有古柏,高十六米,干粗四点三八米,相传已有二千余年树龄,人称圣柏。见安徽省地方志编纂委员会:《皖志综述》,内部资料,1988年,第366—367页。

虞姬墓;西有李白饮酒赋诗的宴嬉台;中有白居易寓居多年的东林草堂。①"竹林七贤"中的嵇康、刘伶和后梁皇帝朱温等均是宿州人。李白、韩愈、白居易、苏轼等饱学之士都曾游历或流寓于此,留下了许多美好的诗文和遗迹。"野火烧不尽,春风吹又生"的千古佳句就是青年白居易在宿州符离吟成的。

宿州有着光荣的革命传统,宿州人民素有反抗黑暗反动势力的斗争精神。

1919年5月4日,北京爆发了以学生群众为主体的反帝爱国运动,揭开了中国新民主主义革命的序幕,宿州各地的学生、工人及各界群众热烈响应,奋起参加反帝爱国斗争。1921年7月,中国共产党诞生后,马克思主义得到迅速广泛传播。1922年至1925年,宿州一批在外地求学的青年学生,先后接受了马克思主义思想,在北京、上海、南京等地加入了中国社会主义青年团和中

---

① 闵贤集附近有武里山,山下为武里村。据《凤阳府志》记载:武里村"地其清幽","唐白香山常游于此"。白居易,号香山居士。贞元七年(791),白氏二十岁时曾寄居符离县,在其兄白幼文处刻苦读书约三年,"昼课赋,夜读书,间又课诗","以至于口舌成疮,手肘成胝"。在符离,与刘主簿交友,切磋学问,共游武里等地。元和三年(808),白居易三十七岁时重逢刘主簿,追忆往事,作《醉后走笔酬刘五主簿长句之赠兼简张大贾二十》,"是时相遇在符离,我年二十君三十","秋灯夜写联句诗,春雪朝倾暖寒酒"。分手十余年,旧友喜相逢,"大底浮荣何足道,几度相逢即身老。且倾斗酒慰羁愁,重话符离问旧游。北巷邻居几家去,东林旧院何人住。武里村花落复开,流沟山色应如故"。见安徽省地方志编纂委员会:《皖志综述》,内部资料,1988年,第367页。

国共产党,壮怀激烈,一腔豪情,投入革命洪流,献身壮丽事业。① 他们在寒暑假期间返回家乡,秘密开展活动,宣传马克思主义,发展党员、团员。1922年至1923年,江善夫、李启耕、孔昭谦、刘道行等先后加入了社会主义青年团,在宿城成立了第一个团小组。1924年至1925年,李一庄、李启耕、孔昭谦、朱务平等先后加入了中国共产党,在宿县城里成立了党团合一的独立支部,并发展了农民协会、工人协会、妇女协会等协会。1926年5月,朱务平、李一庄等12名党员在临涣成立了宿县第一个党支部——宿县独立支部;8月,中共宿城临时支部建立;同年冬,中共泗县支部建立。同时,萧县有4名中共党员分散开展革命活动。② 1927年8月,以徐风笑为首组成了中共宿县临委,稍后改为县委,是当时中共安徽省委下辖的两个最早的县委之一。自从有了党的组织,宿州的革命面貌焕然一新。

在党的创立和大革命时期,宿州各地的党组织和党员,在宣传马克思主义,进行国共合作,开展工人运动、农民运动、学生运动、妇女运动,反对帝国主义、军阀和封建地主,支援北伐战争的斗争中,发挥了重大作用。在党团组织的领导下,成立发展了工人协会、农民协会、妇女协会等协会,工人运动、农民运动、学生运

---

① 中共宿州市委党史研究室:《中共宿州市党史简编》,合肥:黄山书社,1998年,第1页。
② 中共宿州市委党史研究室:《中共宿州党史大事记(1919.5—1949.9)》,内部资料,1999年,第1页。

动开展得轰轰烈烈，不断向纵深发展，取得了一系列斗争的胜利。宿州地方党组织也在革命斗争中得到了锻炼和发展。

八七会议确定了实行土地革命和武装反抗国民党反动派的总方针，从此，党的组织转入秘密状态。从1927年下半年至1928年底，由于国民党反动派势力在宿州地区还比较薄弱，党的组织和党领导的工农群众运动都得到发展。宿县首先建立了县委，接着萧县、砀山先建立特支，后又建立县委，泗县建立了特支。1929年，灵璧小吴家党支部成立①，泗县建立了县委。1930年7月，为适应武装暴动的需要，各县委都改组为行委，同年10月，各县行委撤销，恢复县委。1931年，宿县建立了中心县委，至1932年6月与铜山中心县委合并成为徐州特委。灵璧在1931年10月成立了独立区委。1929年国民党实行清党，宿州各县党组织遭到破坏。1930年至1932年，宿州各地党组织受"左"倾错误路线影响，加上缺乏武装斗争的经验，所发动的东三铺水池铺农民暴动、黄口暴动、石梁河暴动、叶柳湖暴动、顺河集梅山暴动、古饶暴动、大山暴动、张庄寨洪河集暴动等，虽给国民党反动当局以沉重打击，但均遭失败，党组织迭遭严重破坏。至1933年秋，宿州各地党组织被国民党反动派破坏殆尽。到1934年6月，中国共产党又从

---

① 中共灵璧县委党史办公室：《灵璧县革命斗争史》，合肥：安徽人民出版社，1990年，第13页。

基层开始恢复宿州的党组织,秘密开展革命活动。①

全国抗日战争时期,宿州是彭雪枫领导的新四军第四师的根据地,也是新四军第四师浴血奋战的主战场。② 豫、皖、苏人民积极响应中国共产党的号召,在广袤的淮北平原上,燃起了抗日战争的熊熊烈火。③ 全国抗日战争初期,宿州各县一些从国民党监狱获释的中共党员回到家乡,开展抗日救亡活动。中共苏鲁豫皖特委、山东分局也先后派干部到宿州各县重建和恢复党的组织。1938 年 5 月,萧县、宿县、砀山、灵璧等县先后沦陷,党的组织即转入农村,发动群众,组建抗日武装和群众团体,开展武装斗争。此后,中共上海党组织、安徽省工委派干部到宿州各地组织抗日,随着八路军苏鲁豫支队南下,彭雪枫率新四军游击支队东进,在津浦铁路以东地区,开辟建立了以泗县为中心的皖东北抗日根据地,成立了中共皖东北特委、皖东北地委等组织;在津浦铁路以西地区,开辟建立了包括萧县、宿西、砀南在内的豫皖苏边区抗日民主根据地,成立了中共萧县中心县委(后改为陇海铁路地委);砀山、萧县的陇海铁路以北地区,则成为苏鲁豫边区湖西抗日根据地的组成部分。1941 年皖南事变以后,国民党顽固派军队对豫皖苏边区抗日民主根据地大举进攻,新四军第四师在进行 3 个月反

---

① 中共宿州市委党史研究室:《中共宿州党史大事记(1919.5—1949.9)》,内部资料,1999 年,第 30—31 页。
② 孟繁孝:《宿州新四军历史人物传(一)》,内部资料,2012 年,第 1 页。
③ 杨连喜:《淮北抗日风云》,内部资料,2001 年,第 1—2 页。

顽斗争以后,为维护抗战大局,撤出豫皖苏边区,转移至皖东北地区。此后,开辟建立了宿东、萧铜和泗灵睢等游击根据地(成为淮北抗日民主根据地的重要组成部分),并成立了中共宿东地委(后为淮北第四地委、第三地委),组建了宿东抗日游击支队。抗日根据地开展了党的建设、政权建设、减租减息、群众运动等各项工作。1942年12月和1943年3月,根据地的党员群众配合新四军第四师取得三十三天反"扫荡"和山子头自卫战的胜利,根据地不断得到巩固和发展。1944年8月,彭雪枫率部挺进路西,一举收复豫皖苏失地,重建8个县级政权,并成立了淮北第二地委,扩大发展了淮北抗日民主根据地。自1945年夏,淮北路东、路西军民发起战略反攻,泗县、灵璧、萧县先后得到解放,宿州人民迎来了抗日民族解放战争的胜利。① 抗战期间,宿州各县抗日军民与日、伪、顽军英勇作战,多次粉碎日伪军的"扫荡",有力地回击了国民党顽固派制造的反共摩擦,建立和巩固了抗日民主政权,使抗日根据地各项事业蓬勃发展,欣欣向荣。在宿州广大农村,党领导人民群众,向封建统治和剥削制度做斗争,形成了占据优势的政治力量,成为党在农村的社会基础,成为人民军队的坚强后盾。

解放战争时期,刘伯承、邓小平、陈毅、粟裕指挥的中原、华东两大野战军,在宿州开辟了淮海战役的主战场,经过阻击、包围、歼灭三个阶段的浴血奋战,在濉溪县双堆集(时属宿怀县)地区歼

---

① 中共宿州市委党史研究室:《中共宿州党史大事记(1919.5—1949.9)》,内部资料,1999年,第87—88页。

灭了国民党嫡系精锐部队黄维兵团,打胜了埋葬蒋家王朝的战略决战中的关键一役。1945年8月15日,日本无条件投降,蒋介石抢夺胜利果实,千方百计阻止我军接收抗战胜利成果,发动内战。① 当时,宿州各县区分属淮北解放区路东、路西地区,是国民党军队进攻的主要地区之一。在国民党军队大规模进攻下,解放区军民浴血奋战,后分别撤出解放区。从形势好转的1947年初起,各县区党组织及武装在豫皖苏第三地委、淮北工委(华中第七地委)的领导下,开始进行恢复解放区的斗争,并积极配合人民解放军主力作战,其后进行了以土改、整党为主要内容的解放区建设。以邓小平为书记的淮海战役总前委先后在淮北临涣文昌宫和小李家村根据中央军委和毛泽东的战略部署,指挥中原、华东两大野战军及地方部队60万人,创造了打败国民党精锐部队80万人的奇迹,夺取了淮海战役的全面彻底胜利。② 在关系人民解放战争最后胜利的战略大决战中,宿州地区的党组织和人民群众上下齐动员,全力支援淮海战役,为本地区的解放,为歼灭国民党反动派军事集团主力,继而埋葬蒋家王朝,夺取全国胜利,做出了重要贡献。③

---

① 中共宿县县委党史工作委员会:《中国共产党安徽省宿县党史资料》,合肥:安徽人民出版社,1993年,第1—3页。

② 中共淮北市委党史研究室:《中国共产党淮北地方史》,北京:中共党史出版社,2004年,第3页。

③ 中共宿州市委党史研究室:《中共宿州党史大事记(1919.5—1949.9)》,内部资料,1999年,第173页。

在二十八年波澜壮阔的奋斗进程中,在宿州这片洒有无数革命先辈热血的红色土地上,多少仁人志士为革命赴汤蹈火,对人民赤胆忠心!他们中有与李大钊并肩战斗过,以青春之年,血洒京华的"北京十八烈士"之一的吴可;有为"推翻旧世界,实现真人生"而奋斗不息,最后傲立雨花台,英魂系长淮的朱务平;有不畏强暴,挺身而出,在抗烟捐风暴中英勇献身的王效白;有不畏艰险,孜孜汲汲,为点燃革命之火而慷慨捐躯的王子玉;有"学剑吐长虹,烽火上征途"的江上青;有"红装换戎装,血染微山湖"的常俊婷;有被彭雪枫誉为"年青的布尔什维克,大有发展前途的干部"的周启邦……他们是民族脊梁,国之栋梁。"为有牺牲多壮志,敢教日月换新天",他们在中国革命的舞台上,演出了一幕幕威武雄壮的历史活剧,他们用鲜血和生命奠定了共和国坚实的根基,用一腔热血浇灌了通向光明幸福的道路。他们像深山中的幽兰,虽鲜为人知,却散发着无尽的芳香;像严冬时节的梅花,虽饱经霜雪,却赢得世人敬仰。他们创造的丰功伟绩,是时代高度,是发展方向,是奋进明灯,是铸就在中华儿女心中的永不褪色的精神丰碑。

第一章

早期党团组织的创立

安徽北大门宿州,襟连沿海,背倚中原,气候温和,地腴物丰。千百年来,勤劳智慧的宿州人民,在这片富饶的土地上世世代代生息繁衍,创造出灿烂的物质文明和精神文明。然而,鸦片战争之后,宿州逐步沦为半殖民地半封建社会,宿州人民在遭受外国侵略者奴役的同时,还饱受封建剥削阶级的压榨盘剥,再加上腐朽官吏的横征暴敛和反动军队的残酷勒索,广大人民流离失所,苦不堪言。为此,宿州人民为谋求民族独立与人民解放进行着艰难的探索。

一、暗夜宿州

(一)帝国主义魔爪

1840年鸦片战争发生以后,中国逐步沦为半殖民地半封建社会。帝国主义列强寻找种种借口发动侵略中国的战争,迫使清政府签订了许多不平等条约,从政治、经济、文化等方面,加强对中国的侵略,把魔爪伸向中国的四面八方。

通过传播基督教教义和精神,来摧毁中国人民的伟大爱国心和革命热情,是帝国主义侵略者企图征服中国的一种手段。据《皖政辑要》记载,"皖省设立教堂,以五河(原属宿州)为最早,实创于道光季年。度其教必从淮扬传入,观于泗属教堂仍有隶扬司铎管理可知也"。而后,外国传教士以五河为跳板,逐渐向凤阳、泗县以及皖北其他地区扩张,到十九世纪九十年代末,耶稣教堂已遍布宿州各县。① 传教士所到之处,洋人和官府、强盗沆瀣一气,相互勾结,在当地推行帝国主义殖民统治。仅萧县一地,自1888年开始,就先后有法国、意大利、美国、比利时、西班牙、加拿大等国家的传教士来传教。他们疯狂发展教徒,短短两三年时

---

① 中共宿州市委党史研究室:《中国共产党宿州史》,北京:中共党史出版社,2001年,第1页。

间,就在萧城、黄口、马井、九店、王寨、丁里、朔里、郑庄、孟庄、程楼、吴庄等地发展教徒一万多人,并建立了教会组织。洋人一方面以教堂为依托,通过传教、办学校、开医院、印发宣传品等手段,到处散布迷信,鼓吹"洋人好",对当地人民进行奴化教育。另一方面,打着"自由、平等、博爱"的幌子,横行乡里,鱼肉百姓,残害无辜,奸淫妇女,无恶不作。如:萧西马井天主教堂倚仗县府卫队的保护,公开窝藏土匪,坐地分赃。被他们一手扶植起来的马良科、马达子等土匪,抢掠萧西大半个县,被群众捉拿送县府后,教堂神甫勾结县知事,反诬百姓"有意侮辱教徒",当即将土匪释放。① 黄口一传教士见教徒祁秋长得漂亮,就不准她结婚,对其进行诱骗奸污,逼得祁秋自缢而死。泗县一教徒同人打官司,见了县知事说:"我是天主教徒,只跪神不跪地方官。"平时传教士、教徒遇有诉讼事,只要神甫一张名片即可解除官司。②

  帝国主义势力在进行文化渗透、攫取政治特权的同时,加紧经济掠夺。洋人除利用教会霸占民田出租放债外,还通过办洋行、商业,倾销外货,排斥民族工商业。1908 年,英国以 200 万英镑投资修筑津浦铁路南段,在宿县符离集黄山头建采石厂。铁路修通以后,外货大量流入萧县,萧城、黄口、郝集、曹村等较大集镇

---

  ① 中共萧县县委党史研究室:《中国共产党萧县地方史(第一卷)》,北京:中共党史出版社,2006 年,第 2 页。
  ② 中共安徽省委党史工作委员会:《安徽现代革命史资料长编(第一卷)》,合肥:安徽人民出版社,1986 年,第 12 页。

遂成为外货倾销的主要市场。仅萧城、黄口两地，1919年前后就有大小商店170余家，这些商店都先后成为各国洋行的经销店或代销店，外货量一般达到70%至80%，个别商店经销的商品甚至全是外货。这种状况，直接导致地方手工业纷纷倒闭。1909年，英国商人在宿城设立大同蛋厂，收购鸡蛋，加工出售。1914年，德国商人在蚌埠建了两个货栈，专门收购鸡蛋和芝麻。1916年，美国美孚洋行在蚌埠设经销处，向皖北等地倾销煤油、洋烛、火柴等商品。洋货大量进入宿州市场，迫使地方民族工商业、农民家庭手工业破产。

(二)封建势力盘剥

封建势力是帝国主义统治、掠夺中国的社会基础。十九世纪末二十世纪初的江淮平原上，作为封建统治主要支柱的地主阶级对广大农民的剥削，变得更加严重。一些官僚、地主巧取豪夺，大肆兼并土地，凭借土地所有权，不仅对农民进行封建地租剥削，还有名目繁多的附加租等额外剥削。

据《中国近代农业史资料》记载，淮北各地乡绅地主"其擅作威福，鱼肉农民者，盖多数矣"。① 宿县东南乡的大地主陈道辉、东北灰古的赵铁牛，宿县城里的邵德府、黄灿府，都占有数千亩乃至数万亩以上的土地，占有几顷、几十顷土地的中小地主更多。缺

---

① 中共宿州市委党史研究室：《中国共产党宿州史》，北京：中共党史出版社，2001年，第2页。

地、无地的农民日益增多,他们全靠租种地主的土地或扛长工艰难地生活着。由于地主残酷的剥削,官府惨重的压榨,各种税收多如牛毛,农民一遇天灾人祸,只有逃荒要饭或借高利贷、卖儿卖女,过着艰难凄惨的生活。当时,农村中流传着这样的歌谣:"农民头上三把刀,税多租重贷息高;农民面前三条路,逃荒要饭卖妻少。"即使逃荒要饭到城市的游民和城市居民,生活也很艰苦,不仅政治上受歧视,时常挨打受骂,在经济生活上也非常困难。有的出牛马力当搬运工人,劳动时间长、强度大,披星戴月,工资低得可怜,难以维持温饱;有的当一生建筑工人,仍无席地安身,常年寄居在富人屋檐下;有的终生安不上家,或者安了家生下子女无法维持其生活,子女很小就要到街上要饭、拾破烂,或到商店当童工、学徒工,操奴婢之役,吃猪狗之饭,度日如年。当时,学徒中流传着一首歌谣:"人家坐着咱站着,人家吃饭咱看着,洗衣做饭哄孩子,端茶端水提尿壶,稍有怠慢打屁股。"①

宿州广大农村呈现一片凋敝破败的景象,广大农民生活日益贫困化,由于丧失或缺少生产资料,他们只能靠出卖劳力、逃荒要饭维持生活,加上各种黑暗势力的残酷压榨,长期过着饥寒交迫的生活。

辛亥革命推翻了清王朝,结束了统治中国几千年的君主专制制度,中华民国随之成立。但革命果实被帝国主义所中意的以袁

---

① 中共宿县县委党史工作委员会:《中国共产党安徽省宿县党史资料》,合肥:安徽人民出版社,1993年,第1页。

世凯为首的北洋军阀窃夺。中国仍然是半殖民地半封建社会，广大人民群众依然处在极度贫穷落后的状态。正如孙中山先生所说："政治上、社会上种种黑暗腐败，比前清更甚，人民困苦，日甚一日。"宿州各地也和全国一样，军阀和官僚代替了封建王朝的统治。他们倚仗政治和军事力量，抢占或强买了大量土地，随着这些新兴地主的出现，以农业为主的宿州地区土地越来越集中，农村自耕农破产的越来越多。据宿县有关资料记载，全县自耕农户数占总农户的比例由1905年的59.5%下降到1914年的42%，同期的佃农户数则由17.9%增至26.9%。一则当时的调查显示：在宿县某地12个村子里，总人口为3478人，其中有105人被迫离家出走，占总人口的3%。正如《中国近代农业史资料》中所记载，"饥民乏食，家室流离"，遇灾荒年景，农民背井离乡，外出乞讨者日多。

大批农民破产，或降到雇农、佃农的地位，或流入城市，使农业劳动中雇佣劳动的比重增大。在城镇，随着铁路运输的出现，帝国主义掠夺性投资增多，从事工商业者渐多，市场扩大，店员和从业工人也相应增加，除原有的建筑、搬运等行业工人外，宿州也出现了早期的产业工人。如：1904年由退休官僚周玉山创办的宿县烈山煤矿，至1916年已有工人数千人，萧县老孤山煤矿有工人1000多人。其他如宿县元丰蛋厂、怀远电灯厂等企业亦招收了一批工人。虽然当时工人阶级的人数还不多，然而他们毕竟是新生产力的代表，从诞生的那天起，就不断地反抗剥削者和压迫者。

1916年4月,安徽军阀倪嗣冲占据的烈山煤矿,因井下经常发生工伤事故,矿方随意扣发工人工资,工人生活无着落,就推举100多人为代表,向煤矿的官员讨索工资,矿方不仅加以拒绝,而且出动矿警镇压,工人被逼拿起铁镐、木棒与警察搏斗,当场死伤6名工人,遂一致罢工。矿方见工人心齐,只好补发工资。

早期的工人斗争,虽然还是自发性质的以经济为主的斗争,无产阶级还没有意识到自己阶级的历史使命,但已显示出一定的觉悟和顽强的战斗力。

这个时期,农民及其他阶层的人民也自发地进行了许多斗争。如:萧县马井几度爆发反洋教斗争,数百农民手持长矛、大刀等武器,围攻教堂,反抗教民欺压群众,高呼"打倒洋人"的口号。1910年,马井天主堂被群众焚毁。1913年,萧县农民黄二成,为反抗地方军阀的苛捐杂税和地主的残酷剥削,组织农民起义,提出惩治贪官污吏和地主豪强的口号,占领了县境内的石弓山。1914年,泗城群众4000余人在第一高等小学大操场集会,抗议美孚洋行倾销洋货,并将查出的洋货当众烧毁。

到五四运动前夕,宿州地区的政治经济形势是半殖民地半封建社会的矛盾更加深化,农村两极分化日趋严重,大批自耕农破产;城镇出现了资本家,新生的工人阶级队伍逐步发展,并开始自发斗争。这种社会阶级关系的变化和新的革命力量的成长,为一场彻底的反帝反封建的人民大革命风暴的到来创造了客观的社会基础,也为中国共产党组织在这一地区的建立和发展奠定了阶

级基础。

二、五四风雷

1919年初,第一次世界大战的战胜国在巴黎召开和平会议,中国政府因战时参加后来的战胜国协约国一方,也派代表出席和会。然而,中国代表在会上提出的废除外国在中国的势力范围、撤退外国在中国的军队等合理提案都遭到拒绝,会议还规定德国将在中国山东攫取的一切特权转交给日本。① 中国在巴黎和会上外交失败的消息传到北京,5月4日,北京爆发了以学生斗争为先导的声势浩大的反帝爱国运动。旅京皖人、《新青年》主编、北京大学教授陈独秀一开始就站在这场斗争的前列,他在《每周评论》上多次发文,指明北洋政府的腐败无能是造成对日外交失败的根源,主张用暴力实行民族自卫。6月8日,陈独秀起草了《北京市民宣言》,提出对于内政外交的五条最低要求,为全国学生、工人指明了运动方向。6月11日,陈独秀在北京前门外闹市区新世界游艺场散发《北京市民宣言》时,被军警逮捕。北洋军阀政府逮捕

---

① 中共中央党史研究室:《中国共产党的九十年(新民主主义革命时期)》,北京:中共党史出版社,党建读物出版社,2016年,第17页。

陈独秀,引起全国人民的愤慨。①

北京学生五四爱国运动的消息很快传到安徽,宿州位于南北交通要道上,5月6日消息就传到宿县,继而传到灵璧、泗县、萧县、砀山。各县学校师生员工、各界群众,纷纷集会,声援北京学生的爱国运动。会后游行示威,高呼"外争国权,内惩国贼""誓死不签和约""取消二十一条不平等条约"等口号。②

5月6日,宿城省立第四农校、怀远中学的学生走上街头,举行声援北京学生的集会和游行,反对签订卖国和约并查禁日货,并成立了学生联合会和教职员工联合会。③宿城省立第四农校、县立第一高等小学、仓院小学、龙王祠小学、白衣阁小学的师生及市民、商人3000余人在城隍庙集会并在会后游行示威,高呼"外抗强权,内惩国贼"的口号,反对签订卖国条约,积极声援北京学生的爱国行动。萧县、泗县、灵璧、砀山等地学校的师生也纷纷集会游行,使声援行动很快形成一股爱国主义浪潮,由县城扩展到农村的集镇,如宿县的濉溪口、临涣、古饶,萧县的黄口、王寨、永堌等。在声援五四运动的热潮中,宿县、萧县、泗县、砀山等县先后成立了学生联合会和教职员工联合会,发表宣言,呼吁各界人

---

① 中共安徽省委党史研究室:《中国共产党安徽地方史》(第一卷),合肥:安徽人民出版社,2000年,第21—23页。
② 中共宿州市委党史研究室:《中共宿州党史大事记》,内部资料,1999年,第2页。
③ 中共安徽省委党史研究室:《中国共产党安徽地方史》(第一卷),合肥:安徽人民出版社,2000年,第27页。

士抵制日货,声讨卖国贼,并组织仇货检查队,查禁日货。① 学生发动的抵制日货、提倡国货的斗争,极大地促进了广大人民群众的觉醒,激发了群众爱国热情的高涨,城市工人也举行罢市、罢工斗争,声援学生运动,加入革命斗争行列。② 具有光荣传统的宿州人民,积极响应五四运动的号召,反帝爱国运动蓬勃开展。

五四爱国运动唤醒了沉睡的中国人民,激发了人民的斗志,它是中国新民主主义革命的开端,标志着中国人民的觉悟和斗争进入一个新的阶段。同全国其他地区一样,五四运动后的两三年间,宿州地区反帝反封建的群众斗争持续不断。

1920年元月底,江善夫、孔子寿等人在宿城组织了宿县学生联合会,下设评议和执行两个工作部,对教育事业进行改革,组织剧社,开展文艺宣传活动,抨击时弊,揭露帝国主义、封建主义的罪恶,宣传新思想、新道德、新风尚。③ 5月4日,宿城2000多名学生在省立第四农校操场集会,纪念五四运动一周年。会上,宿县学生会负责人孔子寿、赵乐山等人发表慷慨激昂的演讲,大会坚决反对卖国的"二十一条",号召抵制日货,要求北洋军阀政府收复山东胶济铁路。会后举行示威游行,散发传单,学生们高唱《抵

---

① 中共宿州市委党史研究室:《中国共产党宿州史》,北京:中共党史出版社,2001年,第4—5页。

② 中共安徽省委党史研究室:《中共安徽八十年简史》,合肥:安徽人民出版社,2003年,第4页。

③ 中共宿县县委党史工作委员会:《中国共产党安徽省宿县党史资料》,合肥:安徽人民出版社,1993年,第2页。

制日货》等进步歌曲。11月,萧县再度掀起抵制日货活动。学生们集会游行,并将在各商铺查出的大批日货当众焚烧,使成千名围观群众受到一次爱国主义思想教育。①

1921年春,宿县学生联合会发动县城各校学生和市民到公署请愿,强烈要求惩办旧绅士晋席珍利用省三届议长的余威,霸占游府衙门原学校地址的罪行,同时联合市民进行控告,通电外地学校援助,结果晋席珍最终屈服。接着,宿县学联又开办了群星书社,组织推销书报小组,在宿县、灵璧等地流动推销《列宁评传》《每周评论》《共产党宣言》《安徽白话报》等宣传马列主义的进步书刊。② 6月11日,宿县学联组织宿县各界5000多人,在省立第四农校操场集会,声讨反动军阀马联甲、倪道烺刺杀爱国学生姜高崎等人,制造六二惨案③的血腥罪行。会后师生们和安庆代表高举着死难者的血衣游行,激起了广大民众对反动军阀的痛恨。

五四爱国运动提高了工人群众的觉悟,他们的斗争目标从以经济斗争为主发展到以争取提高工资待遇、改善劳动条件、争取

---

① 中共宿州市委党史研究室:《中国共产党宿州史》,北京:中共党史出版社,2001年,第5页。

② 中共宿县县委党史工作委员会:《中国共产党安徽省宿县党史资料》,合肥:安徽人民出版社,1993年,第2页。

③ 为争取教育基金独立,反对军阀侵吞教育经费,1921年6月2日安徽省学联组织学生赴省议会请愿,遭到军阀马联甲、倪道烺的毒打和扣押,当场被刺伤打伤学生50多人。安庆省立第一师范学校学生姜高琦身中七刀,重伤身亡,安庆省立一中周肇基也因伤势过重,一年后不治身亡,造成了震惊省内外的六二惨案。见中共安徽省委党史研究室:《安徽革命史辞典》,合肥:安徽人民出版社,1996年,第204页。

人身自由为主。1920年下半年至1923年初,宿县烈山煤矿工人举行了两次罢工斗争:一为要求增加工资,实行八小时工作制;一为声援京汉铁路工人大罢工,要求成立工人俱乐部。最后迫使矿方答应了工人们的条件,罢工斗争取得胜利。

五四运动后,在新文化浪潮的冲击下,宿州地区的青年高举民主与科学的旗帜,向封建传统的思想、道德和文化宣战,他们提倡科学、反对迷信,演新戏、办新报、宣传新思想,用白话文代替文言文,提倡个性解放、反对封建伦理道德,在宿州掀起一场新文化运动。1919年秋,宿县省立甲种农业学校的学生和一部分在外地求学假期回宿的学生组织演出反帝反封建的新戏,如《安南亡国惨》《八国联军进北京》等。在此基础上,他们又成立了新符离剧社,借演戏宣传新思想、新文化,反对旧礼教。剧社还演唱新歌曲,如《打倒列强》《工农兵大联合》《少年先锋队》等,并使这些进步歌曲在学生中广为流传。1921年春,曾赴京参加过北京国语运动讲习所的砀山进步人士刘尹斋、张鸣歧、薛尼轩等,经常将《新青年》《新潮》《赤潮旬刊》等进步期刊带回砀山,在群众中秘密传阅,为砀山人民学习了解马克思主义及民主思想提供了精神食粮。刘尹斋所在的砀山第二高等小学的师生在校廊里创办了《自由之神》墙报,宗旨就是提倡新道德、新文学,批判旧礼教、旧文学,推动了砀山新文化运动的开展。①

---

① 中共砀山县委党史研究室:《砀山革命史》,内部资料,1999年,第5页。

　　新文化运动荡涤着几千年中国封建社会的旧传统道德,唤醒了沉睡的中国人民,触动了亘古不变的旧观念。在新文化运动中,宿州各地涌现了一批忧国忧民的进步青年知识分子,他们对传播马克思主义,继而建立党团组织,起到了先导作用。

三、建立组织

　　随着马克思主义在宿州的传播和反帝反封建运动的开展,宿州各地出现了一批接受马克思主义的先进分子,他们在中国共产党党团组织的领导下,逐步筹备建立地方党团组织,积极开展革命活动。①

(一)共青团宿县独立支部

　　1921年7月,中国共产党成立。当时,一批在外地求学的宿县籍学生李启耕、孔昭谦、江善夫、杨梓宜、王运同等先后在北京、芜湖等地加入了社会主义青年团(1925年1月更名为中国共产主义青年团)。他们于寒暑假回宿,在宿城青年中传播先进思想,并在先进青年中物色、发展团员。为便于组织青年团员学习,1923

---

① 中共宿州市委党史研究室:《中国共产党宿州史》,北京:中共党史出版社,2001年,第9页。

年暑假,江善夫、李启耕、孔昭颐、孔昭谦、李一庄等回到宿城,经江善夫同团中央邓中夏取得联系,组建了社会主义青年团宿县小组。因其成员多系旅外学生或在外地任教的教师,假期结束,便各自返校,团小组活动也只好停止,所以是临时性质的组织。

1924年夏,江善夫从芜湖回宿,在东关私立高小任教,当年暑假,继续领导团小组的活动。这时参加团小组的有李启耕、孔昭谦、李一庄、刘道行、江汉伯、江善夫等。团小组贯彻中共中央第三次全国代表会议精神,一些团员以个人身份加入中国国民党,并由孔昭谦、江善夫等主持组建国民党宿县临时县党部,团组织的会议多是通过临时县党部的名义去执行的。

在团小组的领导下,宿县的青年革命斗争有了新的发展。1924年秋,王运同在城南三里湾创办了农民夜校和农民互助会。1924年底,江善夫、孔禾青、李一庄等又发起成立宿县国民议会促成会。1925年五卅惨案发生后,他们又发起成立宿县沪案后援会,并通过各种形式募捐,支持上海工人的斗争。

1925年暑假,宿城已有团员21人(其中一部分已转党)。为更好地领导宿州的革命斗争,孔昭谦、杨梓宜、孔昭颐等议决成立共产主义青年团宿县独立支部,推举杨梓宜任支部书记,并征得上海团中央的同意。共青团宿县独立支部初属上海团中央领导,后曾一度隶属共青团南京地委、徐州地委,1927年8月以后,则在中共宿县临委、宿县县委以及上一级团委领导下开展工作。

共青团宿县独立支部成立后,临涣集尚有团员10余人,因距宿城近百里之遥,活动不便,经报请团中央同意,另行组建特支,属共青团南京地委领导。

共青团宿县独立支部经常召开会议,研究开展群众运动等问题。团组织的领导人和骨干分子孔昭谦、孔昭颐、王友石、邵葵、杨梓宜、陈粹吾、王运同等都做了明确的分工。在他们的领导下,宿城的各业工会、农民协会、妇女协会等群众组织很快建立起来。

共青团宿县独立支部还注意加强统一战线工作,团结国民党左派人士,孤立和打击国民党右派分子。1926年3月,国民党右派组建安徽省党部,共青团宿县独立支部以宿县国民党临时县党部的名义通电反对,并向团中央报告了这一情况,请团中央通告安徽各地起来反对。1926年5月4日,共青团宿县独立支部发动群众举行了声势浩大的纪念五四运动七周年活动。5月30日,独立支部又以学生会的名义和县政府商谈纪念五卅运动一周年事宜,未获准许。次日,团组织即发动商、学各界2000余人,在县立一高集会,沉痛悼念在五卅运动中英勇献身的烈士,愤怒声讨英、日帝国主义的侵略罪行。会后,举行了示威游行。当地驻军头子褚玉璞派兵监视,激起了群众更大的义愤,他们沿途撕掉英、日货广告,砸碎了外国人开办的教会学校校牌。8月,中共宿城临时支部建立。从此,宿州的团组织和进步青年即在党组织的领导下,踏上了新的征程。①

---

① 王敏:《中共宿州市党史简编》,合肥:黄山书社,1998年,第8—9页。

(二)从中共宿县独支到中共宿县临委

随着国民会议促成会活动的开展和声援五卅运动斗争的扩大,宿州共产主义青年团组织在斗争中逐步成熟,马克思主义被进一步传播,中国共产党的影响日益广泛。加上一些在外地求学时入党的革命青年陆续回家乡开展革命活动,为宿州各地党组织的建立提供了良好的思想基础和组织保证。①

1926年2月,中共中央在北京举行特别会议,分析了全国的革命形势,确定当时的政治任务是从各方面推动北伐战争的胜利,以革命战争推翻帝国主义和封建军阀的统治。整个革命形势呈现非常有利的局面。

在宿县,原在徐州培心中学读书的临涣人朱务平于1925年5月回到家乡发展了徐风笑入党。这年暑假,朱务平又发展了刘之芜、陈文甫、孙铁民、谢霄九等人入党。至1926年初,临涣一带已有中共党员12人,他们全部参加了党团合一的共青团临涣特支,临涣一带的群众运动,都由特支进行领导。这时,根据全国革命形势的发展和当时临涣一带革命斗争的需要,成立党的组织条件已经成熟。1926年3月,共青团临涣特支和中共南京地委联系,报告了临涣一带党、团员人数和群众运动的情况,要求成立中共宿县独立支部。经中共南京地委同意,1926年5月,中共宿县独

---

① 中共宿州市委党史研究室:《中国共产党宿州史》,北京:中共党史出版社,2001年,第13页。

立支部(亦称临涣独支)在宿属临涣镇成立,隶属中共南京地委,独支书记(主任)为朱务平。党的独立支部成立后,共青团临涣特支中尚有6名团员,即改成团小组,暂隶属设在宿城的共青团宿县特支。1926年7月7日,根据中共上海区委关于将滁县、蚌埠两区与南京地委脱离,直接隶属区委的决定,中共宿县独支直属中共上海区委(亦称中共江浙区委)领导。

中共宿县独支成立以后,便大力发展党员,建立党的组织。到1926年底,全县党员人数发展到33人,成立了6个支部:中共宿县东关私立高小支部、中共四农校支部、中共临涣支部、中共古饶支部、中共徐楼支部、中共百善支部。此外,中共宿县独支还与涡阳党组织发生工作上的关系。

为了北伐战争和地方工作的需要,1926年冬,宿县的大部分党员被派到武汉学习。他们有的参加党务干部学校,有的参加黄埔分校,有的参加农民运动讲习所。宿县的党务工作仍由朱务平主持。1927年春,朱务平被派到河南驻马店一带工作,独支书记先后由王吴山、董畏民担任。①

1927年4月,中共五大批准成立中共安徽省临时委员会,柯庆施为书记,王坦甫、李启耕、王心葸、周范文、王步文为委员。5月下旬,省临委在武汉法租界大智门和平里召开第一次全体委员会议,会上传达了中央指示,讨论了恢复安徽省各级党组织,发展

---

① 王敏:《中共宿州市党史简编》,合肥:黄山书社,1998年,第10—11页。

工农运动和创造条件回安徽开展工作等问题。会议确定当前工作是调查安徽的党组织成员,联系在武汉的安徽同志,并进行登记。会后,派出农运同志22人回皖,分赴各地活动。①

7月上旬,中共安徽省临时委员会为加强宿县党的领导,委派当时在武汉的中共党员徐风笑返回家乡宿县,组建中共宿县临时委员会(简称宿县临委)。徐风笑接受任务后,于同年8月回到宿县,召开各地党组织负责人会议,组建了宿县临委,徐风笑任书记,委员有朱务平、李一庄、孔效三、孔禾青、董畏民、杨梓宜、邵葵等。宿县临委辖本县宿城、临涣、濉溪、百善、古饶、南坪6个区委,②并负责指导中共泗县特支和涡阳党支部。在宿县临委的领导帮助下,烈山矿区4名党员组建了中共烈山煤矿特别支部,支部书记为梁文焕。为加强皖北地区党的领导,1927年10月,中共安徽省临时委员会决定,宿县临委负责指导泗县、凤阳、蚌埠、怀远党的工作。

▲ 徐风笑

---

① 中共安徽省委党史工作委员会:《中共安徽党史大事记》,合肥:安徽人民出版社,1992年,第31—32页。

② 一说"临委辖县城区、临涣、濉溪、百善、古饶5个区委和县外的泗县特支、涡阳支部。临委成立后,中共宿县独支即告结束"。见中共宿州市委党史研究室:《中共宿州党史大事记》,内部资料,1999年,第31—32页。

(三)宿城临时支部——宿州境内第一个党组织

中共宿县独立支部成立以后,其活动范围只限于临涣镇一带。由于临涣地处宿县西南的边远地带,距离宿城近百里之遥,对领导全县的革命运动和党的工作多有不便。为此,1926年8月,共青团宿县独立支部要求把中共宿县独支从临涣移至宿城。独支书记朱务平当即向中共上海区委请示移动与否,区委告知,即刻派员前往宿县考察农民运动情形及党、团活动情况后再决定。接着,共青团宿县独支和国民党县党部要求朱务平来宿担任县党部农民委员及县农民协会秘书,朱务平即从临涣来宿,中共宿县独支主任(书记)由徐风笑代理。朱务平来宿后,知道宿城有中共党员李一庄、孔禾青等6人,经请示中共上海区委同意,组成中共宿城临时支部,作为开展工作的中心。朱务平兼任临时支部书记。临时支部属中共上海区委及中共宿县独支领导。至同年10月,中共宿县独支从临涣迁来宿城后,临时支部即告结束。

中共宿城临时支部存在的时间虽然很短,却是宿州境内第一个党组织。临时支部在发展党员、领导团组织的活动及工农群众运动等方面都做了大量的工作,为以后宿县独支迁来宿城及成立中共宿县临委奠定了基础。①

---

① 王敏:《中共宿州市党史简编》,合肥:黄山书社,1998年,第11页。

四、建党先驱

(一)"颈可折,肢可裂"的宿县独支书记朱务平

1931年中共长淮特委机关报《红旗报》上发表了一首题为《颈上血》的诗:

▲ 朱务平

军阀手中铁,

工人颈上血;

颈可折,

肢可裂,

奋斗的精神不可灭!

穷苦的大众们!

快起来团结!

这首诗极大地鼓舞了长淮地区坚持地下革命斗争的共产党员和进步青年,使他们在白色恐怖的艰难斗争环境中,不断地团结在党的旗帜下奋勇斗争。

这首诗的作者就是当时任中共长淮特委书记的朱务平。

朱务平,原名朱焕明,字镜秋,化名朱大生、朱大春、冯心。

1898年①出生于安徽省宿县临涣集西八楼朱小楼村②（现属淮北市濉溪县），世代务农，幼年时因家境贫寒，12岁时始得入本村私塾就读。

1917年，朱务平考入在临涣创办的宿县第二高等小学读书。在进步校长陈龙楼③的引导下，他开始阅读《新青年》《每周评论》等进步书刊，接受革命思想熏陶。五四运动爆发后，他与徐风笑等发动师生游行示威，声援北京学生的爱国行动。之后，发起组织学生联合会和读书会，宣传反帝反封建思想。1920年初，他带领同学走出校门先后两次举行游行示威，并组织学生纠察队到镇上各商店检查、没收和销毁日货。同时还通电警告北京军阀政府，不要在巴黎和约上签字。同年秋，宿县县政府派贪官刘子英到临涣征收苛捐杂税，朱务平发动同学将其赶跑。两个月后，县长袁励宸借阅边之名，来临涣学校训话。这位县太爷大摆架子，到校门口也不下轿子，朱务平挺身上前大声斥责："为什么不把轿子停在校门外？"④

朱务平在少年读书时，个人生活极其俭朴，身上穿的常是打

---

① 一说1899年，见中共淮北市委党史办公室：《心上的丰碑》，合肥：安徽人民出版社，1993年，第1页。

② 中共宿县县委党史工作委员会：《中国共产党安徽省宿县党史资料》，合肥：安徽人民出版社，1993年，第61页。

③ 一作陈海仙，见中共淮北市委党史办公室：《心上的丰碑》，合肥：安徽人民出版社，1993年，第1页。

④ 中共淮北市委党史办公室：《心上的丰碑》，合肥：安徽人民出版社，1993年，第1页。

补丁的衣服,但对有困难的同学倾囊相助。他同班同学段紫亮家境很困难,有时连买书、笔、墨的钱都没有,朱务平就常常把自己仅有的一两元钱送给段紫亮用。后来他们二人同去芜湖赭山中学读书,那里蚊子多,没有蚊帐很难入睡,朱务平看到段紫亮身上被蚊子咬出很多包,就把仅有的三元钱送给段紫亮买蚊帐,而自己每天晚上用被单蒙起脸睡觉。

1921年,朱务平高小毕业后回家乡教书。1922年,他和徐风笑、刘之芜等在临涣组织了"群化团"①,进行反帝反封建的斗争。

1923年春,朱务平考入徐州培心中学(基督教办的学校)②,在读书期间,继续发展"群化团",并于1924年春参加了由徐州进步学生组织的青年互助社和读书会。同年5月,朱务平等发起成立徐州各校学生联合会,5月11日,朱务平带领同学抗议外籍校长安士东辱骂中国人,干涉纪念五九国耻活动。这次斗争给徐州的教会势力以沉重的打击,推动了当地反帝爱国运动的发展。6月18日,朱务平在中国共产党党刊《向导》周刊第七十一期发表

---

① 1924年8月20日《民国日报》副刊刊文《介绍一个新成立的团体——宿县群化团》:我们居安徽北部特殊地位的宿县,最近又成立一个值得我们注意的团体——群化团。他们的组织有似国民党,他们的主义很近马克思社会主义。不过他们暂时不注重政治运动,只专力于团员的训练。他们训练团员有三个目标:(1)使团员彻底了解人生;(2)使团员彻底了解主义;(3)使团员造成专门人才。见中共宿县县委党史工作委员会:《中国共产党安徽省宿县党史资料》,合肥:安徽人民出版社,1993年,第44页。

② 中共宿县县委党史工作委员会:《中国共产党安徽省宿县党史资料》,合肥:安徽人民出版社,1993年,第61页。

《徐州教会学生奋斗的经过》一文,介绍了徐州学生勇敢斗争的革命精神,团中央宣传部部长恽代英亲笔撰写了短评①,给各地学生的反帝爱国斗争以极大的影响。朱务平的政治活动受到中共徐州党组织重视,8月,经徐州江苏省立第三女子师范教务主任、著名共产党员吴亚鲁(如皋人,吴亚苏之兄)②介绍,先发展为社会主义青年团团员,年底转为中国共产党党员。

1925年初,朱务平因积极参加政治活动,被学校当局开除学籍。根据党的指示,他回到家乡临涣进行革命活动,先后发展了徐风笑、刘之芜等人入党,建立临涣党小组和团支部,并在临涣集建立了工会,在农村建立了农民协会,使临涣一带的工农群众运动蓬勃发展。1925年五卅惨案消息传来,朱务平立即发动群众集会游行,声援五卅罢工工人斗争。这以后,他又发起成立沪案后援会,组织工人罢工,商人罢市,同时查禁日货,并募捐1000余元支援上海工人罢工斗争。在这期间,朱务平经常往来于徐州、宿县和临涣等地。1925年5月,中国社会主义青年团徐州支部改为共产主义青年团徐州地委后,他先后被选为秘书和团地委委员并负责工运,后被派赴陇海铁路铜山车站任工会书记。

1926年初,朱务平曾随吴亚鲁被调往河南,在商丘、郑州、驻

---

① 中共宿县地委党史办:《碧血霜天——宿县地区党史人物专辑》,内部资料,1993年,第8页。
② 中共宿县县委党史工作委员会:《中国共产党安徽省宿县党史资料》,合肥:安徽人民出版社,1993年,第61页。

马店等地从事铁路工人运动。然后,他于4月间返回宿县家乡开展党的工作。1926年5月中共宿县独支(亦称临涣特支)成立,朱务平被选任独支书记(主任)。后于7月赴宿城组建临时支部,并在国共合作中任国民党宿县党部农民委员及县农民协会秘书。在他和同志们的积极努力下,宿县的农民协会会员很快就发展到2万余人,工会会员也达4000人左右。他先后发动了百善一带农民抗租、抗捐、抗税斗争,发动四里庙、五里营等地农民强割地主麦子。他组织了2000多名农民,开展了同当地恶霸大地主袁三的清算斗争,揭露袁三长期鱼肉乡里、残害百姓的种种罪恶,迫使袁三低头认罪,交出2万斤粮食并归还霸占的土地。①

1927年2月,在中共江浙区第一次代表大会上,朱务平被选为中共江浙区委农民运动委员会委员和农民问题委员会委员。会后,朱务平返回宿县主持举办了2期农民运动训练班,培训近百名农民运动骨干。1927年初,朱务平等发动了农民年关借粮的斗争,奶奶山、黄湾子、濉溪口、周圩子、孟口等地农民积极参加。②

1927年,蒋介石、汪精卫相继发动四一二、七一五反革命政变后,中共安徽省临委派徐风笑返回宿县建立临委,徐风笑任书记,朱务平任委员,他们当即根据党的八七会议精神准备进行武装斗

---

① 中共宿县地委党史办:《碧血霜天——宿县地区党史人物专辑》,内部资料,1993年,第8页。
② 中共淮北市委党史办公室:《心上的丰碑》,合肥:安徽人民出版社,1993年,第3页。

争,在临涣建立有30多支枪的农民自卫武装。1927年11月,中共中央决定将安徽内沿津浦线及皖东北等县划归江苏省委领导。次年夏,朱务平、董畏民到上海,向江苏省委书记李富春汇报贯彻八七会议精神情况。李富春指出,徐海蚌一带是南北交通的咽喉、军事要地,但党的基础薄弱,要积极开展地下斗争,抓紧建立徐海蚌地区的特别工作委员会。随后,朱务平返回徐州、宿县、蚌埠、凤阳、泗县、怀远等地,传达江苏省委指示。当时蚌埠只有7名党员,原市临委被破坏后,朱务平重建蚌埠特支并任书记。1928年12月5日,江苏省委派蒋云等在徐州东曹庄筹备召开了徐海蚌党代表大会,朱务平参加大会并当选为特委委员及出席省党代会代表。

1929年春,凤阳县党组织被破坏,党员颜均等10人被捕入狱,朱务平前往恢复组织,并于6月接任凤阳县委书记。朱务平先后领导了淮上火柴公司工人反对资本家裁减工人、延长工作时间,要求增加工资的斗争以及凤阳黄包车工人反对增加公安税的斗争。这两次斗争都取得了胜利。在蚌埠,他领导铁路工人开展经济斗争,迫使铁路当局增加工人工资;发动1000多名黄包车工人举行反对增加牌照费的罢工,并带领工人包围了国民党警察局,迫使警察当局取消了牌照税。在郊区发动3000多农民开展抗税斗争,拒绝到市区运粪3天,使蚌埠市20万人口的粪便无法清运,迫使反动当局不得不为此取消了额外征收的税款。党组织利用蚌埠警察当局拖欠饷金,发动全市警察罢岗,迫使当局发了欠饷。这一系列的斗争活动,使这一地区的革命形势恢复很快。1929年秋,凤阳监狱越狱暴动后,朱务平冒着危险前往探监,见到当时在狱中的党的负责人王香圃,并安慰狱中同志说:"你们好,就是家中人好,自你们入狱后,我们非常挂念,敌人是最残忍不讲理的,不能有丝毫大意,你们在狱中要团结互助,这是胜利的根本,祝你们早日胜利出狱。"并在送给狱中同志的烧饼内夹一长信,给狱中同志作了十分重要的指示,鼓舞大家坚持斗争,争取胜利。1929年11月18日,朱务平赴沪参加了中共江苏省第二次代表大会。

1930年9月,瞿秋白、周恩来等主持召开的中共六届三中全会,结束了李立三"左"倾冒险主义错误的统治,江苏省委随即决定撤销各级行委会。在恢复徐海蚌特委不久,为便于加强领导及开展工作,将徐海蚌特委划分为徐州、海州、长淮三个特委。朱务平在蚌埠积极筹备,于11月建立了中共长淮特委,辖凤阳、定远、盱眙、泗县、灵璧、怀远、阜阳、凤台、颍上等县,由陈履真任特委书记,朱务平任特委常委负责组织工作。

1931年6月,陈履真调沪工作,朱务平接任长淮特委书记。长淮特委是在十分困难险恶的环境下建立的。当时因"左"倾错误的影响,使得长淮地区党领导下的一系列武装暴动均遭失败,一些刚恢复的各地党的组织机关也遭到严重破坏,干部党员不足,白色恐怖笼罩。朱务平就任长淮特委书记以后,首先在敌人力量最薄弱的农村恢复和发展党的组织,并以此为基本力量,在城镇的工人、店员以及国民党警察局中发展并建立党团小组或支部。接着,在朱务平主持下,创办了特委机关报《红旗报》①,介绍党的路线、方针,宣传马克思主义和俄国十月革命的胜利,号召长淮地区的劳苦大众与国民党反动派作坚决的斗争。他不仅经常为该报撰写文章,还亲自参加报纸的编辑和刻印工作。

革命斗争环境虽然艰难,朱务平革命斗志却十分顽强,他总是充满着革命乐观主义精神,对共产主义事业信仰坚定。当时长淮特委委员都无固定职业,党的经费很少,还常常不能按时拨给必需的生活费。他除以卷烟作掩护并维持生活外,还去拉黄包车挣钱补充活动经费。他眼睛近视,为便于深入群众却不戴眼镜,白天化装成小贩到工农群众中去,晚上或编印传单或召集党员开会研究工作。这些繁重的工作,恶劣的生活条件,使他染上了严重的肺病,经常吐血,但他全然不顾。朱务平本人虽然是特委负责人,但穿得很破旧,吃得饱一顿饿一顿的。

当时任长淮特委共青团宣传部部长的刘峰曾满怀深情地回忆与朱务平共同战斗的岁月,"在党内,朱务平以朴素刻苦著称,对年轻同志非常关心爱护。有一天,特委的几位同志都没有钱了,我当时才16岁,真是饥饿难忍。这时特委书记朱务平搞来几

---

① 《安徽革命史辞典》作:《红旗报》,1930年底创办于蚌埠,是中共长淮特委的机关报。先后由胡汉杰、刘俊三主办,为不定期油印报纸。主要报道蚌埠及长淮所辖各县的群众斗争情况。特委书记朱务平等参加编写、刻印、发行工作,每期油印数百份,秘密转送各地党团组织散发张贴。见中共安徽省委党史研究室:《安徽革命史辞典》,合肥:安徽人民出版社,1996年,第420—421页。

个铜板,就让我买点饼吃,怕我不肯,还说小孩子长身体饿不得。要知道他自己也正饿着肚子!"正是同志间的这种阶级友爱,使长淮特委的同志们紧密团结,度过许许多多困难的时刻,使革命工作不断取得进展。

1931年下半年,长淮特委根据工作需要,设立军事委员会,在国民党蚌埠驻军中进行士兵工作。一方面,通过各种社会关系,想出各种方法,广泛地开展在士兵中交朋友的工作。另一方面,乘反动军队招募补充新兵的机会,派党团员打入军队中去当兵。经过一年时间的工作,特委在蚌埠驻军一团中发展党员30余人,并组织该团士兵哗变,配合了皖西红军反"围剿"的斗争。

在朱务平领导下,长淮地区的革命活动给了国民党反动派以沉重的打击,使反动当局恼羞成怒,为此,朱务平成了敌人四处缉拿的重点对象。

1932年夏,长淮特委军委书记刘平在指挥凤阳武装暴动时,逃避斗争,脱离指挥位置,延误暴动时机,导致暴动失败。省委于事后召开党内会议,对其错误进行批判,并一致通过了开除其党籍的决议。[①] 8月26日,刘平潜赴南京向敌告密,勾引敌特返回蚌埠调集军警,从30日凌晨开始在蚌埠、凤阳、怀远等地大肆搜捕,当即有凤阳县委书记赵连轩及其妻子等党团员和群众80多人被捕,造成极大损失。当叛徒刘平带领敌人疯狂搜捕时,朱务

---

① 中共宿县地委党史办:《碧血霜天——宿县地区党史人物专辑》,内部资料,1993年,第11页。

平不顾个人安危,忙于奔走,通知尚未被捕的同志转移隐蔽。10月20日,朱务平在门台子火车站不幸被叛徒带领国民党特务跟踪逮捕。当即被押往蚌埠国民党警备司令部,次日被押赴南京国民党宪兵司令部的拘留所。

在监狱中,朱务平镇定自若地与敌人周旋。敌人审问时,他一口咬定自己只是卷纸烟的,其他概不承认。① 但由于叛徒刘平对他很熟,其他叛徒也都认识他,所以他的政治身份敌人早就心中有数了。敌人赤裸裸地威胁他:"你要考虑,你的路只有两条,牢是没有你坐的,是死是活可以自己选择。你们长淮一带的党组织垮完了,党员被捕光了,只要你把组织情况交出来就行了。"朱务平对敌人软硬兼施的伎俩早已识破,他带着激愤而又自责的口气说:"我也是个没有用的人,长淮的事何必再让我多说呢?"敌人看从朱务平身上不会捞出什么,就歇斯底里地吼叫道:"那么你决心选择死路了?"朱务平毫不示弱地回答:"死路我是选定了。"朱务平第二次被提审回到监狱里,已经是深夜了。他把同监的党员喊醒后说:"明天早上恐怕是我和你们永别的时候了。"有的同志听后失声痛哭,可是朱务平还是那样镇定地安慰大家说:"同志们不要难过,这是我自选的道路。"他接着说:"我不死,就会有更多的同志要死。我死了,只要同志们在,长淮党组织不久还会重新建立起来。共产党是杀不尽、斩不绝的。胜利一定属于我们!"

---

① 中共宿县地委党史办:《碧血霜天——宿县地区党史人物专辑》,内部资料,1993年,第11页。

1932年11月25日清晨,敌人将朱务平和同时被捕的长淮特委的26位同志,押赴南京雨花台刑场。朱务平从容不迫地拖着虚弱的身子走出牢房,含笑向难友们告别。当监狱房门的沉重响声落下去的时候,在看守所的弄堂里响起了朱务平勇敢坚定的声音:"共产党万岁!""打倒国民党!""苏维埃万岁!"临刑前,敌人还对朱务平最后诱降,朱务平断然拒绝,痛骂不止,遂遭杀害。朱务平等共产党员将自己的热血洒在了雨花台,这是在那血雨腥风年代里,国民党反动派杀害共产党人最多的一批之一。①

(二)热血洒尽为革命的宿县党组织创始人李启耕

李启耕,字宜春,号荣光②。1902年出生于宿城一个贫苦市民家庭。③ 李启耕祖籍江苏句容,他的祖父李美鑫于1868年来到安徽省宿县,在广生堂药店当店员。祖父病逝后,父亲李老敬和叔父李春发经营药店生意。

当时,宿县地区设有基督教堂、天主教堂和教会开办的学校。李启耕的父亲是基督教徒,所以李启耕在8岁时即被送进宿县基

---

① 于有龄,张家耐,夏成一,薛长德:《宿县英烈》,上海:华东师范大学出版社,1992年,第33—40页。

② 一说党内用名李启耕,党外用名李荣光。见中共宿县县委党史工作委员会:《中国共产党安徽省宿县党史资料》,合肥:安徽人民出版社,1993年,第60页。

③ 中共宿县地委党史办:《碧血霜天——宿县地区党史人物专辑》,内部资料,1993年,第1页。

督教会福音堂办的含美小学读书（后升入含美中学），不久就被接收为教徒。

由于列强侵略，军阀混战，苛捐杂税繁重，灾害频繁，李启耕的家庭日渐衰落。为了减轻家庭负担，他一面在校读书，一面帮助教堂观测气象，每月所得三四元钱用于购买书籍和文具。

1917年，随着俄国十月革命的影响，新文化传播到宿县地区，在社会进步人士和学校进步师生的影响下，李启耕如饥似渴地阅读《新青年》《每周评论》等书刊，视野不断开阔，认识不断提高。不久，在进步师生的支持下，他不顾教会和家庭的阻挠，毅然脱离基督教会。后李启耕因组织学生反对洋人教师，被校方开除学籍。

1921年，李启耕经同学和朋友资助，考入北京农业专门学校（1923年改为北京农大），由此走上革命道路。

当时的北京，既是反动势力的中心堡垒，也是革命力量的战斗阵地。在以李大钊为首的中共北方区委领导下，马克思主义在各高等院校秘密而广泛地传播。当时该校已建立党团小组，在组织的关怀下，李启耕得以阅读马克思主义著作，探讨革命真理，并于1922年由乐天宇、杨开智（杨开慧的哥哥）介绍加入中国社会主义青年团，是该校第一个团支部的首批团员。支部会议的地点就设在李启耕的住房，他担负起宣传、交通工作。他还积极参加党的外围组织，主办工农夜校和农业革新社，从事学生运动和农民运动。

1923年，二七惨案后，北京的工人、学生和市民掀起声援北京铁路工人的游行示威。李启耕组织团员，发动各校学生到社会去和工人、市民一起，举行游行示威，抗议军阀吴佩孚惨杀工人的暴行，并募捐救济二七遇难工人家属，支援京汉铁路工人的罢工斗争。1923年底，中共北京地委决定，北京农大团支部乐天宇、李启耕等6人一起宣誓转为中共正式党员，建立了北京农大第一个党支部。不久，李启耕调中共北方区委工作，担任交通处负责人兼机关支部书记，负责接收、转送中共北方区委及下属党组织党的文件、通知和宣传品。李大钊、赵世炎、陈启修、刘伯庄、张昆弟等区委委员都在这个支部参加过组织生活，一起开展组织活动。①

李启耕在校期间，经常利用假期回到家乡进行革命活动。1923年夏，他和吴可、邵葵等同志与上海团中央取得联系，在宿县建立了第一个社会主义青年团小组。1924年夏，他再度回到家乡，发展进步青年郑子玉等10多人入党，并建立宿县第一个党小组，直属上海党组织领导。李启耕为宿县党团组织的创建发展壮大作出了积极的贡献。

1925年至1926年，李启耕在中共北方党校学习，与大批党的负责同志是党校同学。三一八惨案后，在北京当权的段祺瑞政府在帝国主义的指使下，大肆搜捕共产党人和革命群众，疯狂镇压革命运动，便衣特务活动很是猖獗，李启耕处境十分危险，为了保

---

① 中共宿县地委党史办：《碧血霜天——宿县地区党史人物专辑》，内部资料，1993年，第4页。

存骨干力量,北京区委经党中央决定,将李启耕调到中共安徽省临委工作。

1927年5月,李启耕担任中共安徽省临委委员、党务巡视员,负责皖东北党务巡视工作。时值北伐战争开始,李启耕根据革命形势发展,在皖东北地区大力开展工农运动。当时中共安徽省临委和国民党左派合作,在武汉开办安徽省党务干部学校,派李启耕任教务长。11月,李启耕由皖东北到武昌任职。地点在武昌千家街黄土坡一所教会学校里,校长高语罕未到职,李启耕实际负责全面领导工作。教员中担任职工运动课程的是李立三,担任妇女运动课程的是向警予、李一纯,担任农运课程的是乐天宇、柯庆施。在该校训练教育上,李启耕坚持理论联系实际的方针。在国共合作的过程中,李启耕主张在建立国民党县党部以前,要先建立中共县委组织,再由跨党的中共党员去发展国民党组织,使国民党运动委员会只能平行于共产党实际领导的青运、工运、农运、妇运。李启耕坚决反对国共合作中共产党放弃领导的思想和做法。在李大钊的指导下,安徽党的干部一致主张用党的领导下的国民党运动委员会的组织原则,来建立左派国民党组织。1927年,正当北伐战争胜利发展的形势下,4月12日,蒋介石发动反革命政变,密令"已克复的各省,一致实行清党",并调集大批军队,大规模屠杀共产党人。7月15日,汪精卫集团叛变,提出"宁可枉杀一千,不使一人漏网"的反革命口号,疯狂地屠杀共产党人和革命群众,使大批共产党员和革命群众倒在血泊之中,从此国共合

作破裂。此时,李启耕被调到上海党中央做地下工作。在上海期间,经王若飞介绍,李启耕与纺织女工王采贞结婚(王采贞当时是王若飞的交通员)。

1928年,李启耕被调到江苏省委工作,2月16日,由于叛徒唐瑞林告密,陈乔年、郑复他、许白昊等11名同志不幸被捕,江苏省委遭到严重破坏,李启耕在党中央直接领导下,一面积极设法营救陈乔年等同志,一面坚持进行革命斗争。是年夏,李启耕来到蚌埠,巡视苏北和皖东北党务(皖东北地区于1927年11月划归江苏省委领导)。当时,国民党反动派当局在皖东北各地成立清党委员会,镇压革命运动。同年8月底,李启耕与宿县县委领导宿县农民进行抗租、抗税、抗债和分粮斗争,打击了地主豪绅的嚣张气焰。继而发动宿县各行各业工人成立总工会。通过办夜校、演戏、集会等形式,成立宿县妇女联合会。9月20日,根据江苏省委指示,李启耕指导和协助蒋云、朱务平、张仲逸等同志在徐州东南的营庄秘密召开皖东北地区党员代表大会,成立中共徐海蚌特委,同时,李启耕在特委举办党员和农运骨干训练班讲课,协助特委提高战斗力。

1929年春,李启耕被调到党中央机关工作,是年9月,与徐风笑等10多名同志被派赴莫斯科,进入共产主义劳动大学学习。当时是从东北满洲里处越界进入苏联,旅途不仅艰苦而且很危险,他们常常吃不上饭,喝不上水。① 1930年,经党组织批准,李启耕离开苏联回到上海,在党中央机关工作。同年秋,被委派再次去苏联,向共产国际执行委员会汇报工作,并参加共产国际会议。去苏联途中李启耕绕道日本,从日本寄一明信片给胞弟李启田,报告一路平安,署名"井耒一郎"("井耒"即"耕","一郎"即老大之意)。1932年初,李启耕从苏联回国,曾在上海传达共产国际会议精神(乐天宇曾到会听传达)。在上海工作期间,多次到江苏、安徽巡视党的地方工作。

1933年,全国处于极其严重的白色恐怖之中,国民党反动派残酷镇压革命,各地党组织屡遭破坏。李启耕受党中央委派,专程赴河南省巡视党的工作。他身穿长袍,头戴礼帽,装扮成商人。临行时,他对爱人王采贞说:"采贞,工作结束了,我就回来看你;如果我不回来,就是牺牲了,你也不必找我,现在外面太危险,你不容易找到我!"当时,因河南省委遭破坏,省委书记任作民等被捕,斗争环境十分险恶。李启耕到达后,与河南地下党取得联系,通过南汉宸和杨虎城将军的协助,先后将任作民、潘自力等省委负责同志营救出狱。1933年7月底,由于叛徒告密,李启耕不幸被捕,并于8月初被暗杀于河南郑州。

---

① 中共宿县地委党史办:《碧血霜天——宿县地区党史人物专辑》,内部资料,1993年,第6页。

第二章

工农运动风起云涌

二十世纪二三十年代的中国,由于外侵内战,经济萧条,民生凋敝。五四运动爆发后,上海、唐山、长辛店、九江等地的工人相继举行了政治大罢工,天津、津浦铁路等处的工人也酝酿罢工。以李大钊、毛泽东、周恩来为代表的初步具有共产主义思想的革命知识分子,在这次运动中认识到无产阶级力量的强大,他们到工人群众中去宣传马克思主义并进行组织工作,开始把马克思主义和中国工人运动的实践结合起来,所以中共一大除通过了《中国共产党党纲》,规定了奋斗目标,还在通过的《关于当前实际工作的决议》中,规定了党成立后的中心任务是组织工人阶级,领导工人运动。① 在中共一大这一中心任务的指引下,宿州党团组织积极发动工人,成立工会组织,开展工人运动。

---

① 中共宿县县委党史工作委员会:《中国共产党安徽省宿县党史资料》,合肥:安徽人民出版社,1993年,第4—5页。

1923年11月,国民党中央接受了中国共产党的帮助,同意中国共产党提出的反帝反封建的政治主张,确定共产党员和青年团员以个人身份参加国民党,并帮助进行改组,使之成为以国共合作为基础的革命统一战线的组织形式。1924年1月,孙中山在广州召开了国民党第一次全国代表大会,决定了联俄、联共、扶助农工的三大政策,规定了改组国民党的各项原则,标志着第一次国共两党合作的开始,革命统一战线正式建立。在安徽,国民党(左派)在中国共产党的政治影响与具体帮助下,坚定地执行孙中山制定的"三大政策",把一切革命力量联合起来,从而加速了安徽革命形势的发展。[①]

　　1924年至1927年,一场以推翻帝国主义在华势力和北洋军阀为目标的革命运动,似滚滚洪流席卷中国大地。然而,随着北伐战争的不断胜利和工农运动的迅猛发展,代表大地主大资产阶级利益的国民党右派不断制造事端,打击国民党左派,排斥共产党,镇压革命运动,加紧投靠帝国主义,准备公开叛变革命。在其代表人物、掌握军事大权的国民革命军总司令蒋介石的一手操纵下,1927年3月,在安庆发动三二三反革命事变;1927年4月,继在上海发动四一二反革命政变后,在芜湖策动了四一八反革命事

---

　　① 中共安徽省委党史工作委员会:《中共安徽党史纲要》,合肥:安徽人民出版社,1992年,第29页。

变。① 一时白色恐怖笼罩全省,安徽革命运动转入低潮。面对国民党反动派的白色恐怖,一些在外地工作的宿州籍共产党员转回家乡,和当地坚持斗争的党员一起,秘密开展革命活动。

1927年10月,中共安徽省临委召开扩大会议,为了加强党的领导,决定宿县临委负责指导泗县(特支)、凤阳县(特支)、蚌埠市和怀远县等地党组织的工作。同年11月,根据中共中央"将安徽境内沿津浦线及东北各县划归江苏省委领导"的决定,宿县临委归属江苏省委领导,并改称中共宿县县委。这时党的中心任务是由城市转入乡村,组织发动农民加入农民协会,领导农民抗租、抗捐、借粮、分粮,反对地主恶霸、土豪劣绅,组织武装,开展游击战争;在城市利用公开和合法的机会,由经济斗争入手,引向政治斗争。党内任务是整顿组织,纯洁内部,清洗出身不纯的党员,发展工农群众和贫苦知识分子入党。②

1927年底的宿州,处于北伐的前沿地,战争正在进行,国民党统治也刚刚确立,力量尚显薄弱,并未控制这一地区,"清党"未能切实进行,各县还保持着国共合作的局面。因此,工农群众运动在共产党组织的领导下,仍然持续地发展着。

---

① 中共安徽省委党史研究室:《中国共产党安徽地方史》(第一卷),合肥:安徽人民出版社,2000年,第90—96页。
② 中共宿县县委党史工作委员会:《中国共产党安徽省宿县党史资料》,合肥:安徽人民出版社,1993年,第86页。

一、工人运动蓬勃兴起

(一)成立宿县总工会

1927年8月,中共宿县临委成立以后,临委委员孔效三负责工运。11月底,根据中央决定,宿县临委隶属中共江苏省委,仍由孔效三负责工运。1927年底到1928年初,虽然中国南部主要城市白色恐怖严重,革命处于低潮,但在宿县仍保持着国共合作的局面,国民党宿县县党部及各主要部门仍掌握在具有双重身份的中共党员和国民党左派人士手里。1928年2月,中共宿县县委为了进一步把宿县的各业工会及广大工人群众组织起来,以便发动更有效的斗争,便派负责工运的县委委员孔效三、赵一鸣①、白兴民等人,利用年关时间,以玩龙灯为名,深入工人群众中间,访贫

---

① 赵一鸣(1908—1983),原名赵双启,安徽宿县人。1927年加入中国共产党。后任宿县青工委书记。1929年5月被捕,在狱中组建中共党支部,后被营救出狱。抗日战争爆发后,参与组织本乡300多人的抗日武装,任政治部主任,后在淮北抗日根据地任宿东县股北区区长,宿(县)蒙(城)怀(远)联防办事处主任,中共商(丘)亳(县)鹿(邑)柘(城)县委书记,中共宿蒙怀工委书记,宿西、宿东县县长,江淮第三专员公署专员等职。中华人民共和国成立后,历任皖北行署劳动局局长,芜湖市市长,安徽省卫生厅厅长、党组书记,合肥师范学院副院长,合肥工业大学党委书记、校长,安徽省第五届人大常委等职。见中共安徽省委党史研究室:《安徽革命史辞典》,合肥:安徽人民出版社,1996年,第652—653页。

问苦,进行宣传、发动,成立了宿县总工会,孔效三任会长,白兴民任秘书,赵一鸣任干事。① 孔效三当时的公开身份是国民党县党部的农工部干事,总工会当时是以国民党宿县总工会的面目出现的。总工会下辖宿城的搬运、黄包车、小车、浴业、理发、推水、卷烟、摊贩、木、泥、石、油等14个行业工会,会员约1000余人。后来增加了夹沟的运输工会,符离的装卸工会,烈山的矿工工会,总计会员达6000多人。各业工会都选有会长、副会长,下分小组,有小组长。有的如搬运、浴业、理发、洋车等工会还有党、团组织,洋车工会党组织由李金山负责,理发业工会党组织负责人为牛维新。

　　这一时期工人的生活非常困苦,失业人数众多,工资异常低微,工资与物价指数的比例相差很多。城市工人如洋车夫、石工、泥瓦工等,每月工资只有三四元至十元;店员除吃饭外,每年工资至多只有百元,通常每年四五十元至七八十元;学徒工在三四年学徒期间无工资;大量的失业工人无法安插,更由于苛捐杂税繁重,一般的工人生活贫困到难以维持温饱的地步。

　　宿县总工会成立以后,首先发动工人从经济斗争开始,领导

---

① 一说1928年前成立。据孔子寿回忆,宿县的总工会组织是在1928年前成立的,由其三弟孔效三负责,其次是赵一鸣、白兴民。工会组织中以搬运工会人数最多,包括黄包车工人、推小车工人、车站的搬运工人等;另外还有浴业、理发工会和做豆腐、卖豆芽的手工工人工会,运输工会中有党、团组织。见中共宿县县委党史工作委员会:《中国共产党安徽省宿县党史资料》,合肥:安徽人民出版社,1993年,第181页。

各业工会向国民党警察局抗缴无理捐税。由县总工会出面,派代表同警察局谈判,要求警察局取消无理剥削工人的"日捐""月捐"等苛捐杂税,改善工人的生活。警察局在工会组织的强大压力下,被迫答应了工人的要求,斗争取得了胜利。

抗捐斗争的胜利,大大鼓舞了工人的斗争热情,提高了工会组织的威信。工人们说:"不靠天,不靠地,不靠鬼,不靠神,一切靠工会。"他们真正把工会当成自己的靠山,有什么困难都找工会解决。接着,宿县总工会趁热打铁,发动工人向封建把头斗争,要求取消大、小车把头对工人的"抽成"剥削。把头们慑于工会的压力,看到县警察局都斗不过工会,也不得不答应了工人的要求。

在中共宿县县委和宿县总工会的领导下,工人发动的经济斗争取得了初步胜利,大长了工人的志气,有力地推动了宿县工人运动的发展。

(二)黄包车工人怒砸汽车

宿县总工会成立不久,1928年上半年,宿城东关发生了黄包车工人砸汽车事件。

在县总工会成立之前,宿城东关有个汽车公司,公司老板姓李,手中有钱,购买了几辆汽车拉运客人和货物,一下子争去了宿城黄包车工人不少生意。为此,汽车公司与黄包车、小车工人经常发生矛盾,并且日益尖锐。

一天,汽车公司李老板乘坐黄包车工人温立刚的车子去西关办事,办完事又从西关回东关。原来讲好的价钱是拉一个来回50个铜板,可是拉回到汽车公司后李老板突然变了卦,说黄包车比他的汽车价钱还高,只愿出12个铜板。温立刚当然不同意,双方发生了争吵。李老板仗势欺人,便从公司里喊出三四个打手,在汽车公司门前把温立刚毒打一顿,打得他鼻破血流。另一黄包车工人杨凤德看到后,立即喊来八九个工人前来救助。李老板见势不妙,慌忙逃进汽车公司里面,关紧大门,不敢出来。

事件发生后,温立刚、杨凤德等便到县总工会汇报了前后经过。工会干事赵一鸣立即打电话质问汽车公司李老板,李老板不予理睬。赵一鸣便亲往汽车公司交涉,并提出强烈抗议。李老板仍态度蛮横,说工会在寻衅闹事,说温立刚对他进行讹诈。赵一鸣便向孔效三汇报了情况,总工会便召开工人会议,决定发动工人找李老板算账。

第四天上午10时,约有200多名黄包车、小车工人汇集到汽车公司,声言要李老板出来答话。李老板和公司其他人员吓得从后门逃跑了。工人们无比愤怒,便砸毁了停在公司的6辆汽车。事后,李老板即向县警察局告状,说工人里面有共产党员,并且暗中使了一些钱财行贿。县警察局帮助李老板说话,立即动手逮捕

工人,当天夜里就有3名工人被捕。① 据说李老板曾向县警察局许愿抓到1名工人赏给大洋20块。见此情况,县总工会即出面与警察局交涉,要求警察局立即放人,并要求惩办打人凶手,要求汽车公司出钱给温立刚治伤。

中共宿县县委对此事非常重视,立即召开常委会议进行研究,决定大力支持这次工人运动,并派出县委委员、工会会长孔效三及工会秘书白兴民、干事赵一鸣等负责与国民党县政府交涉,要求县警察局放人。经过交涉,国民党县政府迫于工人运动的压力,不得不责令县警察局立即将被捕的3名工人释放出来。被捕的工人获释了,县总工会又与汽车公司交涉以后的有关运输问题,结果达成了协议:汽车公司只能拉运长途乘客与长途货物,凡宿城以内及宿城周围的人员乘车及货物接运,只能由黄包车及小车工人经营,汽车公司绝对不允许插手。②

(三)生生布厂工人罢工

宿城北关有个生生布厂,这家布厂除织棉布以外,还织毛巾、袜子。厂子里的工人们很苦,每天工作十六个小时,从早晨6点上班,到夜里10点下班,一天三顿在厂里吃,迟到的就扣工资,工

---

① 一说砸毁李老板的1辆汽车,4名工人被捕。总工会发动黄包车工人和早就与李发生矛盾的小车运输工200多人冲进汽车公司,砸毁李老板的1辆汽车。反动当局为此逮捕4名工人。见中共宿州市委党史研究室:《中共宿州党史大事记》,内部资料,1999年,第37页。

② 王敏:《中共宿州市党史简编》,合肥:黄山书社,1998年,第49—50页。

人们疲惫不堪。工资却很低微,除去伙食费外,剩下的钱很难养家糊口,学徒工则常年无工资。老板王少清看到宿城的各业工会都闹得很凶,生怕这个厂的工人也闹起来,损害他的利益。于是,他便生出诡计,不准本厂工人参加工会,并威吓工人说:"谁要参加工会,就开除谁,还要赔偿进厂以来的工资、伙食费。"工人们便把这话反映到宿县总工会。总工会派人数次与王少清谈判,要求王少清改善工人的待遇,王少清拒不接受,并说:"生生布厂是我的厂子,我要怎么样就怎么样,别人无权干涉。"总工会看谈判无效,决定采取强硬措施,一方面,在社会上大造舆论,揭露王少清残酷剥削工人的罪行,争取社会各界的同情与支持;另一方面,积极发动和组织生生布厂的工人举行罢工。

在总工会的积极策划与大力支持下,1928年6月,这个厂的工人向老板王少清提出了三条要求:一是缩短劳动时间,由原来的十六小时工作制改为十二小时工作制,即由每天早晨6点钟上班到下午6点钟下班;二是增加工资,除对原有的老工人按件提高工资外,对学徒工每织一打毛巾或袜子付给工资20文;三是准许工人组织工会。以上条件由县总工会会长孔效三出面与王少清交涉,但遭到了王少清的拒绝。于是,生生布厂的工人开始了罢工。

在中共宿县县委和县总工会的领导下,在各业工会的大力支持下,罢工坚持了一个多月。各业工会主动捐款解决他们的伙食费,全城工人们提出保证:坚决支持生生布厂的工人罢工,就是罢工一年,我们管他们吃一年,不取得胜利决不罢休!与此同时,宿县濉河船工为支持生生布厂工人,也举行了两次罢工,几乎酿成全宿县总同盟大罢工的趋势。崇高的阶级友爱和无私的革命精神大大地鼓舞了生生布厂的工人,坚定了他们斗争到底的决心和取得胜利的信心。在罢工斗争的压力下,老板王少清慌了手脚,他吓得几天几夜吃不下饭,睡不着觉,弄得一筹莫展,最后不得不低头服输,主动找总工会谈判,答应了工人们的全部要求。罢工斗争取得了全面胜利,总工会宣布工人复工。

生生布厂工人的罢工斗争,是宿州工运史上罢工时间最长的一次罢工。这次罢工,再一次展现了宿州工人阶级的力量,体现了在中国共产党的领导下,宿州的工人阶级团结战斗的决心,是宿州市工运史上一面光辉的旗帜。①

(四)震动淮北的"马疙瘩"事件

1928年10月上旬的一天,宿城小车工会负责人马登科(外号"马疙瘩""大刀马"),带领10余名小车工人推车路过凌云烟庄(现木牌坊东边)门前,恰巧在这时有几辆为烟庄送货的牛拉太平车停在街上,挡住了道路。马登科上前和他们商量,请他们拢拢牲口,让一下道路。对方觉得是给凌云烟庄送货的,势头大,坚持不让。于是双方发生了争执,动起手来,1名赶太平车的人头部受

---

① 王敏:《中共宿州市党史简编》,合肥:黄山书社,1998年,第50—52页。

伤。凌云烟庄在当时是宿城较大的商户,老板杨建屏同官府交往甚密,他对工人组织工会、进行合法斗争早有不满,经常寻机刁难,这次正好找到了机会。于是,杨建屏便大骂马登科等是"土匪""强盗",并火速报告给县警察局,县警察局立即派人前来将马登科捉去,进行关押、审讯。

为了图谋报复,使官府严惩马登科,杨建屏拿出200块银洋贿赂县政府和县警察局。县警察局收到贿赂后,对马登科严刑拷问。马登科据理力争,被打得皮开肉绽,遍体鳞伤。

当天下午,县总工会负责人孔效三、白兴民、赵一鸣得知此事,便立即向县委汇报。县委当即决定组织全宿城的工人、学生同警察局进行斗争,营救被捕工人。次日上午,宿城各业工会的工人及省立第四职业学校、宿城模范小学等学校的师生共1000余人,在东关马号巷东边的运输工会集合。大家决定先采取和平斗争的方式,强烈要求警察局放人,并要求他们给被捕工人治伤,赔礼道歉。同时,成立了纠察队,以应付可能发生的武力冲突。

工人和学生队伍在孔效三、白兴民、赵一鸣等人带领下,游行到县警察局,局长惠剑泉拒不出面,由督察长薛维朝出来接见。薛维朝面对工人、学生竟大放厥词,说"你们这些人简直是土匪","马登科把人家的头打烂了理应关押他","马登科是共产党员",等等。工人、学生怒不可遏,一拥而上,揪住薛维朝,把他按倒在地、狠狠揍了一顿。薛维朝当场被揍得头破血流,倒在地上起不来了。这时,一部分人拥到关押房,砸开铁锁,放出马登科,一部分人把警察局的桌椅、门窗砸得稀巴烂,然后愤愤离去。

国民党反动县长方培仁得知警察局被砸、薛维朝被打的消息后,亲率县自卫队前往镇压群众,再次捕去马登科及其他七八名工人,将他们关押在县政府。

面对敌人的疯狂镇压,中共宿县县委召开了紧急会议,准备发动更大规模的斗争,以营救被捕工人,并详细地研究了斗争的方法、步骤。次日,宿城全城工人罢工、学生罢课、商人罢市。一些工人、学生拥上街头进行演说,张贴标语,散发传单,揭露事件真相,呼吁社会各界对工人、学生大力支持。隐蔽在国民党县党部工作的中共党员陈粹吾、王昊山也凭借着合法身份,利用敌人内部矛盾进行活动,设法营救被捕工人。另外,党组织又派人利用关系,联络宿城驻军国民党骑兵第三师师长张厉生,争取其对工人、学生的同情;隐蔽在县警备营的中共党员王鸿轩等也在士兵中进行活动,争取士兵的同情和支持。在这期间,宿城交通中断,工人停工,学校停课,商店关门,街上连卖青菜的都没有,整个宿城陷入瘫痪。

罢工、罢课、罢市持续了三天,反动县政府仍不放人。党组织决定采取更强硬的手段,组织2000多名工人、学生包围县政府。①反动县长方培仁也做了准备:县政府的第一、第二道门由县自卫

---

① 一说200余人。在县委领导下,工人、学生、市民200余人上街游行示威,并包围了县政府。见中共宿州市委党史研究室:《中共宿州党史大事记》,内部资料,1999年,第44页。

队手持棍棒站岗,第三道门则由荷枪实弹的士兵守卫,县政府院内高墙上架着机枪。面对反动派的武装力量,工人、学生毫无惧色,他们向守卫县政府的自卫队士兵进行政治攻心,说"士兵兄弟们,咱们都是穷人,咱们穷人不能打穷人,官府拿穷人不当人,叫你们出来为他们卖命,'马疙瘩'冤枉",等等,一些士兵被说得低下了头,原来握紧武器的手松了。工人、学生乘机冲过二道门,把县政府围了起来。狡猾的方培仁见众怒难犯,怕事态扩大于自己不利,又怕受贿事发,便请驻军骑兵第三师师长张厉生出面调停,同意放出被捕工人。张厉生也怕在自己的防区内出现重大事变对上面不好交代,只好答应出面说情。张厉生站在县政府院内的一张桌子上向群众尽说好话,答应释放被捕工人,务请工人、学生们尽快撤离县政府,回去复工、复课。

马登科等获释了,他们见了亲人,热泪夺眶而出。学生们为他们戴了大红花,黄包车工人们拉来了车子,人们欢呼着把刚获释的工人扶上车子,高呼着胜利的口号撤出了县政府。出了县政府便开始游行。黄包车工人拉着获释的工人在前面走,2000多名群众跟在后面。队伍从县衙门南行,经木牌坊向东,沿着中山大街直到大东门。群众沿途高呼口号,燃放鞭炮,口号声、鞭炮声汇成巨大的声浪,震撼了宿城。当游行队伍经过警察局门前时,大家高呼"警察局不讲理!""惠剑泉、薛维朝才是活土匪!""把惠剑泉、薛维朝揪出来!"等。警察局的人赶紧把大门关起来,并顶上许多杠子,惠剑泉、薛维朝等早已躲了起来。

反动派并不甘心失败,他们在伺机镇压群众。事后,惠剑泉跑到安庆国民党省政府告状,指控宿县总工会受共产党的操纵,说宿城"奸匪"在闹事。国民党安徽省政府即严令宿县县政府限期缉捕带头闹事的工人及总工会负责人。1928年11月,方培仁亲率县卫队到处抓人,他们再度逮捕了马登科和薛全真等七八个工人及总工会秘书白兴民。党组织几次设法营救未成。后来白兴民被解往徐州监狱,总工会打算组织工人在途中截获。白兴民知此消息后深恐此举会给党组织和工人带来更大的损失,制止了这一行动。马登科、薛全真等在百般折磨下死于狱中。但是,在国民党政府的下层人员中也不乏好心人,在逮捕总工会会长孔效三时,带路的差人有意领着方培仁等走过了孔家大门,走了老远才说走错了,然后又返回孔家,孔效三得以乘机逃走,幸免于难。

这次"马疙瘩"事件虽然使党组织和工人遭受了一些损失,却给国民党反动派一次沉重的打击;同时也深刻地教育了宿州人民,使他们认识到只有在共产党的领导下团结起来和敌人进行斗争,才能获得自身的解放。这次斗争,震撼了淮北大地。徐海蚌特委给予高度评价,誉其为"徐海第一"。在这次斗争过程中,党组织关心群众,密切联系群众的作风至今温暖着宿州人民的心。①

(五)煤矿和船运工人同盟罢工

早在大革命时期,在以王香圃为首的中共古饶区委领导下,

---

① 王敏:《中共宿州市党史简编》,合肥:黄山书社,1998年,第52—55页。

即在烈山煤矿和船运工人中,积极开展工人运动。当时的烈山煤矿,有矿工三四千人,是宿县最大的一支产业工人队伍。这个煤矿主要依靠濉河木船往外运输,共有船工1000余人。另外,还有几百名装卸工人。船工梁文焕等人经王香圃介绍先后参加了中国共产党。为了更好地开展工作和便于联系船运工人,共产党员和先进分子集资买了一只大木船,梁文焕便积极在船工中发展党员,筹建工会。后来又成立了中共烈山特别支部,梁文焕任特支书记,党员有赵皖江、赵洁民、赵成科等。在中共古饶区委和烈山特支的领导下,这里的党员很快发展到五六十人,他们便以矿井为单位建立党支部。

1928年6、7月间,有个矿工因病请假,老板不开工资,这位矿工的生活出现了困难,眼看连吃饭都成了问题。工人们携同这位矿工去找老板,老板把眼睛一瞪,说:"干活拿钱,不干活凭什么向我要钱?"并说,"他吃不吃饭不关我的事!"老板的蛮横态度,引起了广大工人的强烈不满。当时宿城生生布厂的工人正在举行罢工,王香圃、梁文焕、赵皖江等党组织的领导人便决定开展罢工以示抗议。他们连夜召开工人会议,向工人们讲了各地工人运动的形势,讲了宿城生生布厂工人罢工的情况,讲了只有通过斗争才能促使资本家让步的道理。在他们的发动、组织下,烈山煤矿的罢工开始了,从一个井口很快发展到很多井口,不几天就发展成全矿大罢工。船运工人积极响应,也举行罢工,以支持矿井工人罢工,形成了矿工、船运总同盟罢工的形势,与宿城生生布厂工人罢工遥相呼应。梁文焕、赵皖江代表工人向老板提出了增加工人工资,提高工人待遇,开设烈山工人子弟学校和成立煤矿、船运工会的合理要求。老板开始态度很强硬,拒不接受工人的意见,并指挥矿警镇压工人。但是广大工人并不屈服,老板的蛮横态度更加激起了他们的反抗情绪,他们决心斗争到底。有的工人没饭吃,大家就把自己的米、面拿出来接济;有的工人没钱治病,大家就互相凑钱为生病的工人治病。整个矿区、船队形成了团结战斗的局面。罢工坚持了五天,老板眼看着矿下泉水剧增,整个矿要报废,再加上工人们团结战斗的压力,不得不完全接受工人们提出的条件。梁文焕、赵皖江代表工人们同老板达成了协议,大长了工人的志气,党和工会组织在工人中的威信空前提高。罢工斗争胜利了,不仅工人们的工资待遇得到了提高,而且复工后的烈山煤矿很快挂起了两块牌子:一块是"烈山煤矿工会",一块是"烈山船运工会"。

土地革命战争时期,特别是1928年夏至1929年上半年,宿县(暨当时宿县辖区)的工人运动如火如荼,大小规模的罢工斗争高潮迭起,各业工会如雨后春笋,有力地震慑了国民党反动政府,唤起了广大工人的觉醒。后来虽然遭到反动政府的残酷镇压,使运动不得不走向低潮,但在宿州革命的历史上谱写了光辉的一页。①

---

① 王敏:《中共宿州市党史简编》,合肥:黄山书社,1998年,第55—57页。

二、农民暴动方兴未艾

党的八七会议之后,安徽各地党组织把工作重心放到农村。1927年9月,中共安徽省临委在《关于安徽三个月工作计划纲要》中指出,安徽过去的农民运动开展得不普遍,绝对不是因为客观上的困难,而是因为各地党组织不重视农运,没有认识到"土地革命和建立农村的农民政权为彻底的民权革命的唯一保障"。农运的对象,应以雇农、佃农及失业农民为主,即以无地的农民为中心,现时的革命是土地革命,只有他们才是土地革命的主力军。省临委指示各地党组织要把工作重心转到农村,转向农运,组织农民协会,在有条件的地方应组织农民武装。省临委要求农运有一定基础的宿县、寿县、芜湖、安庆、潜山、桐城、无为、南陵、宣城、霍邱、六安、凤台等10多个县的农民协会尽快恢复发展起来。第二届省临委要求各地党组织在春荒中的斗争策略是随时随地从群众切身利益上引起大大小小的斗争,发动贫苦农民参加抗租抗税不还债的斗争,从斗争中提高农民的阶级意识和革命认识,在斗争中扩大农民协会组织。发动农运,应集中力量在农民生活比较苦的地方坚持不懈地工作,并公开提出"工农群众武装暴动建立苏维埃政权"的政治纲领和进行"土地革命"的口号,以激发农

民群众的热情。①

在宿县地方党组织的指导下,宿县农民运动持续发展,各地农业协会队伍不断壮大,到1928年7月上旬,全县有组织的农民总数约1万人,全县有3个镇12个乡(包括今濉溪县境)都有农民协会组织。②除农民协会外,还有农民委员会及纯粹的贫农组织,如短工会、贫农团、大领会、雇农团等。由于苛捐杂税的繁重和地租、高利贷的剥削,广大农民的生活困苦不堪,农民和地主、豪绅的斗争也不断发生。从1930年7月到1932年8月,宿州各地多次发生农民武装暴动。③

(一)卢村④暴动

宿县卢村是符离北部、夹沟南面的一个村庄,东靠津浦铁路,西、南与今奶奶山、古饶集相邻。把持这一带的是卢村大地主、土豪劣绅卢相臣和夹沟反动区长牛洪章。他们依仗权势,横行乡里,敲诈勒索,无恶不作,广大群众早就恨之入骨。中共宿县县委

---

① 中共安徽省委党史研究室:《中国共产党安徽地方史》(第一卷),合肥:安徽人民出版社,2000年,第131—132页。

② 一说达2万多人。1928年6月,宿县农民协会会员总数达2万多人,其中直接参加各项农运活动的骨干分子就有1000多人。见中共安徽省委党史研究室:《中国共产党安徽地方史》(第一卷),合肥:安徽人民出版社,2000年,第132页。

③ 王敏:《中共宿州市党史简编》,合肥:黄山书社,1998年,第62页。

④ 一作芦村,村主任为芦相臣。见中共宿县县委党史工作委员会:《中国共产党安徽省宿县党史资料》,合肥:安徽人民出版社,1993年,第91页。

根据这一情况,指示夹沟党支部动员民众,发动农民武装暴动,铲除这两个恶棍。

1930年5月上旬,夹沟党支部书记丁雨畴秘密召开党员会议,传达了县委指示,详细研究了暴动方案,制订了行动计划,规定了严格的纪律。5月9日,天刚破晓,参加暴动的100多人拿着长短枪及梭镖、长矛、大刀等武器,在县委负责人和夹沟党支部负责人的带领下,包围了地主卢相臣的家,夺掉了卢家看家人的枪支。卢相臣闻讯早已仓皇逃跑,暴动队伍剿了他的家,将他家的粮食及其他财物分给当地贫苦农民。同时,隐蔽在铁路附近的暴动队员砍断了电线杆子,扒毁了铁路,他们还在卢村各处墙上书写了"要自由""要平等""打倒卢相臣"等标语。卢相臣慑于农民暴动的威力,逃到宿县城里去了。人民群众欢欣鼓舞,卢村周围的大五柳、小李庄、胡町等10多个村庄的农民都踊跃参加,暴动队伍迅速扩大到300多人。国民党宿县县政府闻讯即派县保安队前往镇压,与农民暴动队伍遭遇,激战半小时,暴动队伍为避免损失,即迅速撤退,分散隐蔽,暴动随告失败。暴动虽然失败了,却给国民党反动派和地主豪绅以沉重的打击,地主卢相臣和反动区长牛洪章夹着尾巴逃跑了。①

这次暴动,是在"左"育动错误指导下进行的。当时,革命不是处于高潮,敌人力量十分强大,革命力量相对薄弱,武装暴动条

---

① 中共宿县县委党史工作委员会:《中国共产党安徽省宿县党史资料》,合肥:安徽人民出版社,1993年,第198页。

件尚未成熟。加上农民没有经过武装训练,缺乏正确军事指挥,暴动也无周密计划,冒险行动,孤军作战,因而暴动失败了。但它有力地打击了夹沟、卢村一带地主豪绅的嚣张气焰,显示了农民群众在党的领导下团结战斗的威力。①

(二)东三铺、水池铺暴动

东三铺、水池铺当时是宿县东南乡的两个集镇,国民党在这里建立了团防局,由当地土豪劣绅、恶霸地主所掌握。他们经常到周围村庄抓人派丁,催粮要款,敲诈勒索,广大农民被他们压迫得喘不过气来。中共宿县县委和县委行动委员会决定在这两处发动农民武装暴动,打掉团防局,为当地百姓除害。县委的意见得到徐海蚌特委的支持,特委派军委负责人冷其英来此具体指导。宿县县委又从西北乡调来李秉枢、任训常两同志前来协助。

1930年6月中下旬,宿县县委书记兼县委行动委员会书记赵龙云和冷其英到了东三铺、水池铺之间的陈庄,召集了当地党、团负责人沈联城、陈凤三等人作了具体研究,决定于7月7日在东三铺、水池铺两处同时举行暴动。要求当地党、团组织要看准对象、秘密发动、动员人枪、组织群众,同时要搞好侦察工作,对敌人的兵力部署、活动规律了解清楚,充分掌握敌情。暴动之前,他们又召开了一次会议,详细地研究了行动方案,决定暴动队员分两

---

① 中共宿县县委党史工作委员会:《中国共产党安徽省宿县党史资料》,合肥:安徽人民出版社,1993年,第91页。

路行动,参加东三铺暴动的有20多人,由冷其英、陈凤三负责指挥;参加水池铺暴动的有30多人,由赵龙云、沈联城等负责指挥。决定尽量智取,避免伤亡。并决定暴动成功后两路人马都到蔡桥子会合,进一步扩大武装,成立红军,拉到大别山打游击。

7月6日晚上,细雨蒙蒙,负责指挥东三铺暴动的冷其英、陈凤三把参加暴动的人员集中在东三铺东北角的一个打麦场上开会,作了战前动员,研究了具体方案,规定了严格的纪律。

7月7日上午,雨止天晴,东三铺集和往日一样,熙熙攘攘,热闹非常。暴动队员们混杂在赶集的人流里,伺机行动。大约10点,有几个年轻人突然为买东西打起架来,相互扭打着到团防局去评理,还有一些人跟在后面看热闹。这伙人到了团防局门口突然夺掉门岗的枪,并把他击毙,然后拥进团防局大院,经过短时间的激战,打死了团防局头子张实之,俘虏了10多名团丁,缴获了10支长枪,暴动队员无一伤亡。

水池铺方面,为了打得更有把握,他们在暴动前先派人混进团防局进行侦察,发现除一个门岗和一个守铺的团丁以外,其余的团丁都到街上溜达去了,枪支挂在墙上。侦察人员发了暗号,大家便一拥而上,站岗的团丁见状慌忙携枪逃跑。在屋里守铺的团丁闻声开枪射击,暴动队员把他打死。接着大家摘了墙上的枪,便到水池铺街上捉拿团防局头子张朝栋、蔡友清,这两人都闻风逃跑了。暴动队伍便拥进他们家,把他们家的粮食、财物分给贫雇农,然后又在当街的墙上书写了大幅标语。在这次战斗中,

暴动领导人之一的王景超负了伤,他的弟弟王二成追赶站岗的团丁,与其搏斗,被团丁甩匕首刺死,小英雄年仅十五岁。

当天下午,两处暴动队伍在蔡桥子会合。他们沿途动员民众,队伍发展到80余人,有长、短枪60多支,士气非常高昂。为了巩固暴动成果,扩大武装力量,队伍便沿津浦铁路向南运动。7月8日中午,暴动队伍赶到铁路南边的刘家荒地,与前来"剿匪"的宿县警备大队遭遇,激战到黄昏,暴动队伍主动撤退。因这支队伍是临时凑合在一起的武装力量,没有进行过严格的军事训练,一听说撤退,便一哄而散,再也无法组织起来。①

暴动后,赵龙云带着受伤的王景超到外地治疗,途经东二铺时,不幸被宿城派来的国民党保安团逮捕。赵龙云被捕以后,先是在大店临时被审,后来又被押往宿城。敌人对他软硬兼施,用尽酷刑,赵龙云铁骨铮铮,毫不屈服,敌人对他毫无办法,就下了毒手。

临刑那天,宿城去往火车站的大街两旁挤满了人,有的爬到房顶上,有的爬到树上,人们几天来都在秘密传颂着赵龙云的英勇事迹,都要看看这位英雄是什么模样。人们伫立在大街两旁,怒视着反动派,将敬佩的目光投向赵龙云。赵龙云昂首挺胸,从敌人刀剑林立的大街上通过,沿街高唱《国际歌》,歌声慷慨激昂,令国民党军毛骨悚然。沿街群众感叹不已。这时天空乌云密布,

---

① 王敏:《中共宿州市党史简编》,合肥:黄山书社,1998年,第64—65页。

空气沉闷,赵龙云被押到宿城西门外刑场上,国民党反动派军警头目耸动着满脸横肉,凑近赵龙云身边,假惺惺地说:"再给你最后几分钟的时间考虑,若能悬崖勒马,还可留你一命不死。"赵龙云怒斥道:"滚开!人生自古谁无死,留取丹心照汗青。执行吧!"在"共产党万岁!"的口号声中,敌人射出了罪恶的子弹,赵龙云倒在血泊之中,时年28岁。①

(三)黄口暴动

1930年6月底,中共徐海蚌特委委员、宣传部部长陈理真到萧县传达贯彻党中央政治局6月11日通过的《目前政治任务的决议》,发出"掌握武器,夺取政权"的指示。萧县行动委员会在李老庄李祥龄的家中举行扩大会议,出席会议的有张圣和、胡文清、萧雅忱、戴蕴山、张舒民、纵翰民、李祥龄、谢光亚等,会议决定7月10日在黄口、王寨、永固②三处同时举行武装暴动。黄口由张圣和、李祥龄、谢光亚领导;王寨由戴蕴山、胡文清领导;永固由纵翰民、萧雅忱领导。

李祥龄接受任务后,立即赶回黄口,连夜进行部署。一方面对敌人力量的分布情况进行侦察和分析,一方面连续召开一系列

---

① 中共宿县县委党史工作委员会:《中国共产党安徽省宿县党史资料》,合肥:安徽人民出版社,1993年,第192页。

② 一作永堌。见中共安徽省委党史研究室:《中国共产党安徽地方史》(第一卷),合肥:安徽人民出版社,2000年,第154—155页。

会议,进行动员,积极组织,待命出动。

黄口位于徐州西面距徐州一百里的铁路线上,黄口站是陇海铁路上的一个站点。这里行栈林立,客商云集,是方圆一二百里内的工农业产品集散地,也是萧县北部的政治、经济、文化中心。①

当时,黄口驻有国民党第三军第二十七师的1个连,全连约140人。他们分驻三个地方:车站东面1个排,车站西面1个排,连部带1个排驻在车站北面。加上黄口区队和商务团1个班的武装,总计约200人,近200支枪。论武器我方处于绝对劣势,仅有短枪2支,土造炸弹48枚。我方的优势在于群众基础比较好,组织起来的骨干力量有200多人,同时通过农民协会秘密串联,参加暴动的工农群众可望有2000人,加上国民党区队队长张永祥是共产党员,由于他平时对士兵秘密进行了政治教育,区队武装基本上掌握在我方手里。另外,还联络了一部分有战斗胆识的流氓无产者参加。商务团的武装,其任务是为商界上层人士保护财产,不介入政治斗争,既不会成为助力,也不会成为阻力。

准备工作就绪后,又研究部署了具体战斗方案,决定暴动队员都伪装成赶集的人,趁上午10时赶集人最拥挤的时候,逼近敌人营房,以突然袭击的手段,首先除掉敌人的岗哨,然后闯进敌营房,白手夺枪,迫使敌人缴械投降。

战斗分工是由党员、黄口小学教师李祥昌带队进攻站东敌人

---

① 中共萧县县委党史研究室:《中国共产党萧县地方史》(第一卷),北京:中共党史出版社,2006年,第39页。

1个排；由党员、农协会员李祥林带队进攻站西敌人1个排；由勇敢分子包继宣带队进攻敌连部及所带的1个排；由李兆铭带领黄口小学学生组成宣传队，在暴动开始后，上街写标语、散传单，开展政治攻势；由郑传舜组织铁路工人在站东李阁村附近破坏铁路，切断敌人的交通线。大家商定，以系红布条为标记，一齐下手。

7月10日上午，黄口镇显得比往常更热闹，赶集的人熙熙攘攘。9时许，李祥龄、李祥昌、李兆铭、李祥林、包继宣等，陆续来到黄口文明街张德胜的理发店里，李祥龄听取了各路暴动突击队员已潜至指定地点的汇报后，又进一步商量了可能出现的问题和解决的办法。

快到10点的时候，暴动人员都分头集结到进攻目标附近，把红布条标记隐藏在口袋里，急切等待暴动时刻的到来。在指挥所发出信号枪声之后，共产党员程瑞凯拔出短枪，首先把车站西面敌营房的岗哨打倒，又朝营房接连扔过去几个炸弹，趁着弥漫的硝烟，20多名突击队员一齐拥了进去，程孝思提着一桶煤油，高叫着要点火烧房子，"不缴枪，就烧死你们！"敌人吓得乱成一团，还没有弄清是怎么一回事，就乖乖地缴枪投降了。

盘踞在车站东面的一排敌人，听见西面枪响，又见一伙青年逼近营房，吓得夺路向东逃窜，暴动队员奋起直追。这股敌人逃到黄口东北3里张寨附近，被当地群众截住，当地群众配合暴动队伍将敌人团团包围，迫于广大群众的声威，敌人乖乖地放下了武器。

战斗刚打响时,赶集的群众不明底细,吓得乱跑,商店纷纷关门,集"炸"了。这时待命在黄口小学的宣传队冲上了街头,有的写标语,有的散传单,有的向群众讲演。他们还沿街大声疾呼:"大家不要害怕,这是共产党暴动,不是土匪抢东西、架肉票!"群众听说是共产党暴动,情绪安定下来了。

近午时分,盘踞在车站北面的敌连部及所带的1个排敌人还在据险顽抗,他们在墙壁上挖了许多枪眼,向暴动队员瞄准射击,暴动队伍的突击手程瑞凯、李祥太就是在围攻这股敌人时牺牲的。鉴于战斗持续了近2个小时仍不能取胜,而暴动队伍又缺乏军事素养,李祥龄当机立断,决定在坚持围攻敌连部的同时,加强政治攻势。他派人把商务会会长刘德印、唐秉五找来,动员他们立功,要他们到敌人营房后门去喊话,叫敌人投降。刘德印、唐秉五二人来到敌营房后门,向敌人高呼:"我们是商务会的会长,是出面讲和的,千万不要对我们开枪。"随后就冒险闯入敌连部,向敌人讲:"他们是共产党暴动,不是土匪,你们赶紧缴枪算了吧!愿意跟共产党干的,他们欢迎,愿意回家的听便。"在刘德印、唐秉五二人向敌人劝降之际,暴动队伍在敌人营房前门点燃了房子,浓烟滚滚,火势熊熊,给处于困境的敌人造成很大威胁。在"投降是你们的唯一出路!"的呐喊声中,这股敌人最终缴械投降了。

这时,在区行政局大院里的区队武装,仍然处于持戈待命状态。李祥龄来到行政局门前,向里面一招手,张永祥就把区队带出来缴了枪。至下午3时,暴动队伍将黄口镇的敌人武装全部解决,缴获长、短枪近200支,暴动获得全胜。

当枪声逐渐沉寂后,黄口镇上的居民和赶集的群众,纷纷出现在闹市街头,围着红色宣传队员,倾听他们宣讲中国共产党和中国工农红军的革命宗旨。同时,在火车站北面出口处右边墙上贴出一张醒目的大布告,庄严宣布暴动队伍的番号是"中国工农红军第十五军第一师独立营",布告的署名者是师长张达生(张圣和)、政治委员纵旬之(纵翰民)、独立营营长李祥龄。布告宣传了中国工农红军的宗旨、任务和政策,赢得了群众的衷心拥护。

为了庆祝黄口暴动的胜利,同时也为了扩大政治影响,向群众宣传共产党的主张,暴动领导人计划召开群众大会。后来因敌人的铁甲车已由徐州方向开来,暴动队伍不得不迅即撤离战场。

约下午4时,武装起来的暴动队员200多人集合在黄口镇南面陈河,大家排成整齐的行列,沿着萧黄公路向东南挺进,威胁萧县城里的敌人。程瑞龙擎着绘有交叉的镰刀和锤子图案的大红旗,走在全营的最前头。刚刚解放过来的敌人连部一个号兵,吹着嘹亮的军号,紧跟在程瑞龙的后面,一路上浩浩荡荡。当夜,宿营曲里铺。次日,暴动队伍转向王寨,打算在那里与王寨、永固的暴动队伍会师。不料,王寨、永固都因条件不成熟没有暴动起来。这支队伍就驻在王寨西面的宁园、郝楼休整,并在宁园召开了群众大会,批斗了大地主郝明扬,把大地主张庆祥、郝明扬、郝明珠的粮食、牲口、农具分给贫农群众。

当黄口暴动队伍高举红旗,沿着萧黄公路向东南挺进的时候,盘踞在萧县城的敌人惊恐万状,5个城门紧闭,不准通行。陇海线徐州至商丘的交通,因暴动而中断3天。

7月18日,黄口暴动队伍回师曲里铺,国民党萧县县长王公歛亲率县警备大队紧跟迫击。时以任爱斯为首的一部分流氓无产者又乘机哗变,把装备最好的一个连的

▲ 萧县黄口暴动遗址

部分人员偷偷拉走,造成了一些同志情绪低落。大家感到势单力薄,在本县回旋困难,外走又无出路,最后不得已决定分散隐蔽,自寻掩护,各人所带枪支,亦由各人设法掩藏。黄口武装暴动至此归于失败。

在暴动中,李祥龄的胞弟李祥太,程楼的程瑞凯,小李庄的李福全,单庄的单衍林英勇牺牲。① 他们是萧县人民为共产主义而

---

① 牺牲4人一作程瑞凯、李祥太、李新全、单玉。见中共宿州市委党史研究室:《中共宿州党史大事记》,内部资料,1999年,第62—63页。

斗争的第一批殉难者。①

(四)石梁河暴动

1930年7月下旬,泗县县委根据徐海蚌特委的指示,决定8月1日在石梁河发动农民武装暴动,组建红军独立师。计划在酝酿准备时,被国民党泗县县长佘念慈探知,敌急作防范布置。县行动委员会紧急决定提前发动。

7月29日,县委委员魏正斌通过亲戚关系到团练局"借枪"20支,组建了农民自己的武装。当晚,魏正斌带领暴动队员夜袭霸王城团防局,一枪未发,缴枪25支。7月30日,石梁河一带农民暴动队伍300余人②集中于石梁河东的大、小魏庄,公开宣布暴动。灵璧县小吴家党支部书记戴文生率参加宿县东三铺暴动的队员赶来加入暴动的行列。国民党泗县县政府闻讯后,急忙派张兴汉、高树屏率县自卫队前往镇压,暴动队员用近百支枪及大刀、土炮、长矛、抓钩、扁担等武器迎击敌人,敌人溃逃。暴动队伍剿了恶霸地主张继舫的家。此时暴动队伍声威大振,各村青年踊跃参加。7月31日,暴动队伍攻破上塘集,缴获团练局长枪35支,

---

① 中共宿县地委党史办公室,中共宿县地委讲师团:《党史党建文汇》,合肥:安徽人民出版社,1991年,第65—68页。
② 一说400多人。暴动队员达400多人,其中包括从宿县东三铺暴动撤退下来的数十人。见中共安徽省委党史研究室:《中国共产党安徽地方史》(第一卷),合肥:安徽人民出版社,2000年,第155页。

接着攻下大庄集。31日晚,县行动委员会在陈吕庄整编队伍,正式宣布成立红军独立师,何凤池任司令,丁超伍、魏正斌任副司令。① 独立师迅速扩大,在霸王城一带活动。8月2日傍晚,队伍连夜转移至泗县北部,在屏山与许华国领导的农会会合,在此批斗地主、分衣分粮、救济贫穷、开展宣传、扩大影响。之后挥师东进,目标是与江苏宿迁南部的农民暴动队伍会合,奔向洪泽湖一带打游击。

此次暴动使国民党政府极为惊恐,新任泗县县长张海舟②急令县警备队会同各区团练全部出动,并从蚌埠请调正规军2个连,总兵力约1500人,共同设伏围堵农军。因此,当农军到达唐沟时,便陷入敌人的包围之中。农军在魏正斌指挥下抢占有利地形,准备决一死战。战至日暮时分,子弹渐渐匮乏,天降大雨,敌人四面合围上来,农军尚有200多人,遂四散突围。但四面皆敌,加之连日转战,弹尽腹饥,众人初聚,不谙军事。人员中除牺牲或被打散的以外,大多被俘入狱。魏正斌、王子玉、魏尚书等领导暴动的骨干因此而牺牲。③

---

① 一说8月1日上午在朱圩召开六七百人大会,宣布红军独立师建制。见中共宿州市委党史研究室:《中共宿州党史大事记》,内部资料,1999年,第64页。

② 一作张海洲,见中共宿州市委党史研究室:《中共宿州党史大事记》,内部资料,1999年,第64页。

③ 中共宿州市委党史研究室:《中国共产党宿州史》,北京:中共党史出版社,2001年,第35—36页。

（五）顺河、梅山暴动

1931年，宿县东北一带发生了严重的自然灾害，庄稼失收，农民生活困苦不堪，他们唯一的经济来源就是每年种一季烟。可是当时烟捐很重。1932年初，当烟苗刚在地里返青的时候，国民党安徽省政府就向宿县派烟捐60万元，而宿县的县、区、乡政府向下分派时又层层加码，最后落实到农民身上为120万元，广大农民叫苦不迭。国民党宿县政府为了确保这笔烟捐能收上来，还派员下乡逐块登记烟苗。一些土豪劣绅趁机和查烟苗人员勾结起来，大吃大喝，把吃喝款摊在农民身上。农民怒不可遏。

1932年6月，宿县顺河集王家场农民、小学教员王效白挺身而出，率领周围村庄的农民1000余人，捣毁了烟捐筹备员朱家谦的家，打死了烟捐筹备员孙怀臣。接着，王效白又在王垄子庄召开农民大会，宣布武装起义。他率领农民起义军攻占了顺河集，捣毁了烟捐筹备办公室，砸烂了筹备员郑克邦的酱园店。

顺河集农民暴动的枪声，震醒了宿县东北乡受苦的百姓，也引起了中共徐州特委和宿县中心县委的高度重视，徐州特委即派特委委员孙叔平和宿县中心县委委员戴晓东到顺河集参与组织领导这支农民武装队伍。他们将这支队伍编成5个大队，25个中队，65个小队，层层选派了正、副队长，王效白为总指挥，马凤山为副总指挥。并规定了严格的纪律，研究了行动方案，制订了具体作战计划。

队伍逐步会合周围的农民，不断壮大，先后攻占了鹤山、老街、秦湾、夹沟、褚庄、大五柳、灰古、蒿沟、永安、桃沟等10余个村镇,并于7月28日攻占了当地土豪劣绅赖以盘踞固守的大本营——时村。暴动队伍一度发展到2万余人,武器2000余件。一些土豪劣绅的粮食财产也被分给贫苦农民。

王效白发动并领导的以抗烟捐为主要目标的农民暴动,顺应当时情况下民众的心理,连一些中小地主、富裕户也拥护抗捐,起来反抗,在很短时间内席卷宿县东北大地,迫使当局不得不惩办县长陈吉庭,另委章世嘉为宿县县长。章世嘉到任后,耍弄阴谋欺骗手段,邀请暴动领导人进城谈判,在谈判中假意接受提出的五个条件:(一)取消烟捐;(二)取消各种附加税;(三)惩办罪大恶极的土豪劣绅;(四)取消地方保卫团,由民众自动组织联庄会保卫乡村;(五)保障暴动领导人的人身安全,凡参加暴动民众概不追究。章世嘉除表示同意上述条件外,还对王效白等人封官许愿。然而事隔数日后,五个条件不仅没有兑现,县里竟出动警察对抗烟捐的骨干进行捕杀。王效白即返回顺河集,重新召集民众,扯旗再干。8月28日,王效白率众攻破曹村朱家圩。30日,再次围攻时村。由于上级来人批评暴动执行的是"富农路线",应提出土地革命的口号,于是开会宣布"打倒土豪分田地,建立苏维埃政权"为新的斗争目标。此口号一经宣布,马上触及中小地主以及富裕户的利益,另外从抗捐到造反夺权,性质变了,一夜之间,抗烟捐队伍被那些中小地主拉走一大半,只剩下2000多人。章世嘉率县警备队会同驻宿城的国民党1个营的兵力又开来时村"进剿",因此,暴动队伍攻打时村失利。后向褚兰转移,与戴晓东领导的准备在梅山暴动的队伍会合,发起梅山暴动,活捉区长张久轩和其弟张久余,并将二人枪毙示众,财产分给穷人。①

梅山暴动后,由于敌人多路追击,队伍决定向南转移。不料,刚到萧县的泉涯(现埇桥区北泉涯村),即被国民党正规军及宿县、萧县、铜山、灵璧四个县的警备队团团包围。王效白等带余部二三百人转移到青铜山上,与敌战斗到第二天上午9时许,终因力量悬殊、弹尽粮绝而失败,王效白、戴晓东等200多人被俘,后王效白等人就义于徐州。②

这次顺河、梅山暴动延续4个多月,暴动队伍壮大到1万多人,活动范围1000多平方公里,是宿州现代史上规模最大的一次农民武装暴动。

(六)张庄寨、洪河集暴动

1932年8月13日,中共萧县县委在萧县西部的张庄寨、洪河集发动了一次农民武装暴动。

---

① 中共宿州市委党史研究室:《中国共产党宿州史》,北京:中共党史出版社,2001年,第42—43页。

② 一说:当王效白等率队赶到萧县泉凹(现宿州市解集的泉凹)时,被宿县、萧县的警卫团和国民党驻宿部队包围,激战数日,暴动队伍大部分突围出去,王效白等七十余人在青冢湖被俘。王效白、窦宜敏、徐怀龄三人被押送徐州,不久即在黄河岸边英勇就义。秦立档等二十一人走到时村即被反动派杀害。戴晓东等四十多人被关进宿县监狱。见王敏:《中共宿州市党史简编》,合肥:黄山书社,1998年,第68—69页。

当时,蒋介石调集50万兵力,自任总司令,正向苏区发动第四次反革命"围剿"。中共徐州特委受王明"左"倾教条主义错误的影响,要求各县组织武装暴动,以配合鄂豫皖苏区的反"围剿"斗争。萧县县委根据特委指示,在任小庄召开县委会议,讨论武装暴动问题。会上,县委书记朱大同和县委军事委员冷启英,与县委委员李凡洲发生了争论,李凡洲认为暴动条件不成熟,不能把革命形势估计得过于乐观,要吸取黄口暴动的经验教训;朱大同则认为革命形势好得很,只要"秘密准备,突然进攻",公开打出革命的红旗,群众就会一哄而起,热烈响应。他极力主张武装暴动。尽管存在着意见分歧,最后少数服从多数,通过了举行武装暴动的决议,决定1932年8月13日,先在第二区区公所所在地朔里暴动。再组织其他地方的武装暴动。县委决定凡参加这次暴动的人员在8月12日晚到朱大同住的村子朱庄集合,然后向朔里进发。第五区参加暴动的人员有两部分,一部分是冯瓦房一带的人,由冯家平带领;一部分是李酒店一带的人,由李忠道带领。8月12日晚,这两部分人都到大张庄北面柳树下会合,县委军事委员冷启英在出发前作了动员讲话,而后,队伍就连夜向朱庄集结。因中途遇雨,道路泥泞,行军速度慢,到朱庄时已快天亮。这样按原计划天亮前赶到30里外的朔里,如期举行暴动已不可能。因此,由朱大同提议并征得其他同志的同意,改变原来的行动计划,决定去距朱庄10里的张庄寨、洪河集暴动。其分工是:朱大同、冯家平带领队伍去攻打张庄寨区公所;李忠道去朔里了解情

况,准备以后再组织暴动;王德山、祖玉敏负责组织洪河集暴动。

张庄寨是第四区区公所所在地。按照新的部署,朱大同带领着参加暴动的队伍向张庄寨进发。出发前,他在队伍中挑选了比较精干的37人,带了10余支短枪,其余一部分人抬着软床,床上睡着人,枪放在人下边,装扮成去区里打官司的;另一部分人挑着瓜担子、背着东西,装扮成赶集的。队伍到张庄寨东门时,刚到黎明时分,寨门还关着。朱大同叫门,并说:"我们村子打死人了,来打官司,叫区长验'尸'。"寨门叫开后,朱大同带着抬软床的人进了寨门,其他人随后也跟了进去,把软床抬到区公所门前。朱大同首先进了区公所,将正在洗脸的区队长刘须武①一枪打倒。在门外的暴动人员听到里边的枪声,开枪打倒了门岗,冲进区公所,缴了区队30余支枪。此时,街上的一个地主炮楼中的敌人坚持不投降,起义队伍就集中攻打这个炮楼。战斗中任贻任、王士杰、潘孝顺3人牺牲,任予锡、侯永碧2人负伤,炮楼未能攻下。此时,国民党县长王公欹闻讯率保安队前来张庄寨"围剿",暴动队伍便撤出了张庄寨。

洪河集是距张庄寨不远的一个大镇。洪河集暴动的组织工作,是事前按照县委的部署进行的。洪河集当时的镇长是共产党员王德山,掌握着镇公所10多人的武装。参加洪河集暴动的有祖小楼子、一条脊、海青房、洪河集等村子的党员和群众,共39

---

① 一作刘胥武。见中共宿州市委党史研究室:《中共宿州党史大事记》,内部资料,1999年,第76页。

人,其中党员4人,有长短枪30余支。在听到张庄寨暴动的枪声后,王德山、祖玉敏、李玉田就带领镇公所的武装和前来参加暴动的人员迅速在洪河集东头集合。与此同时,有意对段林清、孙翠斋两个地主说,张庄寨出事了,我们应集中所有枪支去救援。段林清、孙翠斋二人信以为真,将他们自己的6支枪全部拿出来交给了暴动队伍。拿到枪后,暴动队伍即把二人捆绑起来,押回镇公所看管,并在洪河集做好了战斗准备。当日下午,敌人援救队围攻洪河集,暴动队伍坚持了一天一夜,在王德山、祖玉敏的带领下,向西转移,撤出了洪河集。

张庄寨、洪河集暴动队伍分别撤出后,不久在永城、萧县边境会合。因警惕性不高,队伍被一股强悍的土匪裹挟而去,失去了行动自由。后来暴动队员纷纷脱离匪穴,但暴动缴获的枪支未能带出去。至此,张庄寨、洪河集暴动失败。

李忠道、杜慰农去朔里了解情况,准备再次布置暴动。由于在张庄寨暴动中负伤被俘的侯永碧向敌人供出了杜慰农提供暴动枪支的情况,二人在路过萧县附近时,被国民党萧县保安大队大队长李公达和萧县公安局督察长纵华甫逮捕。朔里暴动遂告流产。

张庄寨、洪河集暴动是一次革命行动,它给敌人以沉重的打击。但这次暴动与黄口暴动一样,都不是在主客观条件基本具备,经过群众斗争并形成运动走向的暴动,而是孤立的盲目暴动。暴动失败后,除少数同志被捕外,暴露身份的同志都被通缉躲避在外。由于国民党实行反动的保甲制度,党的活动比黄口暴动后更加困难。1933年徐州特委遭到破坏,接着萧县县委书记朱大同叛变,当上了国民党徐州特务巡视员、特务专员,带着一些特务、叛徒到处捕杀共产党员,使萧县党组织遭到严重破坏。此后,萧县仅有李凡洲、陈学文、陈继仁、杜玉堂等党员和路继光、朱玉珂、王清惠等所领导的3个党支部在陇海路南北继续坚持活动。①

(七)灵北抗烟捐暴动

1932年8月2日至21日,灵璧县北部地区爆发了轰轰烈烈的抗烟捐暴动。

当时,农民种一亩大烟,收成好的能卖100元,中等的只能卖60至70元,每亩烟捐却收到50至100元。因此,农民种烟有的白费工本,甚至赔本。然而,把持灵璧县大权的国民党县党部监察委员兼警备队教练官李慎五、县警备队警饷经理处处长李翰卿等不顾农民的死活,强行勒索烟款。有账可稽的2万余元,没有入账的3万元以上,合计5万余元,但上缴省里的仅3千余元,其余悉被李慎五、李翰卿等人贪污。同时,李慎五、李翰卿还打着"警饷"的招牌,武力向农民"借款",有案可稽的达11820元。

---

① 中共宿县地委党史办公室,中共宿县地委讲师团:《党史党建文汇》,合肥:安徽人民出版社,1991年,第69—71页。

1931年秋，灵璧发生了水患灾害，1932年即在第五区①范围内组织起所谓"备荒储蓄会"，指派地痞、奸商尤桂儒为经理，强迫农民入股，每股50元，不肯入者即送区公所吊打。与此同时，李慎五、李翰卿等还在灵北地区滥发纸币10000串，强迫农民使用。上有所行，下有所效。第五区区长张汝南，借口经费不足，向农民强迫"借款"数千元；第四区区长马建民更甚于张汝南。

上述苛捐杂税，贫、富者负担极不公平，拥有200多顷土地的一户大地主竟和拥有20亩土地的农户摊捐相同。农民对烟捐或"借款"稍有反抗，轻则拘押，重则施以酷刑。农民马兰勋因无法上缴"备荒储蓄"，竟被逼死。

在灵北农民群众对国民党贪官污吏的罪恶行径怨声载道、积愤鼎沸之时，中共徐州特委于1932年7月派共产党员王以夫、刘明道到灵北以教书为掩护，协助当地地下党员王诺等开展群众工作。他们利用灵璧国民党之间的派系斗争，通过尤集开明绅士马焕卿的关系，联络组织了1500余名农民群众，待机举事。此时，和灵璧县毗邻的宿县东北部顺河集、梅山一带农民起义已搞得轰轰烈烈，其影响波及灵璧，使积怨已久的灵璧人民摩拳擦掌，跃跃欲试。

值此干柴易燃之际，灵北抗烟捐的导火线在尤集被引燃了。

---

① 民国时期，国民党在灵璧设置五个行政区，第五区在濉河以北，区署设在尤集。见中共灵璧县委党史办公室：《灵璧县革命斗争史》，合肥：安徽人民出版社，1990年，第23页。

李慎五、李翰卿、张汝南等官吏侵吞烟款之事被其反对派李俊卿获悉,李俊卿便从南京致函马焕卿,嘱其向第五区区长张汝南算账索款,并允诺在京城活动援助。

马焕卿在中共地方党组织的支持和群众的拥护下,于1932年8月2日带领100多名农民到尤集第五区区公所找区长张汝南算烟捐账。张汝南理屈词穷,恼羞成怒,遂请求李慎五派警备队前往镇压。因农民久受警备队压迫,积怨尤深,闻此消息,群情更加激愤。3日晨,事前联络组织的1500多名农民群众,已陆续聚集于尤集街外,至中午已达5000余人。下午,警备队开到,见农民队伍人多势众,且个个怒目相待,未敢贸然触及暴动者而撤到双沟。参加暴动的农民群众清醒地认识到,国民党统治者绝不会就此罢休。为了有效地自卫,一致公推曾在国民党军第五师熊尚辉部任过连长,颇懂军事的田学敏为暴动总指挥。在灵北抗烟捐暴动声势日益浩大的情况下,田学敏于8月6日到铜山找到中共徐州特委负责人,要求派一名能力较强的党员同志去灵北领导暴动。特委根据灵北农民运动的需要,指派正在徐州市郊搞农运的灵璧籍党员李曜临回灵北,领导抗烟捐暴动。

灵璧县警备大队逃至双沟后,与铜山、睢宁两县警备大队会合,重新组织了100多人的武装,在灵璧县警备大队大队长张伯荫的带领下,再次来到尤集镇压暴动群众。田学敏等率队反抗,双方激战竟日。参加暴动的队伍虽未经过训练,然而义愤填膺,皆奋不顾身拼死搏斗,警备队不支,一部分逃入高楼圩,一部分逃往灵城。

挫败警备队武装后，愤怒的群众遂将地痞、奸商尤桂儒的商店捣毁，然后又分两路向李家楼和古城、杨山进军，抄了李慎五、李翰卿、张汝南的家，将其粮食和财物分给了贫苦农民。

在此影响下，渔沟、张大路、沙滩、冯庙、浍塘沟、尹集等地的农民纷起响应。12日，浍塘沟一带，共产党员郭朝雨、赵士才、詹兴才带领农民群众，手持棍棒，捣毁了浍塘沟团防局，第二天又将浍塘沟团防局局长张耀先存放在其表叔家里的80余石粮食全部分给了穷苦百姓。

13、14日两天，张大路、沙滩、渔沟、尹集等地民众5000余人，将高楼圩团团围住，意欲攻下，严惩张伯荫。

灵北抗烟捐的烈火越烧越旺，各地暴动的群众先后占领了区公所、团防局，并声言进攻灵城，解除县警备队武装，索还烟苗罚金，致使灵城内的统治者们惶惶不安。刚刚到任的县长王肖山不得不于13日亲赴灵北各民众暴动处，一面解劝，极力缓和群众的情绪，一面召集群众代表谈判。最后达成协议：（一）将李慎五、李翰卿、张汝南、张伯荫等虐民贪官一体撤职查办，并拘捕奸商尤桂儒；（二）烟苗罚金由被罚户据实申报，交由各圩长报县转民政所，设法发还；（三）区公所立即撤销，由民众选举地方较公正者维持；（四）此次暴动民众概不追究。之后，王肖山又将民众代表请至县府，商讨善后事宜，并将上述处理意见报省备案。

由于王肖山基本上满足了暴动群众的要求，持续20天的灵

北农民抗烟捐暴动于8月21日胜利结束。①

(八)大山抗"五捐"暴动

1932年8月中旬,中共长淮特委书记朱务平派特委常委顾均(化名查维邦)到灵璧、泗县等地检查工作。

顾均先到灵璧,他在听取戴文生、田恒修的汇报后,到小吴庄、郭沟等党支部察看党的工作。此时宿县北部和灵璧北部的抗烟捐暴动正如火如荼,并取得节节胜利,独立区委下属的郭沟党支部率领农民群众刚刚捣毁浍沟团防局,人们正处在胜利的喜悦之中。

顾均视察几个地方后,认为灵璧党组织工作开展得比较活跃,群众基础也较好。所以他在8月23日从灵北回到灵南后,即在戴文生家里召开了独立区委成员会议。在分析形势的基础上,研究决定以当时国民党统治当局向农民苛征烟捐、保丁费、壮丁费、训练费、杂务费为导火线,乘宿县、灵北两地抗烟捐之浩大声势,发动大山抗"五捐"农民暴动。拟先攻大山,获得武装后,再指娄庄,继打杨疃②、浍沟、尹集、沙滩、张大路,胜利后建立红色政权。同时派田恒修去蚌埠向特委汇报,要求特委多派青年干部

---

① 中共灵璧县委党史办公室:《灵璧县革命斗争史》,合肥:安徽人民出版社,1990年,第22—26页。

② 一作杨町。见中共宿州市委党史研究室:《中国共产党宿州史》,北京:中共党史出版社,2001年,第45页。

来,以便配合宿北、灵北的抗烟捐暴动。

接着召开军事会议,做出五条决定:(一)把18个党支部编为1个大队,3个中队。顾均为总指挥,戴文生为大队长,徐宏启为副大队长,郭朝雨、彭玉生、吴明金分别为三个中队的中队长。(二)独立区委委员田恒修和各支部留下两至三名党员不参加暴动,负责暴动后的善后工作和万一失败后的联系工作。(三)各支部所掌握的枪支全部集中使用,无枪支的要带大刀、长矛、棍棒等。(四)会后留两天时间做准备,8月26日晚到刘庙集中,27日行动。(五)各支部要极其隐蔽地做好发动、组织工作,在未举事之前任何人不得走漏风声。

8月26日晚,各路暴动队伍陆续来到刘庙后,便连夜赶制抗"五捐"大旗,书写标语传单,如"红旗飘飘遮满天,打得土豪劣绅无处钻""人人有地种,人人有衣穿,人人有饭吃,人人得自由""取消苛捐杂税""共产党万岁"等。并于当晚派人到大山团防局侦察情况。

27日早饭后,150多人的暴动队伍在顾均、戴文生的率领下向大山进发。他们每走一村都散发传单、张贴标语,宣传革命道理,揭露反动派的罪行。参加暴动的人员越来越多,到了大山集暴动队伍已达600多人。大山团防局局长吕文清和一些地主豪绅听到风声后,逃之夭夭。

暴动队伍占领大山团防局后,对途中参加的人员进行编队,并重申了纪律和要求。拟于午饭后向娄庄集进发。恰在这时,国民党第九师蒋光鼐部进抵大山,欲行镇压暴动人员。由于暴动队伍未经训练,在一师之敌面前不战即散,有的回家,有的投亲奔友。剩下的几十人由戴文生带领,向灵北浍塘沟方向撤去。这部分暴动农民到浍塘沟后,抄了浍塘沟团防局局长张耀先的家,得到部分粮食和其他财物,准备留作继续活动的食宿之用。但由于国民党灵璧统治当局对此次暴动者追捕甚紧,几天后,这支农民队伍也被迫解散。

大山抗"五捐"农民暴动虽然夭折了,但它显示了人民的力量,震撼了反动政府的统治。国民党灵璧县政府不得不向人民作了一些让步,在抗"五捐"农民暴动后,有三个月没有向人民征收任何捐税,以后在征收捐税的数量上也较以前有所减轻。①

---

① 中共灵璧县委党史办公室:《灵璧县革命斗争史》,合肥:安徽人民出版社,1990年,第28—30页。

第三章

日军在宿州的暴行

二十世纪三十年代,第一次世界大战后走上法西斯主义道路的德、意、日三国企图重新瓜分世界,先后结为反共同盟,成为欧洲和亚洲的战争策源地。经过长期的准备,日本帝国主义于1937年7月公然发动大规模的全面侵华战争。

一、日军入侵,宿州沦陷

1937年12月13日,日军攻陷南京,为了和华北日军会合,沟通华北、华中两个战场,决定打通津浦线,夺取津浦铁路和陇海铁路的交通枢纽徐州。12月下旬,日军第十三师团又三个联队,在师团长荻洲立兵率领下,从南京渡江攻陷六合,与浦口之敌会合

后,沿津浦铁路北犯。日军在安徽境内行动,兵分四路,其中一路沿津浦路北犯。12月底,日军攻占滁县、全椒、盱眙。1938年1月中旬,日军第十三师团向明光进攻,1月18日明光陷落。2月1日、2日,日军先后攻陷临淮关、定远、凤阳、蚌埠,5日占领怀远县城。国民党桂系军队在津浦路南段与日军相持至4月初。从4月中旬起,日军先后在凤阳、怀远、蚌埠之间集结5个师团及机械化部队,准备发动会战。5月5日,日军发起全面进攻。5月9日蒙城失陷。12日宿县失守。19日徐州沦陷。日军占领徐州后,随即分兵向西进攻。5月24日攻占砀山。30日攻占涡阳。31日攻占亳县。6月3日攻占淮南煤矿。6月4日攻占凤台。6月5日攻占正阳关、寿县。后因黄河花园决堤,日军西进行动受阻。至此,淮北大部地区沦陷。①

1938年5月中下旬,日军大规模入侵宿州各县期间,各地军民进行了坚决抵抗,给侵略军一定程度的打击。但由于敌我力量悬殊,萧县、宿县、砀山、灵璧先后沦陷,泗县亦于11月8日沦于敌手。

(一)保卫龙城②

1937年12月,日军占领南京、济南后,集中华北方面军和华

---

① 徐则浩:《安徽抗日战争史》,合肥:安徽人民出版社,2005年,第72—73页。

② 龙城即萧县县城。见中共萧县县委党史研究室:《中国共产党萧县地方史》,北京:中共党史出版社,2006年,第68页。

中派遣军8个师团、5个独立混成旅团共24万余人之兵力,沿津浦路南北对进,夹击徐州,企图歼灭中国主力部队于徐州地区,打通津浦铁路,连通华东、华北日军占领区,尔后转兵攻取武汉,攫取中原。

在北线日军发起进攻之后,南线日军分多路北向推进。日军南线主力第三、第九、第十三师团于1938年5月3日由蚌埠、凤阳等地出发,渡过淮河,向徐州以西猛进。第九、第十三师团组成"快速"战车队向中国守军第二十一集团军猛攻,5月9日占领蒙城,12日占领永城。随后,两师团主力直趋陇海路砀山地区,与北线第十六师团取得联系,切断了第五战区向西的退路,并向徐州迂回。

5月15日晨,第九师团的一个旅团,从百善附近出发,分两路进犯萧县。其一部在蒋丁楼、孙圩子、瓦子口一带遭国民党第六十八军第一一九师阻击,至晚才逼近龙城。与此同时,第五战区司令长官李宗仁下令第三十二军第一三九师驰援萧县。为了激励第一三九师将士,奉命前来协助李宗仁指挥徐州会战的副总参谋长白崇禧,允诺以5万元作守城奖金。

龙城即萧县县城。中国守军之所以如此重视这个小县城的得失,是因为它距军事重镇徐州仅25公里,是徐州的西南门户,具有重要的战略地位。龙城在,徐州无恙,龙城失,徐州难保。至5月中旬,日军已完成对徐州的包围态势。为避免同日军拼消耗,第五战区主力部队先后向豫南、皖西转移,保龙城可为主力部队

的转移争取时间,这是日军合围和中国守军突围的关键一役。

5月15日午前,刚从台儿庄战场撤下来未及休整补充的第三十二军第一三九师2000余官兵到达龙城,迅即构筑工事。县长王雪琴配合师长李兆瑛①勘察阵地,制定守城方案。他们把兵力部署在龙城周围的老虎山、凤凰山、龙山等处,严阵以待。

16日凌晨,日军1000多人,用6、7门重炮,10余辆战车,猛攻县城西南的老虎山。第一三九师1个营的兵力在此设防,他们借助有利地形,大量杀伤敌人,坚守阵地。日军久攻不下,转向城北凤凰山进攻。下午3时,日军增至2000人,又向老虎山、凤凰山发起新一轮攻击。上有飞机,下有大炮、坦克,两山头一片火海。至晚,防御工事多被日军摧毁,老虎山、凤凰山及城郊附近其他阵地相继失守。守军遂放弃山头阵地,退入城内。

17日晨,日军又占领了城东的龙山。守军虽顽强拼杀,反复数次,终未能收复阵地。龙山附近各村落及黄山头相继失守,县城完全陷于被包围瞰制之困境。日军居高临下,用大炮、机枪封锁城内各街道,使部队调动十分困难。下午,日军在周围的山头上对城内轮番炮击,并用气球指挥飞机扫射,用坦克冲击南门。守军凭借城墙工事与敌血战,战况异常惨烈。此时,由蒙城北犯的日军,攻陷永城后,一部沿萧永公路向萧县急进,一部在砀山与从金乡、鱼台南下之敌会合并攻下黄口后,沿萧黄公路向龙城逼

---

① 一作李兆英。见中共宿州市委党史研究室:《中国共产党宿州史》,北京:中共党史出版社,2001年,第55页。

近,前部已接近凤凰山北麓,即将形成对龙城的三路合围,情况十分紧急。守军一面加紧修补工事,一面迎击攻城之敌,师长李兆瑛下令用砖头、泥土堵死四门,固守城池。

当日,抗日名将张自忠所率第五十军第一八〇师由孤山集附近增援龙城。该师奋勇冲杀,所属第三十九旅一鼓作气攻占了离龙城六七里路的张二庄和孟油坊,与濉溪方面前来增援之敌交火,打得日军节节败退。日军吃亏后大量施放毒气,第一八〇师官兵虽奋不顾身,反复拼搏,终因中毒严重,战斗力下降,被迫撤退。

5月18日,天刚破晓,日军即以密集的炮火攻城,上午8时发起总攻。日军用坦克把北城门东侧的城墙冲开一个缺口,冲入城内。第一三九师与敌人展开激烈巷战达两小时之久,满城血肉横飞,尸体遍地。因被敌人分段包围,守城官兵伤亡惨重,损失大半,兵力难支,形势极端不利,师长李兆瑛遂令各部突围。

李兆瑛师长带领指挥部20多人,从东城门北侧缒城,王雪琴县长带领10余人从东南小奎楼方向缒城。他们约定,缒城后穿过东门外一条小街,奔向龙山与凤凰山之间的山坳处,然后向徐州方向撤退。李兆瑛师长等人穿过小街,见敌人的火力点正好集中在龙山与凤凰山之间的山坳处,乃转变方向,沿着凤凰山上名叫十八蹬处的一条小路,且战且退,竟得以越凤凰山而北撤出战场。王雪琴县长因缒城时腿部受伤,由卫士李云祥背负而行,冲出小街,进入麦田。龙山与凤凰山上的敌人,以交叉的火力跟踪

射击,在麦田匍匐而行的王雪琴县长及卫士等人,不幸中弹牺牲。跑在前面的县常备大队队长耿继贤,在冲出敌人的火力网后,猛然发现不见了王雪琴县长,乃回头寻觅,欲求接应。同行者虽知危险,但无法劝阻。结果,耿继贤牺牲了。在突围中牺牲的还有县常备大队政治指导员王良、第一三九师参谋长邓佐虞、副旅长吕汝爽等人。

日军破城后,为泄遭抵御之愤,疯狂屠城。当时,龙城镇常住人口不足5000人,城内及城郊附近被杀害者竟达3000多人。5月19日拂晓,日军在飞机、大炮的掩护下,猛攻徐州守军第二十一军卧牛山与马山阵地,当日上午即占领徐州。

龙城保卫战将日军攻陷徐州的脚步阻滞了三天,为第五战区数十万主力部队的转移争取了时间,在中国抗日战争的历史上写下了悲壮的一页。守城军民为此付出了惨重的代价,他们用鲜血和生命谱写了一曲撼人心扉的抗战悲歌!

(二)宿城沦陷

1938年2月,日军攻陷蚌埠以后,即采取迂回战术,从怀远渡淮河向西北进犯宿县,以策应北线日军对徐州的攻势,沟通华北、华东两个战场。国民党军队第二十一集团军对北犯日军进行了阻击,经过数次激战,毙伤日军近千人,在迟滞日军进攻方面起到了一定作用。

3月7日,日军出动5架飞机对宿城轮番轰炸,百姓死伤千余人。17日上午9时,日军又出动36架飞机到宿城狂轰滥炸,宿城望淮门(东门)内药店巷南头30多间房子被炸毁;拱寰门(北门)内九道湾被炸成一片废墟;连汴门(西门)内瓮城被炸毁,道路堵塞;东关火车站的货房、票房及站内铁轨均被炸毁。这次轰炸,造成了500余平民的伤亡,并引起全城大火,蔓延数日,城内财产损失不计其数。

5月中旬,日军第九师团、第十三师团等部窜犯宿县西南之罗集、临涣等地。尔后,第九师团第十八旅团井出支队(团长井出宣时)由南坪进攻宿城,5月18日发起攻城战斗。宿城守军系第二十一集团军第七军第一七一师的两个团,在师长杨俊昌指挥下稍事抵抗,于5月19日晨撤出宿城,宿城随即沦陷。当时,国民党宿县县长徐湘带领县政府官员仓皇逃向宿县灰古集,将公款私分后作鸟兽散。城内居民纷纷逃往乡下避难。①

宿县城内,由于日军数次轰炸,到处是断壁残垣,居民四处奔跑逃难。一些较大的工商户,像茂兴泰、豫东升、王丰祥、钱兴隆、历大行、凌云烟庄等的老板都逃向大中城市,中小商人、商贩也纷纷逃到乡下居住,致使城内商店关门倒闭,市面萧条。在农村,由于国民党军队的败逃,到处是丢弃的车辆马匹、武器弹药。地痞流氓、土匪汉奸乘机四起,招兵买马,三里一队长,五里一司令,各种组织、队长、司令多如牛毛,遍及乡间,大股百余人,小股数十

---

① 中共宿州市委党史研究室:《中国共产党宿州史》,北京:中共党史出版社,2001年,第56页。

人,打家劫舍,欺男霸女,无恶不作。再加上日军不断"清乡""扫荡",实行野蛮的烧光、杀光、抢光的"三光"政策,所到之处,生灵涂炭,人民生活在灾难的深渊中。①

(三)流血砀城

1938年5月15日至17日,日军先后出动24架次轰炸机,对砀城进行三天的轮番轰炸和俯冲扫射,丢下3枚重型炸弹和数十枚燃烧弹,炸毁了砀山火车站的水塔、国民党县府和商店民房,除天主教堂和四关城门外,全城一片火海,房屋倒塌,财物烧尽,城内军民伤亡惨重。国民党县长贡沛诚带领县府干部和几十名自卫队员,撤离砀城,到城西避难。

5月19日,徐州失陷。为阻敌西进,国民党第八军第一○二师师长柏辉章奉命率部队于20日到达砀、夏交界的杨集车站。21日夜,第三○四团进驻砀南韩道口,22日,第三○六团进驻李庄车站,补充团在城西陇海路两侧布防。柏辉章师长亲率第三○五团、师直属队工兵营、辎重营、重迫击炮营等进驻守护砀城。师部利用原有防空洞作指挥所,内架电台与各部联系。第三○五团曹文杰营在外城周围构成防御阵地,副官曹冠英指挥师直属队护守城墙。将内城城墙挖空,充当掩体,用机枪把守城门。日军第十六师团从徐州出发,沿陇海路西进,5月21日,在第九师团配合

---

① 中共宿州市埇桥区委党史研究室:《中国共产党宿州市埇桥区历史》,合肥:黄山书社,2017年,第81—82页。

96

下,分三路进犯砀城。5月24日上午,日军逼近砀山城郊。其炮兵在空中侦察气球指挥下,用迫击炮向城内猛轰,用枪榴弹向城内密集射击。第三〇五团英勇奋战,打进打出,日军死伤千余人,后日军集结重炮轰击,城门均被轰塌,危城难守。各路守军不断向师部报告伤亡情况,要求增援。柏辉章师长严令"死守阵地,我在此与大家同生死、共命运",并令第三〇五团团长陈伟光收复阵地,逐屋争夺,各部官兵不能擅离职守,违者就地正法。后柏辉章师长将师直勤杂人员合编为一支突击队,与日军硬拼,形成拉锯,但日军源源增兵,而守军力量耗尽,仍不能将敌阻退,危难之际,屡电军部增援,而援军迟迟不到,最后决定突围。

25日凌晨2时,柏辉章师长先令城外曹文杰营出击佯攻,掩护城内部队从西门一冲而出,由特务连带头杀开一条血路,剩余人马一齐冲了出来。凌晨3时,砀城沦陷。

(四)灵城陷落

1938年5月19日,日军攻占了军事要地徐州。随后,即派飞机对徐州周围一些县城进行轮番轰炸。19日下午,日军飞机从灵城南门路西向东北方向倾泻炸弹,城内顿时火光冲天,三十里外硝烟犹见,大火持续三天没有熄灭,炸死炸伤多人,房屋倒塌无数。

灵城被轰炸后,国民党县政府为了延缓日军进攻速度,于5月22日组织民工破坏了宿灵公路。然而,他们在恐日心理的驱

使下,于 24 日弃城逃至灵璧东北张集。但是,广大人民和国民党军队内的爱国官兵不甘心做亡国奴,他们以各种形式顽强地抗击日本侵略军进占灵璧。

在灵璧沦陷前,国民党灵璧县政府为抵御日军入侵,曾成立"抗日自卫军"司令部,县长许汉伯兼任司令,副司令为靖恕民,参谋长为庄粹一。下辖 3 个大队,第一大队是原县政府的常备大队,第二、第三大队由土匪武装改编而成。他们名为抗日自卫,实际上日本侵略军来了就不打即逃。在灵城被日军飞机轰炸时,第二、第三大队已自动溃散,只有第一大队随县政府撤到灵北禅堂等集镇设防。

5 月 24 日,日军分东西两路向灵璧境内进犯。其东路自双沟出发,沿双灵公路南下,西路从西北经尹集向灵城逼近。东路日军进至禅堂集时驻守该地的县政府抗日自卫军进行了顽强阻击。在一排士兵死伤大部后,自卫军排长沈其浩用一挺轻机枪堵住要道口,孤军奋战多时,最后弹尽牺牲。

西路日军行至尹集时,追上由徐州战场上撤退下来的国民党军谭道源部。谭道源部以疲惫之师对日军应战,战斗持续了 2 个多小时,终因伤亡较大而向西南方向退去。日军即沿公路南下,矛头直指灵城。25 日黄昏占领凤凰山,窥视灵城。28 日拂晓,日军向灵城发动进攻,随即占领了灵城。①

---

① 中共灵璧县委党史办公室:《灵璧县革命斗争史》,合肥:安徽人民出版社,1990 年,第 40—41 页。

日军进城后，大肆烧杀抢掠，无恶不作。仅入侵灵城的当天，就有20多人死于日军的刀枪之下。北关一陶姓少女被日本兵追逐投井而死。31日，侵灵日军离开灵城撤至大店驻扎。仅仅5天的时间，日军就把灵城糟蹋得尸横遍野、惨不忍睹。

日军离开灵城后，国民党灵璧县政府随之进城。新任县长胡锦如向省政府谎报，说是抗日自卫军赶走了日军，光复了灵城，并杀猪宰羊犒劳下属，进行所谓"庆贺"。县政府进城不久，改组了抗日自卫军，胡锦如任司令，靖恕民为副司令，下辖2个中队。

在这期间，一些在外地的灵璧籍国民党军人纷纷返回家乡进行抗日。黄埔军校第三期毕业生谢斌回到灵璧，召集民众抗日，自任抗日游击第一路军司令，很快拉起了一支1000余人的队伍，配合县政府的抗日自卫军，沿宿灵公路向大店方向设防。从娄庄西黄圩到灵城共设三道防线，与日军对峙了5个多月。

11月8日晨，驻扎在大店的日军在飞机和坦克的掩护下，沿宿灵公路向东推进。日军行至黄圩时，第一道防线的抗日自卫军进行顽强抗击，激战两个多小时方被日军突破。然而，设在界沟的第二道防线竟不战自溃。随后，日军进抵设在殷庙的第三道防线时，抗日自卫军进行更为强烈的抗击。面对装备优势的敌人，自卫军队长陶超率全体战士与敌血战多时。日军在难以突破防线的情况下，调集所有坦克从不同方向对抗日自卫军进行夹击，近300名抗日自卫军官兵壮烈牺牲在日军坦克铁轮之下，成为灵璧抗日史上悲壮的一幕。

日本侵略军占领灵城后,即派司令官大多大尉,顾问官贺须井直率领1个中队的日军和宣抚班、宪兵队、翻译官驻守灵城,总部设在西关雷杰三的住所(今木器社院内),对外称"红部"。接着,驻守灵城的日军与固镇、双沟两地日军联合行动,在短时间内先后占领了沱河、晏路、韦集、冯庙、张大路、渔沟、朝阳集、娄庄等公路线上的集镇。日军在灵城占领大部分地区后,便从政治、军事、经济、文化教育诸方面进行了全面的统治。①

(五)泗县沦陷

自1938年5月中旬起,日军出动飞机先后轰炸泗县的长沟、草沟、双沟等地。11月初,开始轰炸泗县县城,城内居民纷纷逃难。11月8日,日军从西、北两路进犯泗城。西路日军沿泗灵公路东进,以3辆坦克为先导,30余辆军车紧随其后,长驱驰入泗城。北路日军也是以坦克掩护,10余辆军车紧随。驶经老濉河时,泗县常备队以一个排的兵力稍加阻击,并没有阻挡住日军的进犯。当时驻守泗县的国民党皖六区督察专员兼"五游"司令孙伯文,拥有4000余兵力,步枪2000余支,轻、重机枪七八十挺,还有迫击炮3门,却畏敌如虎,一枪未发,弃城逃跑,当日逃到泗城东北的小孟庄。泗城于下午5时沦于敌手。是日夜,孙伯文令特务大队长孙耀庭率部夺回泗城,但攻城未果,孙耀庭在激战中牺

---

① 中共灵璧县委党史办公室:《灵璧县革命斗争史》,合肥:安徽人民出版社,1990年,第42—43页。

牲。孙伯文闻之，匆忙率"五游"第一、第二支队逃回宿迁老家；第三支队马含章部及"五游"副司令孟广泰携电台逃往双沟马家套。

11月9日，日军在泗城大肆烧杀，并到长沟抢掠，还出动500余兵力进犯青阳镇（今泗洪县城）。泗县自卫军副司令兼常备大队长祖树屏率部于泗青公路北侧设伏，激战3个小时，毙敌30余人，常备队无一伤亡。①

二、血债累累，罄竹难书

日本侵略军在进攻各县时，实行了罪恶的"三光"政策，对无辜人民进行了血腥屠杀，制造了骇人听闻的周寨、牛眠、渠沟等惨案。

（一）周寨惨案②

周寨位于砀城东北35里处，是砀山县黄河故道北岸的三大寨（大寨、周寨、高寨）之一，丰砀公路从中穿过，交通便利。日军进寨时，周寨是砀山县的一个重要集镇，国民党第三区所所在地。

---

① 中共宿州市委党史研究室：《中国共产党宿州史》，北京：中共党史出版社，2001年，第58—59页。

② 中共安徽省委党史研究室：《安徽省抗战时期人口伤亡和财产损失》，北京：中共党史出版社，2010年，第131—132页。

全寨由周寨、吴庄、前黄桥、后黄桥4个自然村组成，计500余户，2100多口人，1800多间民房。村民为了安全，在寨的周围修建了东西长约2里、南北宽约1里的高大、厚实的寨墙，四面各留一个寨门。全寨的居民依靠丰砀公路的便利条件，多以做小生意兼种些薄田为生。

1938年5月16日，侵华日军华北方面军第十六师团师团长中岛今朝吾①率领步兵、骑兵和装甲兵，押着百余名沿途抓来的老百姓，沿丰砀公路、汪集、刘桥三路进入砀城境内，之后汇集于周寨。

据目睹的老人们说："日军从北面丰县境内分数路平排子拥过来，有气球在空中引路，上有飞机，下有汽车、铁甲车、马拉车，日军有骑马的、骑驴的、骑自行车的、步行的，铺天盖地进驻到周寨等各村。"②

当日军走到周寨北边时，发现公路路基被破坏，路面上倒放着耙齿，进入北寨门时，又看到寨门上贴有"打倒日本帝国主义"等标语，大为恼怒。

当日傍晚，日军在寨外设置岗哨后，开始挨门逐户进行搜查，无论男女老幼，见一个抓一个，抓一个绑一个，清一户烧一户，凡拒抗抓捕者就地杀死。全寨4个自然村，除葛运的老婆在生孩子

---

① 中共砀山县委党史研究室：《砀山革命史》，内部资料，1999年，第51页。
② 中共安徽省委党史研究室：《安徽省抗战时期人口伤亡和财产损失》，北京：中共党史出版社，2010年，第128页。

没被抓外,其余的全部被抓,然后分几处关押。

17日晨,日军把从周寨及沿途抓的老百姓分别押到吴庄的涵洞、寨南、寨北和寨西北的堤壕边,先强行令他们排好队,然后逐个用刺刀刺杀,刺累了就改用马刀砍、枪托砸。

据被日本兵刺刀戳穿而没死的幸存者周作法的母亲说:"被抓住的人不分男女一个个全用绳子绑着连成一串,日军把我们赶到庄东头,面朝北排成一行,一个日军士兵对准我们一个人,大家感到要杀我们了,老人们齐声哭喊着,'我们都是好老百姓,我们没有罪!……'哭喊声震天动地。面对这些哭喊的老人,即使是铁石心肠也会心软的,但野兽不如的日军还是在一阵嚎叫声中把明晃晃的刺刀罪恶地穿进了我们这些无辜人的胸膛,一片哭喊声霎时变成了一片血海。我因当时穿一件肥大的大夹袄,日军的刺刀刺穿了我腰部的左侧,我也一头栽倒在地,被压在两具尸体下才活下来。"①

日军在周寨惨无人道地屠杀人民主要集中在四处:(一)周寨东头吴庄前惨杀了70多人;(二)周寨西头吴景亮盲先生家南面的东西坑里惨杀了35人之多;(三)北门外桥东边杀害了包括外村逃反人在内的共17人;(四)后黄楼西边杀害了包括9名妇女在内的24人。除此之外,日军的流动哨更是随意杀人。

当日,日军除了杀人外,还纵火烧房,全寨1800多间民房,除

---

① 中共安徽省委党史研究室:《安徽省抗战时期人口伤亡和财产损失》,北京:中共党史出版社,2010年,第129页。

日军暂住的一两百间没烧外,其余的全部被烧光。吴庄的天主教堂也化为灰烬。

日军在周寨的暴行,使周寨这个拥有 2100 余人的大镇,化为一片荒无人烟的废墟,尸骨遍地,野草丛生。后来,群众把无人认领的尸骨集中掩埋在吴庄附近的大坑里。这里被称为砀山的"万人坑"。直到解放后,这个镇子才慢慢地恢复起来。日军血洗周寨的暴行,在侵华史上永远留下罪恶一页。①

(二)渠沟大屠杀

1938 年 5 月中旬,日军第九师团一部从濉溪口经渠沟,向萧县瓦子口一带进犯。5 月 17 日,国民党刘汝明部一部和日军在渠沟地区发生战斗,双方伤亡较大。战斗结束后,日军便对渠沟一带进行报复。当时百姓已四处逃散,日军在渠沟街上放火,糟蹋家禽家畜,前后约 2 个小时。日军又继续北犯,临行时将 60 多岁的老实农民赵望江抓去带路,后将其枪杀在渠沟北 8 里黄里村村北。

事后,村联保主任房百楼、保长周学信和粮行老板黄大升,在日军诱骗下,自制一面太阳旗,手举小旗到处高呼:"皇军不杀人!""皇军是争地盘,争老百姓的!""乡亲们,赶快回家收麦吧!"此时满地麦子已经熟焦了头,百姓心急如火,不少村民便纷纷回

---

① 中共宿县地委党史办公室,中共宿县地委讲师团:《党史党建文汇》,合肥:安徽人民出版社,1991 年,第 194—196 页。

104

家抢收小麦。

　　一天下午,从瓦子口一带窜回的日军前部已过,后部大批人马突然进入渠沟,他们到处搜索,把躲藏在麦草垛里、晒麦场上的和麦地里的人赶到渠沟街上,几百名日军团团围住这些手无寸铁的百姓。然后,一批批地把他们带到街北两间作厕所用的墙框子旁边,强迫他们5人一排跪下,一群日军士兵嗷嗷叫着端着刺刀从每个人背后猛刺几刀,刺刀从背后穿过前腹,顿时30多人倒地,鲜血直流。接着,又抓来第二批人,先后逼着他们把地上正在流血、呻吟、呼喊的人拉到厕所墙内堆起来。而后又一批日军士兵猛扑过来,把这些抬死人的人打倒再刺死……如此三番五次地杀害百姓。日军杀红了眼,连小孩子也不放过。2名小学生,一个叫程玉坤,14岁,一个叫赵圣田,15岁,也被抓来活活勒死。当时,年过七旬的赵加恒老人,拾起一块半截砖,照准一个日军士兵的脑袋砸去,日军士兵被砸得脑浆迸裂,扑倒在地,老人也随即遭杀害。就连联保主任房百楼和保长周学信也未幸免,同样被刺杀在死人堆里。两间屋大的墙框里尸体堆积一米多高,血流满地。日军仍不放心,又用刺刀把呻吟挣扎的躯体戳了一通。最后在死人堆上放上干柴、门板、床架,浇上汽油,烧起了大火。当时躲在死人堆里的4个人,有的被烧死,有的被闷死,只有刘大才1人在半夜爬出。

　　同日下午,日军还到处奸淫抢劫。在街南一棵大树上,同时绑着3个裸体妇女,被10多个日军士兵围着轮奸,之后有的被割掉乳头,有的被挖去眼睛,最后,3个妇女都被日军士兵用刺刀剖开肚子,肠子流淌一地。日军连老人也不放过,65岁的萧氏被一群日军士兵轮奸,之后,他们又用棍捣进其下体,将其活活戳死后扔进水坑里。有4个日军士兵闯进楚金山家里抢东西,看见他50多岁的妻子,就猛扑过去撕掉她的衣服。楚金山忍无可忍,捡起一块石头把一个日军士兵砸倒在地。其他3个日军士兵先刺死楚金山,又轮奸了他的妻子,后来又把他俩肚子划开。同时,又将双目失明的70多岁的赵云楼老人杀害。

渠沟全村700多口人,先后被日军杀害264人,被杀绝的有32家。仅赵胜奎一家,就被杀害13口人。全街700多间房子几乎被烧光,家畜家禽和粮食几乎被抢光。①

(三)牛眠大屠杀

牛眠村地处萧县东北、徐州西南,是一溜18个自然村的必经出入路口。

1938年5月17日夜晚,企图从南面包抄萧城、徐州的日军约3000人,经濉溪口、瓦子口、程蒋山一线,先头部队驻扎在萧城东南孟庄,后续部队驻扎在张二庄的南台子,与从徐州方向来的企图阻截日本侵略军的国民党第五十九路军一部发生战斗。战斗从18日凌晨持续到19日10时许,双方伤亡很大。国民党军队奉

---

① 中共淮北市委党史研究室:《血染的土地——淮北市地区抗日斗争史料集》,合肥:黄山书社,1998年,第255—257页。

命转移。5月19日徐州沦陷,国民党军队潮水般地沿津浦路西山脉向西南方向逃跑。张二庄发生战斗,萧城炮响,成群结队的百姓逃到潘林、王山窝,有的还跑到皇藏峪、长山套躲避。

5月19日傍晚,牛眠村农民吴立仁、小李庄农民李振云跑到潘林、王山窝等地,告诉乡亲们麦子已经熟了,日本侵略军也走远了,大家快回去收麦子。当夜3000人分三批返回村庄。当走到距牛眠村七八里的江苏铜山县马场村时,看见被杀百姓40多人,暴尸于田野。

5月20日,日本侵略军从徐州方向返回,第一批70人左右进村抓了六七十人走了,接着牛眠村东头路上又来了第二批日军约400人。他们涌进村子,开始了惨绝人寰的大屠杀。

日本侵略军在牛眠村口及附近村庄抓来大批百姓,先让他们挖6个大坑,坑挖好后,日本侵略军就用刺刀把他们刺死推倒在坑里,再叫另一批人埋好,又把这一批人刺死推倒在坑内,就这样轮番杀害约600人。农民朱端正一家11人就是这样被杀害的。日本侵略军在牛眠村东湖涯活埋了120人,在牛眠村西杨树林里活埋了100多人。同时日军把抓来的百姓分别关在几间草房里,用刺刀把百姓一个一个戳死,然后在草房上浇上汽油燃起大火,400多人中只有刘成金一人幸存,其他没有被戳死的也被烧死。日本侵略军不时变着花样杀人,村民王其太的儿媳妇和小孙子娘俩被追逼投井而死。村民王其昌的儿子王运转、张庄和的儿子被抓后被打倒在地,日本侵略军用一只脚踏着一条腿,两只手抓着另一条腿,将他们活活一撕两半。日军把村民王恒太和妻子王朱氏压在一起,从上面一刀戳死。日本侵略军抓到郑振升等3名老人,让其搓好绳,3人自缚在一起,一刀穿三。他们抓来一些青年妇女,任意糟蹋,把2个妇女背靠背地将辫子系在一起,在光天化日之下将其衣服扒光,一群日军士兵站着轮奸,后割肚折磨致死。农民潘光治的姨母18岁,被轮奸后,被用一根木棍从生殖器插到小肚子活活戳死。日本侵略军在牛眠村抓去40多人,先让他们出力,后让他们带路,然后将他们杀害。如王其德的父亲王广友,哥哥王其斌、王其标等人给日军带路,行至牛眠村西南菜园庄西杨树林时均遭杀害。

日军在牛眠村及其附近村庄两天就杀害无辜百姓1780人,其中牛眠村197人,牛眠村附近的大冯庄、吴庄、菜园、张庄等42个庄及萧城里跑反的群众被杀害1583人。牛眠村的刘中发、刘中新、刘中平、申永、朱大妈等11户被杀绝。王其书、吴立本、王其德等21户每户只剩1人,近300名妇女被侮辱,15间房屋被烧光,15头牲畜被杀掉,家禽和粮食几乎被抢光。①

此外,在宿县夹沟,日军将200名无辜百姓用机枪集体屠杀在火神庙中;在砀山二坝、岳李庄,日军枪杀逃难群众数十人;在泗县长沟,日军进行了血腥洗劫。侵略者铁蹄所到之处,尸横遍野,血流成河,侵略者惨绝人寰的大屠杀,更激起了人民强烈的民

---

① 中共淮北市委党史研究室:《血染的土地——淮北市地区抗日斗争史料集》,合肥:黄山书社,1998年,第257—259页。

族仇恨！①

（四）其他罪行

日军入侵宿州，罪行累累。除了上述的狂轰滥炸、滥杀无辜、奸人妻女外，他们还大肆抢掠，强抓劳工，对宿州人民进行奴化教育。

日军侵占宿州各地后，经常三五成群到处搜查，小到鸡鸭猪羊，大到黄金元宝、名人字画、古玩、艺术品，随手就抢，搞得城镇居民和商户成天提心吊胆，担惊害怕。据宿城工商业者刘春庭老人回忆说："那时日本鬼子经常到商店里抢拿东西，店主稍有不慎，就遭到拳打脚踢枪托砸，甚至将店铺捣毁。全城原有8家作坊（酒坊、油坊等），被迫关闭了4家。日本鬼子到饭店吃、喝，要啥就得给啥，稍不如意，就把老板叫来打耳光，有时还掀翻饭桌，砸了饭店。"为了躲避日军的抢掠，不少商店纷纷逃往外地，小的商号缩小了经营范围，有的干脆关门。留在城里的商店也大多被抢光、烧毁、炸毁。日本人乘机填补空虚，仅在宿城就开设了18家洋行，这些洋行的经理全由日本人担任，副职由宿城亲日豪绅担任，这些洋行使用汪伪政权发行的储备纸钞，大量收购粮食、油料、牛羊皮、茶等产品以运往日本，而倾销从日本运来的轻工业品，同时，还从各地私自贩来老海、白面等毒品销售，剥削和毒害宿城

---

① 中共安徽省委党史研究室：《安徽省抗战时期人口伤亡和财产损失》，北京：中共党史出版社，2010年，第142—143页。

人民。

日军为了以战养战,不断扩大其侵略成果,还强抓劳工,强迫劳工为其修筑碉堡、炮楼、岗亭,开挖封锁沟等,以维护其统治。除留足本地劳工需求外,还将一部分劳工运往外地,更有甚者,将部分劳工当作实验品折磨至死。如:1938年6月,日军在宿城内抓捕20多人,或送往东北当化学实验品,或送往矿井服劳役,20多人无一人幸免。日军还抓劳工送往日本本土进行劳役,以补战时人力不足。宿州被抓的劳工就参加了日本实施的"0053"工程,这项工程是日本军国主义在其北海道的花冈山实施试制原子弹工程的代号,根据工程的参加者埇桥区顺河乡王井洼村农民祝守才回忆,日本从中国各地挑选1644名中国劳工、战俘押送到北海道花冈山,为此工程做苦工,劳工们经历了非人的折磨,大部分致死,最后,中国劳工只剩下几百人。

日军侵占宿州各地后,还对宿州人民进行残酷的奴化教育,从精神和文化方面麻痹、欺骗宿州人民。日军为了维护其法西斯统治,成立了伪县、区、乡政府,如:宿县除在宿城成立伪县政府外,在夹沟、道庄子、时村、三铺、四铺、大店、任桥、西寺坡等地建立区、乡、镇伪政权,在津浦线上重要交通点符离集建立特别区,并实行保甲长制度和连坐制,沿津浦铁路建立"爱护村",积极扶植和发展伪武装力量。灵璧县利用翻译官勾结地方上的反动分子,成立伪维持会。这些组织全部由日军直接操纵和指挥。日军在重点地区建立所谓"良民区",强化绥靖治安政策,奴化百姓,凡

"良民区""爱护百姓村"一律佩戴良民证,外出进城必须验证,还规定市民出入城门须向日军敬礼(鞠躬)。日伪在各县城及铁路沿线各据点开办了所谓模范学校,如:日伪在萧县办黄口中学,招初中两班学生100人,1943年,汪伪符离特别区区长张景瑞在符离开办所谓模范学校。在各级各类学校里,废除了原有的大部分教材,编写出版了大量进行奴化教育的材料,并规定小学从三年级起开设日语课,由日本警备司令部派员授课。有时日本高级军官来宿,学生要同时持日本国旗和中国国旗到车站欢迎。这样,原有的中国传统的民族文化教育几乎被摧毁殆尽。

第四章

开辟抗日根据地

1937年7月,抗战全面爆发后,中国共产党高举团结抗战旗帜,促成以国共合作为基础的抗日民族统一战线,成为全民抗战的中流砥柱。随着第二次国共合作的形成,一些被国民党监禁的共产党人,陆续获释返回家乡,积极联络党员和群众,组建抗日群众团体,开展抗日救亡活动。而安徽省各级民众动员委员会的成立,则是国共合作抗日在安徽的具体体现。

8月,中共中央政治局在陕北洛川县冯家村召开扩大会议,通过了《关于目前形势与党的任务的决定》和《抗日救国十大纲领》,指出抗战是"艰苦的持久战",确定人民军队的战略任务是,到敌人后方放手发动群众,开展独立自主的游击战,配合友军作战,开辟敌后战场,建立抗日根据地,发展和扩大人民军队,打败日本侵略者。11月,太原失守,华北地区的正面战场作战基本结束,中国共产党领导的敌后游击战争上升到主要地位。

八路军、新四军根据中共中央和毛泽东的战略部署,分兵发动群众,开展独立自主的敌后游击战争,收复被国民党军队丢失的大片国土,整顿社会秩序,恢复和发展党的组织,建立抗日民主政权,开辟了许多大块的抗日根据地。

在安徽,1938年6月安徽大部沦陷后,正面战场作战基本结束,中国共产党领导的敌后游击战争上升到主要地位。由于日军的烧杀抢掠、国民党军队的消极抗战,广大群众迫切希望共产党及其领导下的新四军深入敌后,打击日寇,建立敌后抗日根据地。新四军组建后,即根据中共中央的指示,开往华中敌后,进行游击战争,建立根据地。遵照中共中央的指示,新四军和地方党组织创建了皖东、皖中、豫皖苏、皖东北等抗日根据地,奠定了日后淮南、淮北、皖江三块抗日根据地的雏形。

一、发动群众,团结抗战

(一)成立宿县抗敌救亡社

全国抗日战争初期,国共合作,国民党释放"政治犯",一些共产党员从国民党监狱陆续回到家乡。1937年8月,原中共徐州特委组织委员孔子寿获释出狱,他从南京回到宿县,找到先于他从宿县监狱释放的原中共宿县县委委员戴晓东,商量开展抗日救亡工作。而后,原中共徐州特委宣传委员匡亚明从延安回到宿县,他们又联系了赵一鸣、李时庄、董畏民、赵汇川、陈凤阳、孔效三、陈粹吾、邵奎、杨艺舟等一批进步青年,积极开展抗日救亡活动,成立抗日救亡组织——宿县抗敌救亡社,推举孔子寿为主任,赵一鸣为秘书,戴晓东、赵汇川、孔效三、陈凤阳为委员。抗敌救亡社成立后,根据中国共产党的《抗日救国十大纲领》积极开展工作。他们利用各种形式发动群众,增强群众抗战意识,召集民众,组织集会,宣传抗日道理,宣传"地不分南北,人不分党派,男女老少,团结抗战"。

抗敌救亡社为发动群众迅速投入抗日救亡运动,由匡亚明主编,①出版油印刊物《救亡呼声》,大力宣传党的抗日救国主张,得到广大人民群众和爱国青年的热烈响应。到1937年底,很多地方建立分社,发展社员700余人,成员大多是大革命时期的党员、其他爱国青年和进步人士。抗敌救亡社在宿县尚未恢复建立党组织的情况下,团结各界进步人士积极开展抗日救亡工作,成为推动全县抗日救亡活动的核心力量。②

救亡社在全县范围内,大力开展了抗日救亡工作。一是惩办土豪劣绅。1937年冬,时村顽区长刘开太,向老百姓摊派苛捐杂税,说"官出于民,民出于土,上级向我们要钱,我们就向老百姓要

---

① 中共宿州市委党史研究室:《中国共产党宿州史》,北京:中共党史出版社,2001年,第53页。
② 王敏:《中共宿州市党史简编》,合肥:黄山书社,1998年,第76—77页。

钱"，对老百姓进行敲诈勒索。不仅如此，他还派人把蒿沟抗敌救亡社的牌子拔掉。对此，抗敌救亡社成员非常气愤，先后2次共30多人，到徐州第五战区李宗仁那里请愿，要求惩办抗战不力的刘开太。同时，告发包庇刘开太的国民党县长王燮亚。结果，王燮亚、刘开太都被撤职查办。

二是宣传抗日道理，出版《救亡呼声》，成立教育人员战时后方服务团。抗敌救亡社为了发动群众迅速投入到抗日的斗争中去，研究出版了《救亡呼声》，大力宣传抗日道理。《救亡呼声》一共出了6期，救亡社的主要成员赵一鸣、陈凤阳、董畏民、匡亚明、王国农等亲自撰写稿件，余小仙担任秘书，负责出版和发行工作。《救亡呼声》出版后，许多爱国青年和进步人士纷纷找到了组织，积极参加抗日救亡运动。抗敌救亡社团结教育界，成立了宿县教育人员战时后方服务团。

三是为中国共产党培养大批干部。全国抗日战争初期，中国共产党急需一批有文化的青年干部，抗敌救亡社曾选一批年轻有为的社员到延安抗日军政大学学习。这批青年有张守道、牛正中、夏遐年、贾纯清、石万秀、于敬宗、王景湖、李淑秀、余秀兰、罗秀珍等。他们有的在抗日战场上献出了生命，有的因积劳成疾而病故。健在的，在几十年革命斗争中均已成为我党我军的中高级干部，为革命事业做出了一定的贡献。

1938年5月宿县沦陷后，抗敌救亡社转入农村组织抗日队伍，在抗敌救亡社领导下，全县成立了两个有名的抗日游击队：一

是沈联城领导的宿东游击队,一是赵汇川、周龙凤领导的宿西游击队。①

(二)成立宿县教育人员战时后方服务团

宿县教育人员战时后方服务团从1937年9月成立,到1938年5月解体,在全国抗日战争初期的短短八九个月里,对激发人民的抗日斗争积极性起到一定的作用,并为我党我军输送了一批干部。

全面抗战爆发后,国民党政府虽然抵抗,但节节败退,宿县一些共产党员和抗日救亡的知识青年,积极响应党的号召,挺身而出,加紧组织抗日力量,有钱出钱,有力出力。在徐州的国民党第五战区司令长官李宗仁指令所属各县成立教育人员战时后方服务团,于是,第五战区宿县教育人员战时后方服务团也就应运而生了。

当时宿县共产党组织还没有恢复。作为当时领导宿县抗日救亡运动的基本力量的是宿县抗敌救亡社负责人赵汇川、孔子寿、邵奎、杨艺舟等,他们组织了大批进步青年学生和教职人员,于1937年9月利用合法名义成立了宿县教育人员战时后方服务团。服务团团长为杨艺舟,下设两个大队共四五百人。这个大队是由教职人员组成的,大队长由杨艺舟兼任,第一大队由国民党宿县特务头子尹颖青控制。第二大队由男女进步青年学生组成,大队长是赵汇川。这个大队实质上是由抗敌救亡社领导的。大

---

① 中共宿县县委党史工作委员会:《中国共产党安徽省宿县党史资料》,合肥:安徽人民出版社,1993年,第331页。

队成员有于敬山、牛正中、夏遐年、张守道、石万秀、贾纯清、于敬宗、李淑秀、罗秀珍、余秀兰、王景湖、王大瑞、牛家珍、李国才等一些同志。这里所说的宿县教育人员战时后方服务团，主要是指第二大队这部分同志。

宿县教育人员战时后方服务团的主要任务是向群众宣传，慰问抗战部队，组织成员学习共产党抗日方针政策，进行军事训练，拿起武器，组织抗日武装力量。

1937年冬，张公干、郑岩平两同志从武汉带回大批进步报刊和小册子，内有共产党《新华日报》和《陕北红国全貌》等书刊，宣传我党主张，介绍我军情况，为后来相当多的教育人员战时后方服务团成员（其中一批到达延安）走上共产党领导的革命道路奠定了思想基础。

从1937年7月到1938年4月，教育人员战时后方服务团在宣传和慰问活动中做了大量工作。他们除分散进行街头演出、演讲、宣传全面抗战主张外，还组织了歌咏队、话剧队，经常演出。他们还到各地临时医院对伤病人员进行慰问演出。当时演唱的歌剧有《流亡三部曲》《义勇军进行曲》《大刀进行曲》《游击队之歌》等，演出的话剧有《放下你的鞭子》《张家店》《三江好》《无名小卒》《枪毙汉奸》等。赵汇川还曾率领宣传队到任桥集、蕲县集、时村集一带进行宣传演出。1938年4月上旬，宣传队还随宿县前线慰问团赴当时坚守淮河北岸的湖沟集、任桥集一带的于学忠第五十七军部队进行慰问演出，时间达半月之久。

1938年2、3月间，日寇在南北两线进攻暂停，形势稍稳定，宿县临时中学开学。地址在原县立中学。教育人员战时后方服务团一部分学生投入临时中学，一面学习一面继续宣传抗战。赵汇川兼任临时中学军事教员，梅纯一担任美术教员。为争取地方武装坚持抗日战争，张公干被任命为宿县人民自卫军副司令，赵汇川兼任县大队第五中队的中队长。

1938年5月，徐州失守，宿县城遭敌机轰炸，全城大火蔓延。教育人员战时后方服务团几十名青年由杨艺舟率领在宿县城沦陷前夜离开了县城，他们到达东北乡之后，见到了先到该地组织抗日武装力量的张公干、赵汇川、郑岩平等人，于是集中了一些尚未到达后方去的原教育人员战时后方服务团人员武装起来，编成班、排，决心在敌后同日寇周旋到底。由于经验不足，教育人员战时后方服务团行军途中在蒿沟集附近与日军遭遇，被敌人坦克冲散。

教育人员战时后方服务团存在的时间虽然不长，但在宿县人民的抗日斗争中，起了特殊的作用，并为我党我军输送了一批干部。有些同志在当地组织了抗日游击队，积极打击日寇、汉奸，后来被编入该地的八路军、新四军。赵汇川率领的抗日游击队和沈联城、王恒赵、王烽午率领的抗日游击队在宿西会合后，于1938年10月攻打古饶集维持会的赵圩子，战斗指挥员赵汇川头部负重伤。撤出战斗后，这些抗日游击队不久即越过陇海铁路到达徐州西北的丰县、沛县地区，被编入八路军苏鲁豫皖支队，于敬山就是在这时参加抗日游击队的。当时编入新四军的还有王大瑞、牛家珍等人。有些人参加了抗日游击队之后,又到延安抗日军政大学学习,为革命事业做出了自己的特殊贡献。①

(三)成立宿县抗日民众总动员委员会

1937年10月②,国民党第五战区在徐州成立,并成立了第五战区抗日民众总动员委员会,战区司令长官李宗仁兼任主任。在国共合作全民抗战的大形势下,在第五战区范围内,允许各界、各阶层人士开展抗日救亡活动。③

我党利用统战关系,派中共苏鲁豫皖特委书记郭子化参加了总动委会,任常务委员;共产党员郭影秋为总动委会组织部总干事。总动委会通过并公布了由郭影秋、刘文起草的《各级动委会组织条例》。《条例》明确规定,各级动委会是动员民众抗日的领

---

① 中共宿县县委党史工作委员会:《中国共产党安徽省宿县党史资料》,合肥:安徽人民出版社,1993年,第331—333页。

② 一说成立于1937年11月。1937年11月,李宗仁在中共地下党组织和各界进步人士的推动与支持下,于徐州成立第五战区民众总动员委员会,李宗仁兼该会主任委员,刘汉川(萧县人)任秘书长,设组织、宣传、战勤三个部,担任三个部正副部长的,都与中共地下党员有交往,支持中共和进步人士开展抗日动员工作。战区动委会向徐州周围各县派出指导员和工作团,指导员和工作团团长、团员大多是中共地下党员和进步青年,安徽宿县、阜阳、霍邱三县经联系也很快成立了县动委会分会,在城乡各地进行活动。见徐则浩:《安徽抗日战争史》,合肥:安徽人民出版社,2005年,第35页。

③ 当时,李宗仁为全民抗战的大势所趋,能够以抗战大局为重,在第五战区的范围内,允许各界、各阶层人士开展抗日救亡活动。见中共宿州市委党史研究室:《中国共产党宿州史》,北京:中共党史出版社,2001年,第52页。

导机构,应动员民众抗日,组织民众抗日团体,武装工人、农民。按照规定,各县均应成立动委会组织。① 同时,李宗仁规定,凡所辖地区自发组织的抗日团体,都要向战区总动委会备案,否则不承认为合法组织。宿县属第五战区范围,为了取得合法地位,孔子寿代表宿县抗敌救亡社于1937年12月到徐州总动委会备案。郭子化、郭影秋指示孔子寿回宿后,"抓紧成立县、区动委会,利用这个合法组织,积极发动群众,开展抗日活动"。

孔子寿回到宿县后,于当月成立了宿县抗日民众总动员委员会。国民党县长王燮亚兼任主任,委员为熊训,实际工作由孔子寿负责。董畏民、孔效三、陈粹吾、丁茂修、王吴山等均任各部的干事,共产党人和进步人士在其中占主导地位,积极参与和领导工作。宿县动委会成立后,很快选任各区动委会的负责人,至1938年5月19日宿县沦陷,共建立蒿沟、灰古、大店、濉溪、百善、临涣、古饶、夹沟、湖沟区级动委会9处,乡级动委会4处。成员们深入城乡大小集镇、田间地头,宣传中国共产党的《抗日救国十大纲领》,教唱抗日救亡歌曲,提高人民对抗日救国的认识,增强胜利的信心。宿县动委会还在宿城开办抗日训练班,培训抗日骨干。在农村的动委会成员,针对社会秩序混乱、兵灾匪患严重、人心惶惶的局势,利用联庄会的形式,把青壮年组织起来,村为小队,保为分队,乡为大队,"联庄自卫,抗日保家",一时抗日救亡活

---

① 中共宿州市委党史研究室:《中国共产党宿州史》,北京:中共党史出版社,2001年,第52页。

动空前高涨。①

二、创建皖东北抗日根据地

皖东北地区,位于淮河以北,津浦路以东,海郑公路以南,京杭运河以西,包括泗县、五河、灵璧、宿县、凤阳、嘉山、盱眙7个县的全部或一部,总面积约1万平方公里,约200万人口。② 这里是华北、华中日本侵略军的结合部,也是八路军、新四军活动区域的结合部,为敌我必争之地,战略地位十分重要。

皖东北抗日根据地是淮北抗日根据地的西大门,是新四军第四师东进苏北和西进中原的前进基地,也是阻止国民党军东犯的前哨阵地。③

(一)江上青与皖东北特支

1938年5月徐州失守后,皖东北各县相继沦陷,国民党军队

---

① 王敏:《中共宿州市党史简编》,合肥:黄山书社,1998年,第78页。
② 《淮北抗日根据地史》《安徽抗日战争史》皆作约300万人口,《中国共产党安徽地方史》(第一卷)作约200万人口。见中共安徽省委党史研究室:《中国共产党安徽地方史》(第一卷),合肥:安徽人民出版社,2000年,第392页。
③ 欧远方,童天星:《淮北抗日根据地史》,北京:中央文献出版社,1994年,第75页。

东撤西逃,安徽第六区行政督察专员孙伯文率部逃离皖东北,投靠国民党江苏省政府主席韩德勤,皖东北行政系统随之瓦解,社会秩序陷入混乱。为了继续控制这一地区,加强对人民的统治,10月,国民党安徽省政府派原六安县县长盛子瑾来皖东北任安徽省第六行政区行政督察专员兼任第六区保安司令、抗敌指挥部司令和第五战区第五游击区司令。①

盛子瑾,安徽太和人,黄埔军校六期学生,抗战前在上海开工厂,结识了戴笠系统的女特务杨文蔚。经杨文蔚介绍,盛子瑾当上了国民党军统特务。上海沦陷后,他的工厂破产,即去武汉投靠戴笠,并与杨文蔚结婚。后通过戴笠的关系当上了国民党政府安徽省六安县县长。当时桂系主皖,盛子瑾初来乍到,势单力薄,因此接受中共党员的帮助,开展抗日救亡运动,并与日军交战,收复六安县城,在当地威望日升。新桂系为排挤盛子瑾,就采取调虎离山、明升暗降之计,委任他为安徽第六行政督察区专员、保安司令。盛子瑾明白新桂系此举是为了排斥异己,但他也愿意接受此任,一是他晋升为专员,二是可以借机发展个人势力。②

鉴于皖东北局势混乱,斗争尖锐复杂,为打开皖东北的抗战局面,在皖六区站稳脚跟,盛子瑾愿意接纳安徽省民众总动员委员会介绍的共产党员到他部下工作。中共安徽省工委通过安徽

---

① 欧远方,童天星:《淮北抗日根据地史》,北京:中央文献出版社,1994年,第80页。

② 徐则浩:《安徽抗日战争史》,合肥:安徽人民出版社,2005年,第219页。

省民众总动员委员会这个合法渠道,先后派遣江上青、赵敏、吕振球等共产党员和一批进步青年到皖东北开展工作。在盛子瑾处工作的江上青等中共党员,秘密地建立了中共特别支部,江上青任书记。特别支部的任务主要是发展党员,开展抗日救亡活动,推动盛子瑾进步,为我党我军进入皖东北开辟抗日根据地创造有利条件。①

与此同时,中共江苏省委、中共中央山东分局也分别派党员、干部进入。山东分局派来的有杨纯、孟戈非等共产党员和八路军苏鲁豫支队第一大队;江苏省委派来的朱伯庸、戴季亢等到达皖东北泗县,协助国民党政府泗县县长黎纯一开展抗日救亡工作。朱伯庸、戴季亢二人被任命为县政府政训处正、副主任,他们开展对县常备大队的教育与训练工作,举办青年干部培训班,进行抗日宣传活动,扩大了共产党在皖东北的影响。当地共产党员孔子寿、匡亚明、戴晓东、赵汇川等人,成立了宿县抗日救亡社,孔子寿任主任,后于1938年6月成立中共宿县特委,戴晓东任书记,从此,宿县的抗日救亡运动蓬勃兴起。②

江上青到皖东北时,公开身份是民运科长,不久即任皖六区专员秘书兼第五战区第五游击区司令部政治部主任。在上级党组织的领导下,他利用合法身份,开展大量公开的和秘密的工作。

---

① 欧远方、童天星:《淮北抗日根据地史》,北京:中央文献出版社,1994年,第81页。

② 徐则浩:《安徽抗日战争史》,合肥:安徽人民出版社,2005年,第219页。

一是动员群众抗战。江上青一到皖东北,就组织皖民众动委会第八团、抗敌演剧第六队,深入农村,写标语,演唱抗日歌曲和话剧,组建青年、妇女等抗日团体,开展抗日救亡活动。二是团结开明士绅参加政府工作。江上青先后动员陈粹吾、吴静宜、祖树屏、苌宗商、刘伦才、陈荫南等参加皖六区政府工作,还任命爱国青年王尔宜为专署直属五河工作队队长,并赠给他《如梦令》词一首:羡煞王郎年少,锁日风尘吹老。天冷客窗寒,翻作相思情调。天晓,天晓,莫被虚名误了!王尔宜工作出色,后又被委任为灵璧县长。三是创办皖东北抗日军政干部学校并兼任副校长,亲自授课,培养了600多名青年干部。这些干部日后成为淮北抗日根据地的骨干力量。同时,江上青还创办了《皖东北日报》,积极宣传党的抗日主张,印发毛泽东《论持久战》《论新阶段》等重要著作,鼓舞和提高了皖东北军民抗日救亡的士气。四是委派共产党员掌握政权。江上青以其卓越的才华和高超的斗争艺术,取得了盛子瑾的信任,推荐中共党员赵敏、石青、吕振球、郑淮舟等担任几个区的区长,使泗县所辖的5个区中有4个区的区长是共产党员,还委托一些党员担任乡长、镇长。五是秘密发展党员。江上青领导特别支部积极慎重地在工作团、宣传队、干校、干训班、皖东北日报社等组织发展党员,壮大党的力量。六是组建共产党领导的抗日武装力量。江上青先后为共产党领导的宿东地方武装和灵璧地方武装取得了"六抗"第三支队和特务支队的番号,共产党员赵汇川、徐崇富分别担任这两支部队的领导职务,还在县、区、乡组建人民抗日武装,组建了一支相当于营级建制的泗北农民支队,共产党员石青兼任支队长,这些武装大部分由中共党员领导,逐步发展壮大,后都被编入新四军第六支队第四总队,成为主力。①

▲ 江上青

1939年夏,针对盛子瑾急于获得八路军、新四军援助的心情,江上青建议盛子瑾派人与新四军游击支队联系。盛子瑾即派共产党员吕振球,携其亲笔信前往。7月,中共豫皖苏省委书记张爱萍等人在八路军苏鲁豫支队第一大队护送下抵达盛子瑾处。经过会谈,双方顺利达成合作抗日协议:(一)划宿县、灵璧、泗县三区由新四军负责保护,执行当地行政,另划泗宿公路以南及洪泽湖边为八路军、新四军活动区;(二)共同建立洪泽湖根据地;(三)民运工作由中共供给干部;(四)行政由八路军、新四军保护,皖六区保安司令部、政治部由中共方一人担任;(五)每月供应八路军、新四军一万元(不够再筹),后者不就地筹粮;(六)准许八路军、新四军在皖东北设立公开的联络机关;(七)共同组成一委员会作为此协定执行的权力机关。盛子瑾表示:欢迎八路

---

① 欧远方,童天星:《淮北抗日根据地史》,北京:中央文献出版社,1994年,第82—83页。

军、新四军进入皖东北地区进行抗日游击战争,就地供应粮草。张爱萍表示:八路军、新四军拥护盛子瑾专员领导皖东北抗战到底,愿意配合"六抗"部队打击日伪军,保护政府和人民。为了保持同盛子瑾的经常联系,张爱萍提议在洪泽湖畔设立联络机关,盛子瑾表示同意。①

由于盛子瑾拥护抗战,赞成同共产党合作抗日,使国民党顽固派和反动地主豪绅非常不满,他们挑动素有野心的地方实力派、灵璧县县长许志远,反对盛子瑾,并阴谋害死盛子瑾,以取而代之。由于许志远、盛子瑾不和,严重影响皖东北抗日大局。为了调解他们之间的矛盾,8月29日,在张爱萍主持下,盛子瑾、许志远双方在灵北张大路进行会谈。经协定,双方都同意摈弃前嫌,携手合作。和谈结束后,张爱萍劝盛子瑾从新四军驻地马厂返回专署,以防不测。盛子瑾不以为然,说"不必多虑,他们于我奈何不得",仍按来路东返。途经泗县小湾时,突遭许志远预先策划的大柏圩子地主柏逸荪、王铸九等反动地主武装的伏击。江上青走在队伍的前面,被误认为是盛子瑾,身中数弹。这位皖东北抗日根据地的奠基人不幸牺牲,年仅28岁。同时遇难的还有朱伯庸等人。盛子瑾听到前边的枪声后跳下马躲到河岸的树丛中,躲过一死。

"曲终人不见,江上数峰青。"江上青从1938年11月受中共

---

① 徐则浩:《安徽抗日战争史》,合肥:安徽人民出版社,2005年,第221—222页。

安徽省工委派遣,担任中共皖东北特别支部书记,到皖东北开辟抗日根据地,在不到一年的时间里,以出众的才华,坚定地执行中共中央抗日民族统一战线政策,用智慧和生命开创了皖东北团结抗战的局面,被刘少奇誉为"一个光辉的典范"。①

"小湾事件"发生后,刘玉柱奉命代表八路军、新四军,石青代表专员公署到大柏圩子作调处工作。他们义正词严地训斥了柏逸荪和王铸九,迫使他们承认罪过,拥护盛子瑾领导抗战,保证今后不再发生类似事件,并由他们收殓江上青等烈士的遗体,退还抢去的枪支。经过耐心说服,盛子瑾、许志远双方的矛盾暂时缓解。

(二)杨纯与中共皖东北特委

1939 年初,皖东北特支根据上级指示,与中共山东分局取得了联系。为了加强对皖东北抗日斗争的领导,2 月,中共山东淄博特委组织部长杨纯以山东分局特派员的名义,和淄博特委妇女部长江彤越过陇海路南下。②

杨纯,女,原名万国瑞。1917 年 3 月 19 日出生于四川省峨眉县(今峨眉山市)峨山乡万坝村。其父万希成 1900 年考入北京铁道学堂。1901 年被清政府选派留学日本东京早稻田大学攻读土

---

① 徐则浩:《安徽抗日战争史》,合肥:安徽人民出版社,2005 年,第 222 页。
② 中共江苏省委党史工作办公室:《中共江苏地方史》,南京:江苏人民出版社,1996 年,第 348 页。

木工程专业,其间经吴玉章介绍参加了同盟会。回国后,受清政府铁路局聘任,和詹天佑一起参加了京张铁路、杭江铁路的设计施工,成为中国铁路和道桥建设的先驱者。她生长在这样一个家庭,从小就受其父亲维新思想影响,胸怀大志,性格刚强,敢作敢为。她先后随父母辗转于南京、武汉等地求学,一二·九运动中,还是汉口女一中学生的她就参加了革命,成为武汉秘密学联领导成员之一,担任了全市学生大游行的总指挥,其英武与飒爽令人侧目。1936年她考入武汉大学化学系。1937年5月离开武汉大学秘密到北京找到党组织,在京期间为地下工作方便改名为"杨纯",从此延用终生。不久发生卢沟桥事变,杨纯和一批流亡学生撤往济南,参加了省府组织的培养抗战人才的青年训练班,结束后被派往济宁从事抗日活动。1938年1月,杨纯参加了中共山东省委在泰安徂徕山举行的抗日武装起义,她在起义中不畏牺牲、英勇顽强的精神受到党组织的重视。历经无数次浴血战斗,逐步成长为八路军山东抗日第四游击支队队长,显现了她女中豪杰独特的作战才干。当时部队驻扎在东海县,杨纯喜欢女扮男装,穿男式旗袍,骑马横枪,带领部队冲锋陷阵。不久,杨纯被调任山东淄博特委组织部长。

南下要经过多重封锁线,情况复杂,着女装多有不便,于是杨纯便女扮男装,身穿老棉袍,头戴猴头帽,像个农村男青年。3月初,在朱伯庸的带领下,杨纯秘密到达泗县北许大庄。在许大庄党支部书记许步伦安排护送下,到第六专署所在地泗县管镇与江

上青接上了组织关系。江上青接待杨纯时,以做过地下工作的警觉,上下审视地看着杨纯,怀疑地问:"你是男孩子,还是女孩子?"杨纯以实相告,江上青会意地笑了。之后,江上青向杨纯介绍了盛子瑾的情况和特支的工作。杨纯则讲了山东分局的意见和要求,即最重要的是抓武装,发动群众。在此后的一段时间,杨纯为方便仍着男装,周围的人不知她是女同志。直到春暖花开,脱去棉衣换单衣,杨纯才显示出女性风采,众皆愕然。①

为了掩护党的秘密工作,江上青以为同学找工作名义,争取盛子瑾同意,安排杨纯担任"六抗"政治部民运科长,化名陈光薇,以便公开活动,开展工作。②

1939年3月,中共皖东北特委在泗县管镇成立,杨纯任书记,委员有江上青(负责做盛子瑾工作)、江彤(负责妇女工作)、孟戈非(负责青年工作)。皖东北特委成立后,即撤销皖东北特支,从而统一了从各地来该区工作的党组织和党员的领导。

中共皖东北特委成立后,积极发展新党员,建立党组织,成立了宿东县委;派党的干部到区乡政权工作;成立青救会、妇救会等群众抗日团体;为在灵璧一带活动的八路军苏鲁豫支队筹集粮草,补充人员、武器。皖东北特委的工作为创建皖东北抗日根据

---

① 史文敏:《魂系皖东北》,北京:中共党史出版社,2000年,第77页。
② 史文敏:《魂系皖东北》,北京:中共党史出版社,2000年,第78页。

地打下了坚实基础。①

据刘玉柱回忆,杨纯建立特委期间,主要做了六件大事:(一)特委把皖东北地区各个方面党的关系统一起来,从而加强了党的领导;(二)加强了军队,八路军胡炳云大队在人员、武器、供养等方面都得到了补充;(三)在政权方面,控制了三个区(一区、二区、五区);(四)开展了群众工作,成立了妇救会、青救会等,办了《皖东北日报》,办了干校;(五)成立了八路军、新四军办事处,把八路军、新四军引了进来;(六)派了一些人到泗县周围开展工作,打开了局面。②

(三)设置八路军、新四军皖东北办事处

1939年8月初③,张爱萍致信苏皖边区党委书记金明,约他到灵北张大路共商皖东北抗日大计,参加会议的还有刘玉柱、杨纯和吴文玉,会议商讨如何在皖东北与盛子瑾建立统一战线、共同抗战等问题。会上,张爱萍鉴于苏皖区党委机关所在地邳南地区日伪据点林立,联系不便,而皖东北地区抗战局面已经打开,与

---

① 欧远方,童天星:《淮北抗日根据地史》,北京:中央文献出版社,1994年,第84页。

② 豫皖苏鲁边区党史办公室编:《淮北党史资料》(第三辑),内部资料,1984年,第109页。

③ 《安徽抗日战争史》《淮北抗日根据地史》皆作9月。《中共江苏地方史》作8月。见中共江苏省委党史工作办公室:《中共江苏地方史》,南京:江苏人民出版社,1996年,第349页。

▲ 1939年,张爱萍进入皖东北。图为张爱萍(左一)与刘瑞龙(左二)、刘玉柱(左三)、金明(左四)的合影。

盛子瑾的统战工作亟待区党委的统一领导,便建议区党委机关南移皖东北,把党的工作重心放在皖东北地区。金明表示赞同。八路军、新四军驻皖东北办事处在泗县张塘建立,作为我党我军对盛子瑾开展统战工作的公开联络机关。张爱萍任办事处主任,刘玉柱为副主任。办事处的成立,标志着国共两党在皖东北地区的统一战线的正式形成。

9月初,金明率苏皖边区党委机关及一个警卫排从邳南来到泗县张塘,区党委机关设在八路军、新四军办事处。办事处既是统战工作的公开联络机关,又是区党委秘密开展党的工作的掩护

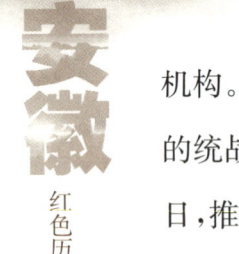

机构。区党委和办事处共同研究和处理各项重大问题,对盛子瑾的统战策略、方针规定为:"(一)拥护盛子瑾抗日,促进盛子瑾抗日,推动盛子瑾进步;(二)大力开展民运,独立自主地发展党领导下的抗日武装,壮大皖东北的进步力量;(三)力争同盛子瑾长期合作,同时做好盛子瑾动摇、分裂的准备,盛若反我,我即反盛。"①

办事处成立后,区党委机关以办事处为掩护,开展党的工作,区党委以皖东北为工作重点,指导整个苏皖边区党的工作,并分别在邳睢铜、海属和淮属地区建立第一、第二、第三3个地委。

办事处坚持独立自主、发展武装的方针,先后发展了宿东大队、顾北大队等地方武装。加强了党对盛子瑾和第三支队、特务支队和农民支队的领导。从1939年春起,到同年年底,奉命进入该地区的部队有八路军苏鲁豫支队胡炳云的第一大队、钟辉的陇海南进支队、江华的苏皖纵队,共计6000余人,成为皖东北地区抗日的中坚力量。八路军、新四军驻皖东北办事处加强了各部队之间的关系,协调了各部队之间的联系,统一了各部队的作战。

在统战工作方面,办事处制定了统战的策略和方针,争取和团结了开明士绅、进步地方实力派,开展了同盛子瑾的统战工作,推动了盛子瑾的进步。②

---

① 欧远方,童天星:《淮北抗日根据地史》,北京:中央文献出版社,1994年,第87—88页。
② 欧远方,童天星:《淮北抗日根据地史》,北京:中央文献出版社,1994年,第88页。

1939年12月,中原局决定,将皖东北地区划归新四军游击支队领导。游击支队遂派第一团及120多名党政干部赴皖东北,并将皖东北的新四军部队合编为第四总队,张爱萍任总队长兼政委。

1939年底,国民党顽固派掀起第一次反共高潮后,国民党安徽省政府主席李品仙对皖东北地区出现的国共合作抗战局面十分不满,他一面指使皖东北的顽固势力进行"倒盛"活动,一面将盛子瑾免职调离,改任他职。1940年1月,李品仙派省保安第十四纵队司令马馨亭率部东进泗县大柏圩子,企图以武力威逼盛子瑾交权。为粉碎国民党顽固派的阴谋,维护团结抗战的局面,苏皖边区党委针锋相对地提出"拥盛驱马"的口号。2月4日,当马馨亭部绕道睢宁进据大柏圩子时,新四军第四总队、八路军苏鲁豫支队第一大队和陇海南进支队一举将其击溃,马馨亭率残部逃回津浦路西。

据刘玉柱回忆,"小湾事件"发生以后,桂系在皖东北地区反共、反盛夺权的阴谋是分两步走的。第一步,他们派朱天修去泗县当县长,想挖盛子瑾墙角。这时,盛子瑾与我们的关系较密切,我们与他商量后决定,让朱天修来,把他架空,具体办法是……这样,桂系用软的办法来反盛夺权的阴谋就落空了。软的不行就来硬的。第二步,桂系派马馨亭来接替盛子瑾当专员、保安司令。马馨亭带了一个加强营,企图武装接收。马馨亭是从津浦路西过来,经过灵北,到达泗北,进入皖东北地区的。为了保卫皖东北根

据地,我们决定把马馨亭赶走,不让他进入皖东北。我们与盛子瑾部队联合,都戴着盛子瑾部队"五游"的臂章,在大庄镇西边四五里的地方,打响了堵截马馨亭部的战斗。参加战斗的有盛子瑾部第四、第五支队,我们这边有胡大队,赵汇川第三支队,张爱萍同志和盛子瑾亲临前线指挥。战斗打得很激烈,我们的战士很英勇,真是前仆后继,胡大队伤亡很大。由于马馨亭部装备好,结果没有攻下他们所占的圩子。第二天夜里,马馨亭部窜进了大柏圩子。区党委随即召开了会议,认为马馨亭部是对皖东北根据地的严重威胁,非攻下大柏圩子歼灭马馨亭部不可。攻打大柏圩子,盛子瑾就不愿参加了,最后由胡大队担任主攻,张太生的团参加了战斗,战斗由张爱萍同志统一指挥,半夜里攻下了圩子,歼敌一半以上,马馨亭率残部逃走了。大柏圩子战斗结束后,我们以部队的名义发布告,开仓济贫。这样,桂系武装反共、反盛夺权的阴谋也被挫败了。①

大柏圩子战斗后,盛子瑾对八路军、新四军的援助深表感谢,他与张爱萍达成协议,成立皖六区军政推进委员会,进一步加强合作,盛子瑾兼主任,张爱萍负责军事。2月15日,国民党安徽省当局以"骄横跋扈,措置乖张""勾结奸匪,抗命称兵"等罪名,下令通缉盛子瑾。盛子瑾怯于国民党顽固派的压力,于2月28日离开皖东北,率部投奔国民党鲁苏皖游击总指挥李明扬,途经淮南

---

① 豫皖苏鲁边区党史办公室编:《淮北党史资料》(第三辑),内部资料,1984年,第113—114页。

津浦路东抗日根据地时,被新四军第五支队截获缴械。盛子瑾及其家属、亲从被礼送出境,所率大多数人员加入了新四军第五支队。①

(四)刘少奇与皖东北抗日根据地的创立

盛子瑾出走之后,共产党独立自主地担负起领导皖东北抗战的重任。此时,新四军游击支队已正式改编为第六支队。根据中原局的建议,中共中央决定苏皖边区党委隶属中原局领导,将陇海铁路以南的八路军各部归新四军第六支队指挥。

1940年2月底,金明到中原局(驻淮南)汇报工作,3月上旬返回皖东北时,带回刘少奇关于建立皖东北抗日根据地的指示信。刘少奇在写给张爱萍、江华、刘瑞龙的信中明确指出,"苏皖地区党与八路军、新四军总的任务是:争取整个苏皖地区(淮河、宝应、盐城以北,陇海路以南之苏皖地区)成为我党与进步势力管理之下的巩固的抗日反汉奸的根据地,并在这个根据地上建立统一的抗日民主政权及统一的抗日军队,统一的民众团体,坚持抗战。为达到这个目的,必须迅速发展我党领导之下的武装部队,迅速扩大八路军、新四军,在半年内必须达到三万人枪以上,必须注意部队的巩固与整训,必须坚决地建立政权,派遣最好的干部(如省委、县委的委员等)去作县长、区长。必须建立广大的自卫

---

① 中共江苏省委党史工作办公室:《中共江苏地方史》,南京:江苏人民出版社,1996年,第349—350页。

军,必须建立有真正广大群众参加的农民救国会及工人、青年、妇女等救国会。必须发展党,建立强大的有领导能力的各级党部。必须实行各种进步的抗日政策,以便能发动广大群众的革命积极性,解决部队的给养及斗争中的任务"①。

根据刘少奇的指示精神,3月18日,淮北苏皖边区军政委员会成立,刘瑞龙任书记,金明、张爱萍、江华、田维扬等人为委员,统一领导该地区党组织和部队及民运、统战等工作。3月24日,皖六区军政推进委员会在泗县青阳镇召开第一届各界人士代表大会,成立了皖东北抗日民主政权,名称仍沿用安徽省第六行政区督察专员公署,推选开明绅士原专署秘书陈粹吾为代理专员。同时成立皖东北保安司令部,张爱萍任司令,赵汇川任副司令。会后,调整了区乡政权的干部,中心区的区长均由共产党员担任。苏皖边区党委也及时召开皖东北地区县委书记联席会议,确定了巩固中心区,大力开展群众运动,建立抗日团体的工作方针。在不到两个月的时间内,就发展了农救会、自卫队员5万余人。②

1940年4月底,刘少奇从盱眙北渡淮河,抵达泗县罗岗,视察指导皖东北的工作。在一个多月中,他听汇报、做调查、下部队,废寝忘食地工作。

---

① 欧远方,童天星:《淮北抗日根据地史》,北京:中央文献出版社,1994年,第94页。

② 中共江苏省委党史工作办公室:《中共江苏地方史》,南京:江苏人民出版社,1996年,第350—351页。

针对大家不熟悉根据地创建工作的实际情况,6月,刘少奇在朱湖(今属泗洪县)向八路军、新四军和地方党政干部作了《在敌后怎样建立民主的抗日根据地》的报告,就根据地建党、建军、建政等问题做了重要指示,为皖东北根据地的建设指明了方向。刘少奇强调指出,党中央和毛泽东关于抗日战争的战略方针,是建立敌后根据地,广泛开展游击战争,在持久战争中牵制敌人,消耗敌人,积蓄力量,壮大自己,然后转入反攻,取得民族革命战争的胜利。目前,我们的任务就是从思想上、组织上、武装上准备自己,坚决抵抗和粉碎日伪军对我军的"扫荡",建立抗日政权与根据地,以便有效地长期坚持敌后抗战,直到最后胜利。针对王明的右倾机会主义路线及其影响,刘少奇通俗地讲述了建立抗日民主政权的问题。刘少奇说打日军要有枪,有了枪还要有个家,这个家就是抗日民主政权。政权是人民的,只要人民承认我们的政权就能存在,有人担心国民党说我们建立抗日民主政权是破坏统一战线,你管国民党干什么?你既然能组织乡农会,为什么不能组织区农会、县农会?还有人认为招兵买马是资产阶级军队的做法,刘少奇认为能招到兵,买到马就不错。革命的兵为什么不招?革命的马为什么不买?发展武装,多多益善。刘少奇在报告中指出,我们在统一战线中,不要忽视自己独立力量的发展,不要丧失自己政治上、组织上、工作上的独立性,发展力量就是抓武装,抓政权,抓发动群众,抓财政经济,抓发展党,抓干部培训,这就是我们的"六大宝"。"六大宝"的总体,就是巩固抗日民主根据地。刘少奇的报告是对中共中央和毛泽东关于建立敌后抗日民主根据地的方针、政策的具体运用和发挥,对皖东北乃至整个苏皖地区的工作都具有重要的指导意义。①

此时适逢日军"扫荡"和国民党反共军配合进攻皖东北根据地,刘少奇当机立断,领导八路军陇海南进支队和新四军第六支队第四总队胜利粉碎了日伪军的"扫荡"和国民党反共军王光夏部的进攻。

5月初,日伪军为摧毁新生的抗日民主根据地,突然向青阳中心区发动大"扫荡"。新四军第六支队第四总队和八路军陇海南进支队为保卫刘少奇及区党委机关的安全,立即投入反"扫荡"战斗。部队在向东转战时遭到国民党江苏省常备第七旅王光夏部的夹击。危急关头,刘少奇电请中央军委派部队增援。已奉命调回山东的八路军苏鲁豫支队第一大队火速南返,与新四军第四总队、八路军陇海南进支队一起反击王光夏部。5月下旬,韩德勤调集11个团兵力,西渡大运河,再次大举进犯皖东北抗日根据地。在刘少奇统一部署下,八路军、新四军各部共同发起讨顽战役,在洪泽湖西歼灭王光夏部2个团,将西犯的顽军驱逐回大运河以东。6月初,日伪军1000余人分三路再次合击刘少奇和苏皖边区党委驻地水牛冲(今属泗洪县)。200多名日军装扮成求雨的农民,抬着神龛接近苏鲁豫支队第一大队驻地,发动突然袭击。第

---

① 欧远方,童天星:《淮北抗日根据地史》,北京:中央文献出版社,1994年,第96—97页。

一大队奋起反击,浴血奋战一整天,歼灭日伪军400余人,粉碎了日伪军的偷袭。战斗中,第一大队伤亡了200多名指战员。不久,刘少奇返回淮南津浦路东根据地。根据他临行前的指示,皖东北军政委员会撤销,刘瑞龙参加苏皖区党委工作。①

反"扫荡"、反"摩擦"斗争的胜利,保证了皖东北根据地各项建设的顺利展开。6月,陈粹吾因病辞职,刘玉柱任专员。专署颁布了保障人权、合理负担和肃清土匪三大法令,并整理财政,建立规章制度,加强基层政权工作。

8月,黄克诚率八路军主力一部由津浦路西东进皖东北。中央军委决定成立八路军第五纵队,黄克诚任司令员兼政委。张爱萍部被编为八路军第五纵队第三支队(皖南事变后改编为新四军第三师第九旅),张爱萍任司令员,韦国清任政委。在八路军第五纵队的支持下,皖东北的各项工作有了比较大的发展。到9月,该地区已建立起5个县、16个区、104个乡的抗日民主政权。②

1940年9月,为执行向东发展、开辟苏北根据地的任务,金明率苏皖区党委随八路军第五纵队东移苏北淮海敌后。临行前决定成立皖东北地委,张彦任书记,与专员刘玉柱一起负责领导皖东北地区的党政工作,同时留下第六团坚持皖东北的斗争。

1941年1月皖南事变后,从皖东北进入苏北的八路军第五纵

---

① 中共江苏省委党史工作办公室:《中共江苏地方史》,南京:江苏人民出版社,1996年,第351页。
② 徐则浩:《安徽抗日战争史》,合肥:安徽人民出版社,2005年,第225页。

队黄克诚部队被编为新四军第三师。2月初,第三师第九旅旅长张爱萍率部返回皖东北,全部恢复了皖东北根据地,并成立了皖东北参议会,参议长为孔祖南。5月,第九旅又发起了洪泽湖水上战斗,剿灭了横行湖上多年的匪患,建立了洪泽县抗日政权,使之成为皖东北根据地的安全后方。

5月,新四军第四师主力部队和豫皖苏边区党政干部,奉命从路西转移到皖东北地区,增强了皖东北根据地的抗日力量。根据华中局的指示,撤销皖东北地委,成立皖东北区党委,领导津浦路以东、运河以西、淮河以北、陇海路以南广大地区党的工作。区党委成立以后,积极扩建武装,大力开展民运工作,派部队北上、西进,展开军事斗争。从此,皖东北根据地进一步扩大,进入了新的发展阶段。①

三、创建淮北抗日根据地

淮北抗日根据地,是新四军第四师和南下八路军一部共同创建的。创建初期,是兵分东西两路,同时平行发展的,路西为豫皖苏边根据地,路东为皖东北根据地。淮北抗日根据地就是在这两

---

① 中共安徽省委党史研究室:《中国共产党安徽地方史》(第一卷),合肥:安徽人民出版社,2000年,第395页。

块根据地的基础上发展壮大起来的。1941年5月,第四师反顽斗争失利,转移到皖东北,与路东军民共同巩固和发展淮北苏皖边根据地。1944年8月,第四师回师路西,收复了豫皖苏失地,从而使淮北抗日根据地连成一片。①

1941年5月,新四军第四师主力部队和豫皖苏边区党政干部,奉命分批转移至津浦路东的皖东北地区,使这一地区的抗日力量得到了迅速增强。皖东北地区自1940年9月黄克诚率第五纵队主力东进淮海后,留在该地的武装力量非常薄弱,在日军的"扫荡"和国民党军队的进犯下,根据地面积日益缩小。直到1941年2月,张爱萍率新四军第三师第九旅从淮海区西返,拔除了日伪军在根据地中心区的重要据点,才收复了皖东北根据地的失地。5月,又平定了洪泽湖的匪患,洪泽湖因此也成为根据地的内湖。②

第四师主力由于经过了紧张激烈的三个月反"摩擦"战斗,过于疲劳,急需休整。也由于战斗失利,部队中存在着一些悲观情绪、纪律松弛和不团结现象,需要整训。为此,第四师于5月18日、6月1日召开了两次师参谋会议,参谋长张震在会上做了题为《三个月来反顽斗争在军事上的初步总结与今后任务》的报告,肯

---

① 见童天星《淮北抗日根据地党政军组织的建立与发展概况》,载豫皖苏鲁边区党史办公室编:《淮北党史资料》(第三辑),内部资料,1984年,第393页。

② 徐则浩:《安徽抗日战争史》,合肥:安徽人民出版社,2005年,第291页。

定了第四师工作中的成绩,也指出了反"摩擦"斗争中的缺点:(一)把敌顽矛盾估计过高,没有看到敌人会利用国共的矛盾,顽方也会利用敌我矛盾,个别干部依赖敌顽的矛盾,放松了自己的准备。(二)过去我们没有反顽斗争经验,也缺乏大兵团作战经验,坚持豫皖苏边阵地是第四师的任务,但不应机械地提出保卫某地。有些干部以为根据地变为游击区,或者主力转移打圈,就是退却、逃跑。他的讲话一针见血,击中要害,全体官兵都很赞同。彭雪枫对张震的报告作了肯定,认为三个月的斗争,第四师有胜利,也有失败,同时也有重要的收获:整个部队有了进步,部队战斗力提高了,战术素养提高了。彭雪枫、张震二人没有从客观原因,诸如敌人强大、黄克诚部调走、援军未到等方面去寻找借口,而是从第四师本身存在的问题寻找原因,总结经验教训,表现了共产党人求真务实和勇于批评与自我批评的精神。①

　　新四军政治部主任邓子恢以华中局代表的名义率领新四军军部巡视团,从淮南前来皖东北地区检查和帮助工作。中共中央华中局对第四师的整训给予了精心的指导。6月1日华中局致电彭雪枫和邓子恢时指出,第四师在豫皖苏的长期斗争中,执行了党的路线,创建部队、建立根据地都有很大的成绩,这是不待说的。但是在长期的工作中,我们感到似乎有以下重大缺点:(一)对部队整训似偏重在正规化,偏重在形式,而培养各级干部独立

---

① 徐则浩:《安徽抗日战争史》,合肥:安徽人民出版社,2005年,第291—292页。

自主、分散游击的能力不够,上级对下级的干涉过多,发挥各级干部的自动性、创造性的主意太少。根据地工作,特别是群众工作,除萧县的原有基础外,一般地没有建立深入的基础,偏重号召与形式,而缺乏深入细致的组织工作与教育工作,没有使我党与群众建立密切的联系。(二)我们提议第四师今后整训部队,除在政策上、纪律制度上应着重正规化与统一外,要特别着重游击战术的教育,注意培养和锻炼各部队独立行动、独立坚持游击的能力……

第四师主要领导人经过深入的学习、研究和讨论,认为党中央关于中国共产党打退二次反共高潮的总结中几个基本观点和斗争中几个基本原则,都是十分正确而且宝贵的。他们还认识到,为了既讲统一战线政策,又不使国民党认为中国共产党怕分裂,在豫皖苏边的武装斗争中,在不违背党的基本战略原则的情况下,应采取积极有效的攻势防御,所注意的则是有理、有利、有节这三个基本原则。6月15日,彭雪枫将这一认识电告党中央和华中局。这表明,第四师领导已将对部队建设和创建根据地的认识提到了新的高度。第四师司令部制订了具体的整军计划,主要是提高干部战士的军事素质。规定:营团由旅或团成立军事研究会,由师指定图上作业测验;连排由团集合上课及研究;战士边讲边做,进行野外演习。为了让干部学习军事理论,在营团干部中成立干部队,调连排干部到抗大受训,还开办营、连、排干部的短期教育队传授实践经验。在部队装备方面也得到了更新,补充了

枪支、弹药、服装、被服,每个战士都配有刺刀、大刀和工作器具等。这次整训,全面提高了第四师全体干部战士的素质,为即将到来的反"扫荡"和反"摩擦"斗争打下了坚定的基础。①

6月23日,淮北第四师部队进行了整编。第十二旅机关撤销,其第三十四、第三十五团由师部直接指挥,将第十一旅第三十三团撤销,除第一连补入第三十一团外,其余全部编入第十旅。整编后的第十旅辖2个团,共3300人;第十一旅辖2个团,计1700人;师部直接指挥特务团、第三十四团;集中各旅骑兵250余人,成立骑兵团;将特务第一连、师政治部警卫连等与一些地方武装合编组成游击支队,共7个连1000余人。9月9日,根据军部指示,第三师第九旅与第四师第十旅对调建制,其旅团番号不变。第九旅旅长为张爱萍(后为韦国清),政委为韦国清(后为康志强),辖有第二十五、第二十六、第二十七团3个团,这个旅战士多为淮北子弟兵,熟悉地形,战斗力强,在战斗中屡立奇功。通过整编,第四师缩小了部分机关,充实了基层连队,更加适应战斗需要。

自7月19日至月底,第四师在淮宝县仁和集召开第四师军政委员会扩大会议,邓子恢作为华中局的代表参加了会议。会议充分发扬民主,与会者畅所欲言,采取批评与自我批评的方式,总结三个月来反顽斗争的经验教训。会议肯定了部队三年来创建

---

① 徐则浩:《安徽抗日战争史》,合肥:安徽人民出版社,2005年,第292—293页。

豫皖苏边抗日根据地的成就,总结了边区反顽斗争的经验教训。这次会议统一了认识,稳定了情绪,增进了团结。8月11日,中央军委总政治部任命邓子恢为第四师政治委员。

随着军事斗争的胜利,宿铜和萧铜游击区的开辟,邳睢铜根据地的创建,以及淮宝地区也划为第四师的防区,领导该地区的中共皖东北区委和皖六区行政公署已名不符实,远远不能适应新的工作需要。1941年8月23日,中共中央华中局决定:划淮河以北、陇海路以南、运河以西、津浦路以东地区为淮北苏皖边区,并将邳睢铜地区和淮宝县划入;撤销皖六区行政督察专员公署,成立淮北苏皖边区行政公署,以刘瑞龙为主任,刘玉柱为副主任;撤销皖东北区党委,成立中共淮北苏皖边区委员会(简称淮北区党委),由刘子久、刘瑞龙、刘玉柱、张彦、吴芝圃5人为委员,以刘子久为书记;成立淮北苏皖边区军区,以赖毅为司令员,刘子久兼政治委员;成立淮北苏皖边区军政党委员会,以邓子恢为书记,统一领导淮北苏皖边区党政军工作。这标志着淮北苏皖边区抗日民主根据地正式形成。①

1942年11月25日,根据中共中央《关于统一抗日根据地党的领导及调整各组织间关系的决定》,华中局决定取消淮北军政党委员会,重新改组淮北区党委,由邓子恢、彭雪枫、吴芝圃、刘子久、刘瑞龙5人组成,邓子恢为书记,刘子久为副书记(1943年冬,

---

① 中共安徽省委党史工作委员会:《淮北抗日根据地》,北京:中共党史出版社,1990年,第13页。

刘子久赴延安中央党校学习，刘瑞龙接任副书记），全边区党政军民工作均统一于区党委的领导。区党委下设组织部、宣传部、师军政委员会、师政治部、边区政府党团、参议会党团、群众团体党团。撤销淮北军区，由第四师兼淮北军区，彭雪枫兼司令员，邓子恢兼政委，张震兼参谋长，吴芝圃任政治部主任。①

为了加强党的一元化领导，区党委对各地党政军组织进行了调整。明确边区共设4个地委：第一地委由韦国清、刘作孚、张震球组成，书记为韦国清，下辖淮泗、淮宝、泗阳、运河特区、泗宿、泗灵6县（区）；第二地委由赖毅、谢邦治、滕海清组成，书记为赖毅，下辖泗南、泗五灵凤、盱凤嘉、洪泽湖、泗东5县；第三地委由康志强、李砥平、纵翰民组成，书记为康志强，下辖邳睢、铜睢、铜山、萧宿铜、峄南5县；第四地委由张太生、何启光、王烽午组成，书记为张太生，下辖宿东、宿灵、灵北3县。在4个地委所辖地区分别设立4个行政区联防办事处和4个军分区。第一行政区联防办事处主任刘作孚，第二行政区联防办事处主任刘玉柱，第三行政区联防办事处主任纵翰民，第四行政区联防办事处主任王烽午。1943年8月，第一、第二行政区联防办事处撤销，其所辖各县政府直属边区行署领导。第一军分区由第九旅兼，韦国清兼司令员，康志强兼政委；第二军分区由第十一旅兼，滕海清兼司令员，赖毅兼政委；第三军分区司令员为赵汇川，康志强为政委；第四军分区

---

① 欧远方，童天星：《淮北抗日根据地史》，北京：中央文献出版社，1994年，第135页。

司令员兼政委为张太生。至此,淮北抗日民主根据地党的一元化领导机构已经建立并进一步健全。①

在根据地建立的关键时刻,1941年11月初,新四军代军长陈毅来淮北根据地检查和指导工作。在途经运河东岸宿迁南部时指示,这一地区是苏北与淮北根据地联系的交通要道,要开辟这一地区,建立根据地。遵照这一指示,淮北区党委于1942年9月成立了运河特区工委和办事处,高峰任工委书记兼办事处主任。②

在淮北区党委和第四师司令部驻地泗南县半城,陈毅先后参加了淮北边区教育行政会议和党的活动分子大会,还为淮北区党委机关刊物《人民通讯》题词。在淮北边区教育行政会议上,陈毅做了重要讲话,他指出:"目前中国有三种不同的教育:一种是日本帝国主义和汪精卫的顺民教育;一种是投降派所主张的愚民教育;一种则是各抗日民主政府所实行的反帝反封建的新民主主义教育。"陈毅为《人民通讯》的题词为:"把人民切身利益与整个民族的利益联系起来解决,是我们群众工作的中心主张。"在党的活动分子大会上的报告中,陈毅提出:目前区党委要"在争取时间,积蓄力量,充分发展自己的总任务下,首先完成冬季扩军,壮大主力的任务,并在扩军过程中,加紧改造基层政权,密切政府与各阶

---

① 徐则浩:《安徽抗日战争史》,合肥:安徽人民出版社,2005年,第294—295页。

② 欧远方,童天星:《淮北抗日根据地史》,北京:中央文献出版社,1994年,第136页。

层的联系,巩固地方武装,大量开展边区,并力求政权本身之建设与改造求得充分把握,应付可能到来的严重局势。"①

---

① 欧远方,童天星:《淮北抗日根据地史》,北京:中央文献出版社,1994年,第136—137页。

第五章

共筑淮北抗日根据地坚强堡垒

淮北抗日根据地,是中国共产党在抗日战争时期领导的全国十九块解放区之一,位于豫皖苏鲁四省交界地区,东临运河,西达商亳公路,南濒淮河(含淮河以南一个县),北抵陇海铁路(含陇海路以北一个县)。到抗日战争胜利时,淮北抗日根据地面积约41300平方公里,约6173470人口。①

淮北抗日根据地,北与冀鲁豫和山东抗日根据地接壤,是华北八路军和华中新四军的联系枢纽,是八路军南下支援华中新四军的交通衢道;东与苏北和苏中抗日根据地毗连,是苏北和苏中抗日根据地的西部屏障;南与淮南抗日根据地相连。淮北抗日根据地是华中新四军东进苏北,北上山东的必经之地;也是日军华北派遣军和华中派遣军驻地的结合部,是日军掠夺物资和粮食的

---

① 欧远方,童天星:《淮北抗日根据地史》,北京:中央文献出版社,1994年,第1页。

主要地区,徐州、蚌埠、淮阴为其淮北地区的三大军事重镇,是其重要的战略要地。由此,形成了敌、顽、我三方在这一地区复杂而又激烈的斗争局面。①

一、对敌斗争

淮北区党委成立后,在区党委的统一领导下,淮北军民积极开展反"扫荡"斗争,先后取得了三十三天反"扫荡"战役、叶场围困战、1944年春季攻势、张楼战役等重大战斗的胜利,从而粉碎了日伪军对淮北根据地的大规模"扫荡",拔除了日伪军安设在淮北根据地的重要据点,遏制了日伪军对淮北边缘区的"蚕食"和伪化活动,解放了大片国土和数十万人民,保卫和扩大了根据地。淮北军民还开展了反摩擦斗争,先后取得了程道口战役、张小圩战斗、山子头战役、灵北反雷(杰三)战斗、张大路战斗等重大战役、战斗的胜利,消灭了西犯的江苏反共军韩德勤和王光夏部以及东进的王仲廉部,彻底粉碎了国民党顽固派东西夹击新四军第四师和摧毁淮北根据地的阴谋。同时歼灭了根据地内的反共军和顽固的地方武装,肃清了匪患,稳定了淮北根据地的秩序。

---

① 欧远方,童天星:《淮北抗日根据地史》,北京:中央文献出版社,1994年,第1页。

(一)反"扫荡"斗争

1. 三十三天反"扫荡"战役

1942年冬季,日军由于战线过长,顾此失彼,亟须大量的人力、物力和财力。为摆脱困境,达到巩固战略后方、"以战养战"及在中国建立起所谓"大东亚战争兵站基地"的目的,侵华日军在其统治区内推行"强化治安"运动,集中在华兵力和几乎全部伪军对敌后抗日根据地进行大规模疯狂的"扫荡"。同时对国民党顽固派继续实行打、拉政策,逼迫其投降。

1942年冬,日军将"扫荡"重点转移到华中抗日根据地的淮海、淮北和淮南地区。11月,日军以第十七师团为基干,附之以伪窦光殿第十五师、潘干臣第二十八师、伪苏淮特区绥靖军两个团及驻明光日军第十三混成旅团一部,合计兵力为步兵7000余人(其中骑兵600人),另配备坦克2辆①、汽车120辆、汽艇9只、汽划子10只、飞机8架,分兵5路,对淮北苏皖边区根据地进行了空前的大"扫荡"。此次"扫荡",日伪军从西向东,自北向南,矛头指

---

① 滕海清《浴血奋战三十三天》一文作坦克7辆。"敌以平林十七师团、十三混成旅团为骨干,附以伪军十五师、二十八师、苏淮特区绥靖军两个团及时村、张楼、众兴、洋河各据点伪军,共计步兵7000余人,骑兵600人,坦克7辆,汽车120辆,汽艇9只,飞机七八架,于11月13日开始,以青阳、半城为中心目标,从泗县、淮阴、宿迁、盱眙、五河五路并进,大规模分进合击,企图聚歼我军主力于洪泽湖沿岸。"见新四军第四师老战士回忆录编委会:《抗战在淮北》,北京:华艺出版社,1997年,第11页。

向淮北苏皖边区根据地中心区——洪泽湖畔半城一带,企图利用其陆海空军的优势,一举歼灭新四军第四师及淮北党政机关于洪泽湖地区。

日伪军"扫荡"的作战方针是:首先以半城、青阳为全边区的中心目标,进行大规模的分进合击;其次又分别以泗宿、泗南、泗阳、淮泗、淮宝数县的中心集镇为目标,进行小规模的分进合击。

11月14日晚,新四军第四师军政委员会召开会议,分析了当前的形势,做出了正确的判断,认为敌人此次"扫荡"规模将是全面的,时间将是长期的,方针将是分东西两翼"扫荡",西翼以泗县为指挥中心,"扫荡"泗南、泗宿、泗东;东翼以淮阴为指挥中心,"扫荡"淮泗、淮宝等地。日军战术将是长驱直入,分区"扫荡",反复"扫荡",以骑兵及伪军吸引我军主力,而以主力和机械化部队进行包围突击。因此,我军应该"避其锐气,击其惰归"。遂确定了此次反"扫荡"的战役方针为:第一步,主力部队跳出敌人的包围圈,由内线作战变为外线作战,争取主动,并以一部分部队和地方武装就地坚持,与敌纠缠;第二步,转移到敌人来路的侧翼和后方,协同处于敌人最后方的部队,在运动中集中力量寻机打击敌人,力求歼灭敌人一路或两路;第三步,如日伪军建立据点,则制造并寻找其弱点进行袭击,予以拔除。①

在淮北苏皖边区党委和第四师师部确定的反"扫荡"战略战

---

① 欧远方,童天星:《淮北抗日根据地史》,北京:中央文献出版社,1994年,第144—145页。

术指导下,淮北军民立即行动起来,积极主动、机动灵活地开展了反"扫荡"斗争。反"扫荡"斗争历时33天,其战斗经过可分为三个阶段:

第一阶段,从11月14日至19日,第四师师部、旅指挥机关、后方机关及各部队分途转移,跳出了敌人的包围圈,避免了内线作战。当日伪军猛扑师部所在地半城的时候,师部早已安全转移了。接着,日伪军又扑向青阳、双沟、鲍集、管镇等地,均无收获。日伪军兴师动众,处处扑空,陷入了"盲人骑瞎马,夜半临深池"的困境之中。地方党政干部则组织地方武装与留守部队一道,就地坚持游击战争。他们四处出击,与敌纠缠,迷惑敌人,拖累敌人,消耗敌人,使日伪军腹背受击,日夜处于惊恐不安状态。16日,盱眙日伪军400余人,窜到泗县的管镇西南大小宋庄,遭第二分区泗南县大队袭击,激战两小时,死伤30余名,我军伤亡10余名。18日,第十一旅第三十一团第二营袭击宿县以南的沱河集日伪据点,歼敌40余人。根据地人民还组织起来,积极参加破路运动,使日伪军机械化部队难以展开,尤其是根据地人民的坚壁清野,使日伪军冻馁交加,无心恋战。日伪军完全陷入了人民战争的汪洋大海之中。①

第二阶段,从11月20日至30日,转移到日伪军侧后的第四师主力部队及原在日伪军包围圈以外活动的部队,积极寻找日伪

---

① 欧远方,童天星:《淮北抗日根据地史》,北京:中央文献出版社,1994年,第145页。

军的薄弱处,连续发起猛烈攻势,不断给日伪军以打击。20日,泗县日军平川部日伪军300人,携轻机枪10余挺,进至泗县东南簸箕姚,遇到我军骑兵团,激战一个多小时,我军击毙日军小队长以下15名,缴步枪7支,马2匹,生俘伪军3名。24日,进犯泗南之敌,夜宿魏营集,遭第三十二团第二营及泗南县大队的袭击,我军歼敌数名。25日,第十一旅活动在固镇东南地区之第三十二团第一营1个连,袭击小蚌埠,激战20多分钟,我军击毙日军数十名,生俘伪军20余名,缴步枪10余支,并破坏碉堡7座。26日,泗县日伪军一部进占泗南县蔡圩子,遭第十一旅第三十一团第一营夜袭,我军击毙敌人20余名。津浦线上,连克小蚌埠、新马桥车站,全歼守敌;灵固公路上,攻克晏路口;泗灵公路上,破路10多里,割电线1000多斤。骑兵团更是出奇制胜,突袭泗县城东关,全歼日军守备队。我军还到处散发宣传单,进行政治攻势。

经过反"扫荡"第一、第二两个阶段,在20多次战斗中,给日伪军以沉重打击。日伪军"扫荡"锐气尽失,进入"惰归"阶段。日伪军分进合击,到处扑空,对我方主力部队、党政机关、地方武装、后方资财一无所获,日伪军主力不得不撤回原防地,敌人自己也承认这是一个"失败的扫荡"。

第三阶段,从12月1日至16日,我军转入较大规模的歼灭战、争夺战阶段。日伪军残部控制青阳、马公店、金锁镇及泗宿公路上的各要点,构筑据点,改进攻为退守,企图分割根据地,实行划区"搜剿"。因此,拔除日伪军安设在我军根据地境内的据点便成为我军反"扫荡"的最后目标。12月1日,日伪军600余人占领马公店,构筑工事,企图久驻。第十一旅第三十二团第二营趁敌立足未稳,当夜进行突袭,一部摸进敌营内,敌闻枪声,慌忙在院内集合,被我军投弹杀伤甚众。我军毙伤敌人六七十名,缴获三八式轻机枪1挺。2日,第十一旅第三十一团第二营配合地方武装,夜袭灵璧至固镇公路上伪据点晏路口,歼灭灵璧县伪保安大队,生俘伪大队长张月先以下百余名,毙伤伪军百余名,缴获轻机枪1挺、步枪百余支。同日,第十一旅第三十二团第一营协同浍北区中队奔袭津浦路伪据点新马桥车站,突击排冲入伪区署,经20分钟激战,歼伪区署及卫队1个排、毙伪军20余名,生俘伪区长以下40余名,缴获步枪13支、短枪3支及其他军用品一批,我方轻伤2名。8日,第三十一团第二营破坏泗灵公路电话线十余里,收割电线数百斤。10日,第九旅第二十六团因忙于12日攻击金锁镇的战斗准备,10日晨发现被青阳、洋河、金锁镇日伪军1500余人偷袭包围,坚决予以还击,英勇顽强战斗18个小时,打退敌10多次冲锋,坚决守住了阵地,给敌人以重大杀伤。计毙日伪军200余人,我军伤亡百余人。12日,马公店第一次被袭击之后,日军全部撤回泗县城,留伪军二三百人修筑据点工事。第十一旅第三十一团第一营、第三十二团第二营,不失时机地再袭马公店,彻底粉碎了敌人久设据点之企图。以第二营为主攻,组织突击队,每人带18枚手榴弹,集中全营短枪,准备短梯2个,于12日发起突袭。当第六连和突击队接近圩墙时被敌发觉,敌人向我军开炮。我军勇猛突入圩内。突击队抢先登上圩墙。敌人则集中在一大房内。我军迅速将敌包围,进行激战。发动政治攻势无效后,突击队抢登房顶,从房上扒洞向房里投手榴弹,敌人用机枪向房顶射击。此时敌一部冲上房顶,双方展开肉搏,我军将敌人歼灭。房屋着火,听到屋内敌喊叫,激战一小时,迅速撤出战斗。此次战斗,计毙伤、烧死伪军 80 余人,我军伤亡 10 余人。13 日,第十一旅第三十一团第二营、第三十二团第一营配合地方武装,带领群众破坏泗灵公路 10 余里,收缴敌人电话线 1000 余斤。① 在人民群众的大力支援下,我军将士英勇斗争,浴血奋战,经过朱家岗、马公店、关帝庙及沱西等地的战斗,日伪军残部不得不于 15 日和 16 日先后撤出对边区威胁最大的青阳、马公店、金锁镇等据点。我军步骑各部队分路追击,直逼泗阳城下。至此,淮北根据地基本收复,反"扫荡"第三阶段遂告结束。

淮北根据地军民在区党委和第四师师部的领导下,团结一致,浴血奋战,在三十三天反"扫荡"斗争中,先后作战 37 次②,攻克青阳、马公店、金锁镇等日伪军据点,共歼灭日伪军 700 余人。③

彭雪枫在《三十三天反"扫荡"战役述略》中写道:

---

① 新四军第四师老战士回忆录编委会:《抗战在淮北》,北京:华艺出版社,1997 年,第 13—14 页。

② 滕海清《浴血奋战三十三天》一文作 40 余次。见新四军第四师老战士回忆录编委会:《抗战在淮北》,北京:华艺出版社,1997 年,第 15 页。

③ 欧远方,童天星:《淮北抗日根据地史》,北京:中央文献出版社,1994 年,第 146 页。

三十七个战斗,可分为袭击战斗、袭扰战斗、遭遇战斗、伏击战斗、守备战斗(破袭战斗)数种,而以袭击战斗次数为最多,伏击战斗无显著收获。战斗中之最有声有色最壮烈且亦起着粉碎敌人"扫荡"之决定作用者为十一月三十日之屠园圩战斗(毙伤敌伪四十名,获步枪四支),十二月一日之一打马公店战斗(毙伤敌六七十名,获轻机枪一挺),十日之朱家岗战斗(十数次肉搏激战十数小时,终将敌击退,计毙伤敌二百人),十二日之二打马公店战斗(敌我在屋顶上格斗,毙伤烧死敌伪八十名),八日至十三日沱西泗灵公路上之破击战斗(毁堡垒二十余座,缴电线一千八百余斤,电线杆一百六十根,破公路十余里)。牺牲消耗小,杀伤缴获大,深合游击战术者为十一月二十八日之小蚌埠战斗(夺获并破坏碉堡七座,毙伤敌二十余名,获步枪七支,我无伤亡)。十二月二日之晏路口战斗(生俘伪大队长以下百余名,缴步枪百支,轻机枪一支,我伤亡五名)。同日之津浦路新马桥战斗(毙伤敌二十余名,生俘四十余名,获长短枪四十余支,我伤两名)。六日之渔沟战斗(生俘伪五十五名,获步枪五十二支,马四匹。我轻伤战士二名)等。……三十三天反"扫荡"战役,我们

胜利了。①

在三十三天反"扫荡"战役中,敌人一败涂地,津浦路西寺坡车站伪军于溃退途中编一歌谣:"去洪泽湖亮亮堂堂,拐回来屌蛋精光,谁要再去洪泽湖,男盗女娼!"②

2. 1944 年春季攻势

1944年春季,国际形势发生了根本变化,反法西斯力量逐步夺取战略主动权,由战略防御转为战略进攻;法西斯势力逐渐处于守势和行将覆灭的困境。在此情况下,日本法西斯势力为挽救他们注定要失败的命运,拼命作最后的挣扎。3月中旬,日军发动了豫湘桂战役,企图打通中国大陆交通线。国民党顽固派实行消极抗战的方针,国民党军队在日本侵略者的进攻面前一败涂地。在日军进攻河南时,驻河南的国民党军队不战而溃,使中原广大地区沦于敌手。中国共产党则实行了正确的人民抗战方针,从1944年开始,全国各抗日根据地军民相继进行了对日伪军的局部反攻。为了策应中原正面战场的作战,破坏敌军调兵计划及配合淮海、山东等地反"扫荡",淮北苏皖边区主力部队、地方部队和民兵,在根据地人民支援下,从3月21日起,沿边区周围各重要交

---

① 豫皖苏鲁边区党史办公室,安徽省档案馆:《淮北抗日根据地史料选辑(第一辑第二册)》,内部资料,1985年,第14—19页。
② 新四军第四师老战士回忆录编委会:《抗战在淮北》,北京:华艺出版社,1997年,第15页。

通线,东起运河,西至津浦路,在横宽数百里的战线上,协同作战,对日伪各据点同时发动了猛烈的进攻,开始了伟大的春季攻势。①

春季攻势开始于津浦路线,宿东游击支队一部首立战功,一举攻下大店伪据点,消灭宿县伪保安第二大队大部,获步枪88支,短枪数支。② 宿县外围据点张庙子、仁义集、下栈、蒿沟等地相继被我军收复,扩大地区16个乡,63个保,解放民众3万余人。4月6日又拔掉灰古集敌据点。在津浦路北段,淮北第三分区萧铜总队于3月30日协助民兵围攻位于距闵贤车站东面30里③的阚町,打退伪军的三次增援,经过激烈战斗,于4月2日将阚町伪据点拿下。4月3日,在阚町南面与胡泽普伪军主力发生遭遇战,在第四师骑兵团的协同作战下,伪军纷纷丧命。在这次战斗中,第四师骑兵团发挥了巨大威力。第二天,我军又收复路町。在津浦路南段,我军一部在28日和29日两天,连续攻克了小溪、香庙敌据点。我军连连告捷,震惊了五河日伪军。驻五河、明光600多名伪军于5月2日向盱凤嘉实行报复性"扫荡",又遭到预先埋伏的我军主力部队的迎头痛击,敌人大败,退回明光。

在海郑公路方面,第九旅第二十六团一部在3月底连续拔除

---

① 欧远方,童天星:《淮北抗日根据地史》,北京:中央文献出版社,1994年,第150—151页。

② 豫皖苏鲁边区党史办公室,安徽省档案馆:《淮北抗日根据地史料选辑(第一辑第二册)》,内部资料,1985年,第78页。

③ 一作二十里。见豫皖苏鲁边区党史办公室,安徽省档案馆:《淮北抗日根据地史料选辑(第一辑第二册)》,内部资料,1985年,第78页。

睢南王集、南杜圩据点,日伪军被迫逃入凌城。4月3日,第九旅第二十五团指战员发扬了勇猛顽强的精神,3次摧毁屏山、水牛刘家、新集等据点,将伪淮海省保安第二总队李泽洲部及宿县伪保安队共1000余人击溃,彻底打破了日伪军妄图重建据点的企图。10日,第九旅第二十五团一部攻克了胡庙敌据点。17日,第九旅第二十六团、第十一旅第三十二团分别袭击了睢宁附近敌重要据点朱楼、朱吊桥,并3次击溃睢宁、大李集两方面的增援敌人,俘获人枪200余与轻机枪3挺,掷弹筒1个。29日,又攻克朱楼敌据点,俘人枪20余,轻机枪1挺,钞票100余万元。① 第十一旅第三十二团配合游击支队于4月23日未发一弹,兵不流血,将灵璧日伪军重要据点张大路收复。次日,驻荆山、官山日伪军在我军军事压力面前不得不放弃据点逃跑。宿东游击支队一部在27日袭击禅堂伪据点,全歼灵璧伪保安第二大队第五中队。28日,日伪企图抢回禅堂,又遭到我军骑兵阻击,损失过半,狼狈而逃。在这次战斗中,海郑公路的泗睢、灵璧两条重要支线被我军彻底切断了。

4月5日,第九旅第二十六团切断泗宿公路,在连续攻克河沿徐、新关、老韩圩敌据点后,为配合民兵围困归仁集敌据点,将至埠子集的公路破坏。15日凌晨,敌金田中尉率30多名日军乘着2辆汽车向埠子集撤退,当其行至侍卫圩子附近时,遭到第九旅第

---

① 豫皖苏鲁边区党史办公室,安徽省档案馆:《淮北抗日根据地史料选辑(第一辑第二册)》,内部资料,1985年,第79页。

二十六团和骑兵第九大队的伏击,被全部歼灭,我军缴获汽车 2 辆。① 归仁集敌人闻风丧胆,遂于第二天晚趁夜色逃跑,该据点不攻自破。同一天,第九旅第二十五团一部在仓集附近埋设地雷,炸毁敌汽车多辆。18 日,第十一旅一部在炮兵掩护下进攻毛圩子,当晚就将泗县外围仅剩的几个据点全部拔除。26 日夜,第九旅第二十六团一部及泗县总队一部趁伪淮海绥靖军第三路蔡介石加修蔡圩据点时,出其不意地冲入圩内,大获全胜,俘伪副支队长以下官兵 113 名,获步枪 88 支,毙伪 70 余。② 次日,我军挟余威围攻双蔡圩,5 月 1 日,双蔡圩敌人趁我军阻击宿迁增援之敌时突围逃走,该圩遂被我军收复。3 日,凌城、埠子、三棵树日伪军分三路进攻杨圩区,我军步骑兵互相配合,集中力量打击其中一路敌人,将睢宁伪第三区队大部歼灭,其他两路敌人闻风丧胆,赶紧逃掉了。

在运河沿线,我军于 4 月不断向伪第二十八师驻地七堡、洪庙、和尚庄等地袭击,并向伪华北支队韩雄部发动了有力的进攻。27 日,我军又连续攻打伪第二十八师潘干臣部。当晚,第九旅第二十六团一部攻下冯庄据点,全歼伪军第一○一团第二营。与此同时,我军其他部队分别袭击了武墩、余坝、史炮楼等地,伪第二

---

① 豫皖苏鲁边区党史办公室,安徽省档案馆:《淮北抗日根据地史料选辑(第一辑第二册)》,内部资料,1985 年,第 79 页。
② 豫皖苏鲁边区党史办公室,安徽省档案馆:《淮北抗日根据地史料选辑(第一辑第二册)》,内部资料,1985 年,第 79 页。

十八师在我军沉重打击下,惶惶不可终日。

在我军各线大获胜利下,淮海伪省长郝鹏举惊恐不安,在4月底亲率卫队及魏集日伪军共1000多人,向邳睢铜古邳以南地区进行报复性"扫荡",遭到第三分区军民四处阻击,郝鹏举吓得未敢在魏集停留,窜回睢宁城。5月5日,第九旅第二十七团一部配合睢宁大队及民兵,在炮火掩护下猛攻魏集,我军先以平射炮轰击,开辟冲锋道路,继以猛冲,连破堡垒20余座,大小圩寨2道,生俘伪警卫中队长刘俊维以下官兵150余名,获轻机枪3挺,步马枪200余支,当晚拿下敌据点。① 同时,车甸伪军在我军强大的军事压力下,被迫投降。至此,睢宁各区已连成一片。

整个春季攻势到5月5日止,历时45天,共进行大小战斗60次,攻克日伪据点46处,毙伤日军官兵523名,俘虏伪官兵1296人,缴获长短枪近2000支,我军大获全胜。

第四师兼淮北军区司令部发表公报《伟大的春季攻势》:

> 淮北军区声援正面战场的春季攻势,已大获全胜。……在四十五天攻势中,我县长兼总队长谢骏,大队教导员陈彬,参谋李保乾,连长周承朴、王维勇,党支部书记王玉龙,排长刘文信、赵国都、黄又展,副排长李玉清、马德望、丁元增,骑兵区队长杨连等指战员九十一员壮烈

---

① 豫皖苏鲁边区党史办公室,安徽省档案馆:《淮北抗日根据地史料选辑(第一辑第二册)》,内部资料,1985年,第80页。

殉国。……他们流血的代价,换取我军光辉战绩——平均每日光复敌伪据点一处,每日缴获长短枪四十三支,俘获四十四名。……灵璧伪军大队副从自己口中说出:与我骑兵作战时,最好不要打枪,缴械投降,好受优待,如一还枪,被骑兵砍得一塌糊涂,实在受不了。……在历次战斗中,更涌现出顽强不屈、攻坚拔锐的战斗英雄。例如:屏山战斗中的郭文学同志,曾领导四次冲锋,最后一次首先爬上碉堡,打退顽强抵抗之敌,始获全胜。李道来同志曾在敌弹密布下,冲进堡垒,埋设地雷两次,爬上碉堡两次,自己负伤时还鼓励同志们说:"冲进去为负伤同志复仇!"大店战斗中的任连生同志,率领突击班冲过第一道圩墙,冲入敌人营舍,以手榴弹猛掷,仅十余分钟即将敌全部解决。①

这次春季攻势绝大部分为攻坚战、歼灭战,反映了我军的雄厚实力,证明了新四军第四师部队转移到路东3年来,经过战争锻炼,已经成为一支能征善战的、有良好军事素质的正规兵团。由于我军发起的春季攻势沉重地打击了日伪军,有力地声援了国民党军队正面战场的作战以及淮海、山东解放区的反"扫荡",解放了大片国土,使泗县地区全部恢复,并开辟了5个行政区,10万

---

① 豫皖苏鲁边区党史办公室,安徽省档案馆:《淮北抗日根据地史料选辑(第一辑第二册)》,内部资料,1985年,第77—81页。

群众获得解放,使泗宿、泗灵睢、灵北、宿北各县完全连成一片。在春季攻势的打击下,敌人只能孤守在若干点线上了。①

3. 张楼战役

张楼位于泗县东北部,处在淮北地区东西往来的必经路上,战略地位十分重要。张楼1938年即被大恶霸地主、伪支队司令兼自卫团长、伪淮海省"剿匪"支队第六总队队长张海生所占据,成为日伪重要据点之一。该据点分前、后张楼两个圩子,分驻伪军近千人,装备精良,有迫击炮、轻重机枪等。据点圩高3丈5尺,外有深水沟环绕,周围建有许多拱卫据点,内有炮楼4座,分立四角,设防非常严密。

1940年,八路军陇海南进支队与八路军苏鲁豫支队第一大队曾攻打过张楼。进攻第一天,就拔除张楼外围所有拱卫据点,后因宿迁、泗城、睢宁3地日军出兵增援,我军主动撤出战斗。1941年,新四军第四师第九旅第二十五团曾再次攻打张楼。这次也因泗城日军增援,而主动撤出战斗。两次攻打张楼受挫,使得在较长的时间内,敌我双方呈相持局面,张海生更加猖狂,自恃有坚固据点而四处骚扰,涂炭地方。睢泗公路与濉河一带人民苦不堪言,无不痛恨之至。②

---

① 欧远方,童天星:《淮北抗日根据地史》,北京:中央文献出版社,1994年,第150—153页。

② 中共宿州市委党史研究室:《中国共产党宿州史》,北京:中共党史出版社,2001年,第177页。

据严光、李光军《三打张楼剜掉"毒瘤"》一文记载,张海生家族,拥有土地600顷,对周围几十个村落的农民进行残酷的压榨剥削和迫害。佃户忙碌一年,也吃不上饱饭,张海生却过着花天酒地的腐化生活。张海生有一张大学文凭,也算是泗县少有的一个大学毕业生。但他没有一点民族气节,日寇侵占泗县城之后,他就认贼作父,当了汉奸,被委任为泗县副县长。从此,他为虎作伥、狐假虎威,驱使百姓在前张楼、后张楼修圩墙、挖圩壕、筑炮楼,专门干破坏抗日的罪恶勾当。我军曾对他做过很多争取工作,但他不仅毫无悔改之意,反而变本加厉与抗日军民为敌。我军民凡落入他手中,均被枪杀活埋,残酷杀害。群众恨之入骨,要求我军拔除这个汉奸据点,除掉这个"毒瘤"。①

为了解救苦难的民众,打破敌我长期僵持局面,打通淮北地区东西往来的必经之路,拔除对我军威胁极大的张楼据点,新四军第四师决定挟春季攻势之余威,于1944年6月再次对张楼据点张海生部发动攻击。

6月6日,第九旅第二十五团、第二十六团主力各一部,根据师部的部署,以疾风扫落叶之势,分别向张楼外围马群墙等两据点进袭,全歼伪军,拔除据点,并击退由张楼增援之敌。尔后,第十一旅第三十二团1个营配合泗灵睢总队一部,在张楼以北发动群众,将张楼周围10公里之内的粮食、物资向中心区搬运分散,

---

① 新四军第四师老战士回忆录编委会:《抗战在淮北》,北京:华艺出版社,1997年,第289页。

割断电话线,切断其对外联络。并以地雷封锁张楼与高楼、邱集的交通。同时在张楼四周挖封锁沟,予以封锁包围。第九旅部队于 27 日、29 日又拔除张楼外围三周家、朱场、骆场等据点,张楼已成为一孤立据点。

张楼敌人在我军一连串的攻势面前,惊慌失措,频频向泗县告急,请求援兵。7 月 3 日,伪淮海省保安第二总队李泽洲部 2 个大队由泗县前来张楼增援,分驻前、后张楼,以加强守备。

5 日夜,第四师第九旅第二十六团按计划对后张楼发动强攻,迅速突破据点圩墙,经 27 个小时激烈战斗,摧毁堡垒 12 座和地下掩体 10 余处,敌所有强固工事均被完全毁坏,至 7 日上午 8 时,我军完全占领后张楼。

前张楼伪军 200 多人曾于 6 日晨,在炮火掩护下向后张楼增援,但很快被我军警戒部队击退。驻前张楼的伪淮海省保安第二总队队长李泽洲慑于我军猛烈的攻势,除留一部分固守外,率第三大队及淮泗县伪军刘紫宛一部于 7 日晨向泗城逃窜,当即遭到民兵沿途阻击,死伤无数。待其逃到姥山附近时,又遭到第十一旅第三十一团堵截,除伪总队长李泽洲单骑逃脱外,其余全部被歼。

10 日晚,驻扎在海郑公路南面邱集据点的日军 50 人、伪军数百人,以便衣为前导,在龙河附近活动。我军立即集结主力向北移动,准备打击该处增援的敌人,只留下少数兵力监视前张楼。11 日拂晓,泗县日军 200 余人、伪军 500 余人,秘密躲过我军警戒部队,窜至张楼南面的三周家,并有一部进抵濉河岸距张楼 2 里的凤凰嘴,与第二十五团第三营发生战斗。固守前张楼的伪军在增援部队接应下,趁机突围南逃,该据点遂被我军所占领,南逃的伪军被第二十六团一部阻击,激战于泗县北面的周瓦房,伪军遭到重大杀伤。其残部逃到姥山附近,又遭到第十一旅第三十一团截击,激战通夜,大部被歼。12 日拂晓,漏网之敌与民兵在泗北八里桥发生战斗。泗城的日伪军赶忙倾巢出动增援,被我军预先埋设的地雷炸死者甚多,张海生等残敌狼狈逃回泗城。张楼战役以我军取得胜利而告结束。

张楼战役自 6 月 6 日拔除前、后张楼外围据点起,至 7 月 12 日为止,共毙伤日伪军 290 余人,俘伪总队长以下官兵 530 余人,缴获轻重机枪 34 挺、步马枪 1100 余支、迫击炮 1 门、各种弹药 33000 余发等。除缴获大批武器弹药外,还有不少物资,张海生家族多年掠夺劳动人民的财富很多:金条、银圆、法币、伪钞、珍宝、玉器、金银首饰、器具、高级呢绒绸缎、毛料服装和堆积如山的粮食。东西琳琅满目,三间大瓦房也难以容下。

韦国清旅长考虑到当时尚未秋收,不少贫下中农手中无粮,决定开仓放粮,救济贫民。人们闻讯,背麻袋,挑箩筐,从四面八方拥向张楼。分到自己收获、又被汉奸地主掠夺去的口粮,个个喜笑颜开。同时,鉴于从张海生宅里搜集到的《四库全书》《万有文库》等书籍较为珍贵,韦国清命令李久胜等人动员了十几辆大车,把上万册图书装在车上,送到根据地中心区。淮阴解放后,这些书收存于淮阴的"雪枫图书馆"。①

张楼,这块被敌人蹂躏长达6年之久的土地,终于回到了人民手中。淮北边区民众无不欢欣鼓舞,纷纷举行盛大的祝捷会,庆祝第四师张楼大捷。张楼的解放,打通了淮北地区东西往来的交通线,扩大了解放区。②

《张楼战役公报》中这样描述:

> 继我四十五天战役攻势后,我师与淮北军区各部队对海郑公路以南濉河沿岸以张桥据点为中心之伪淮海省剿匪支队第六总队张逆海生发动攻势。上月六日与二十七日、二十九日,我严团、徐团、张团各一部,先后以疾风扫落叶之势,拔除张楼之外围骆场、马群墙、三周家、朱场等据点,敌伪恐慌至极……截至十二日晨,又在高粱棵中消灭顽强抵抗之寇军多名,获三八机枪一挺。截至目前,张楼战役已告胜利结束。是役,自上月六日拔除前后张楼外围据点起,至本月上旬直接用软困硬攻的办法打开张楼为止,计击毙敌伪军大队长以下共五百三十余名,缴获轻重机枪三十四挺,掷弹筒十五个,步马枪一千一百余

---

① 新四军第四师老战士回忆录编委会:《抗战在淮北》,北京:华艺出版社,1997年,第296页。
② 中共宿州市委党史研究室:《中国共产党宿州史》,北京:中共党史出版社,2001年,第176—177页。

▲ 张楼战斗中的战斗英雄

支,迫击炮一门,各种弹药三万余发,手榴弹三千枚,我光荣负伤副营长、教导员以下十余名。张楼据点自沦陷敌手以来已达六年之久,张逆海生凭此坚固据点四出骚扰,涂炭地方,军民无不痛恨之至,睢泗公路与濉河一带民众受害更大,该处经我解放后,民众莫不鼓舞庆幸云。①

张楼大捷后,新四军首长联名给第四师首长发来贺电:"张楼之役,经一昼夜巷战,遂将伪全部歼灭,并将泗县来援之敌同时歼

---

① 豫皖苏鲁边区党史办公室,安徽省档案馆:《淮北抗日根据地史料选辑(第一辑第二册)》,内部资料,1985年,第97—99页。

灭。全赖你们指挥有方,全体指战员用命,发挥了四师英勇顽强的战斗作风,殊堪嘉奖……"①

(二)反摩擦斗争

1. 程道口战役

程道口处于淮北和苏北两块根据地的结合部,是新四军第四师同第三师联系的交通要道,战略地位十分重要。程道口,西依六塘河,南靠运河,共有东圩子、西圩子、大圩子、小圩子4个村庄。据点外有两道1丈5尺深、1丈宽的外壕,2丈高的城墙,内有大小堡垒6个。据点周围2公里以内所有障碍物全部清除,防守严密,易守难攻。

国民党汤恩伯集团军侵占豫皖苏边区,得陇望蜀,伺机东进苏北,企图配合韩德勤部东西夹击新四军第四师,摧毁淮北抗日根据地。1941年夏,汤恩伯部东犯。韩德勤乘7月间日军向苏北根据地"扫荡"之机,派其保安第七旅旅长兼第三纵队司令王光夏率部进驻泗阳西北的程道口,企图以程道口为支点,控制运河两岸,然后向西扩展,以接应汤恩伯部东进。

王光夏部进驻程道口后,为准备充足的粮食,搜刮光了附近每家老百姓的粮食,据说够用两个月。附近老百姓的锅、磨也被搬光了,锅打碎了做火药用,圩子里存的火药堆满了几间房。要

---

① 新四军第四师老战士回忆录编委会:《抗战在淮北》,北京:华艺出版社,1997年,第295—296页。

求每家做两双或三双鞋子,光鞋子就堆了两所房子。王光夏部还征集一千多民夫,挖了五十天的工事,圩墙之外布有铁丝网,外壕之外,还有三层铁丝网,这些铁丝网有七八尺高,用粗铅条编织起来,攀在树上和很粗的木桩上。兵力配备上,王光夏部保五团、保六团,加上泗阳县常备队、骑兵连等,计有守敌一千三四百人,武器有迫击炮2门、土炮200门、重机枪2挺、轻机枪12挺、步枪800多支。①

为保卫苏北和淮北抗日根据地,粉碎汤恩伯、韩德勤两部的夹击,新四军军部决定发起程道口战役。作战方针是迅速拔除程道口据点,打击韩德勤援军。然后移师西指,歼灭东犯汤恩伯部。

据彭雪枫在直属队排以上干部会上回忆,军首长的作战决心和方针是这样的:拔除程道口据点,那么韩德勤为了援救王光夏,西窜可能加速,而路西反共军的东进,还需要几天的行程,所以其次是打韩德勤的援军,估计反共军的东进,是不会在消灭王光夏之前的,那么等我们消灭了王光夏之后,移师西指,严阵以待,即使反共军过铁路,就让你过来,我们在你没有后方依托的地区消灭你。②

作战部署为:以第三师第七旅第十九团、独立旅第一团和第

---

① 豫皖苏鲁边区党史办公室,安徽省档案馆:《淮北抗日根据地史料选辑(第一辑第一册)》,内部资料,1985年,第206—207页。

② 豫皖苏鲁边区党史办公室,安徽省档案馆:《淮北抗日根据地史料选辑(第一辑第一册)》,内部资料,1985年,第205—206页。

二团肃清外围驻军,完成对程道口内反共军的包围任务;以第三师泗阳独立团、第二十九团及第二十八团一部阻止韩德勤部及国民党地方武装对王光夏的增援;以第四师、第二师第四旅第十团截击王光夏部西窜;以第四师第十一旅第三十一团歼灭王光夏部溃散部队,并肃清运河以北一带反共军残部。①

10月15日,我军完成对程道口总的包围后,打响了外围战斗。15日,我军攻占史家集,王光夏部稍作抵抗即退回程道口固守。我军继续向于庄、毕庄推进。16日黄昏后,第十九团以一个营夺取程道口西南张庄外围据点,经过一小时的战斗,攻克该据点。同时,独立旅第二团进占程道口诸村庄,王光夏部大部则退回大圩子固守。同日晚,驻仰化集反共部队逃窜。18日,第二十九团攻克大兴庄,将余世梅部全部击溃。至此,外围反共军武装已被全部驱逐,我军各部已进至进攻出发点。程道口战役是一个典型的阵地战,由于程道口周围都是开阔的平地,在攻圩时易受圩内火力射击,我军便开展近期迫击作业,从四面八方向圩子附近挖沟,利用坑沟掩护前进,以避免被火力杀伤。

经过3天的准备,20日下午5时发起总攻,负责清除障碍的突击队首先行动,破坏组负责砍铁丝网;填壕组负责填平壕沟,或在壕沟上架设供部队通过的桥梁;运梯组负责把长梯运至高墙下,供攻击时登圩;手榴弹投掷组专打手榴弹掩护突击冲锋。尔

---

① 欧远方,童天星:《淮北抗日根据地史》,北京:中央文献出版社,1994年,第158—159页。

后,在迫击炮、轻重机枪的火力掩护下,进攻西小圩的第十九团战士冒着枪林弹雨,奋不顾身,前仆后继地冲上去,经过4小时的冲锋肉搏,第十九团攻占了西小圩。21日下午5时半,在炮力掩护下,向大圩子的总攻击打响了。经3小时激战,攻占了大圩子,王光夏率残部百余人突围东窜。与此同时,新四军阻援部队击溃了由曹甸地区出动的韩德勤部援兵。

程道口战役,给王光夏部队以歼灭性的打击,摧毁了深沟高垒的坚固工事,歼灭王光夏部2个保安团大部,俘700余人,缴步枪700余支、重机枪2挺、轻机枪12挺、炮2门、无线电台2架、战马30余匹、各种弹药4000余发,以及各种其他物资。

程道口战役,打击了韩德勤企图控制运河两岸配合反共军战略上的进攻,我军自卫战获得了伟大的胜利。运河两岸的控制,从战略意义上说,是粉碎东进反共军,争取我军战略主动权和机动的必要条件之一,这一进出咽喉控制在我军手中,使苏北和淮海、皖东北连成一片。程道口战役,经过一星期的残酷斗争,最后彻底摧毁了敌坚固据点,消灭了敌人,使敌人对堡垒主义的信心大为降低,而我军对城寨战、攻坚战战术向前发展了一步,更提高了胜利信心。①

2. 山子头战役

1943年春,日军以3个师团的兵力向盘踞于苏北车桥、曹甸

---

① 豫皖苏鲁边区党史办公室,安徽省档案馆:《淮北抗日根据地史料选辑(第一辑第一册)》,内部资料,1985年,第324—325页。

地区的国民党军韩德勤部"扫荡",韩德勤部万余人一触即溃。新四军以民族大义为重,信守承诺,出动部队,开展反"扫荡",予之掩护,并让韩德勤部进入苏北根据地休整,使韩德勤部免遭全军覆没。但当日军转兵向我军大举"扫荡"时,蒋介石掀起了第三次反共高潮,企图制造第二个"皖南事变",密令韩德勤亲率其部西进,配合正由淮北路西向路东进军的王仲廉部,以东西夹击彭雪枫部于洪泽湖畔。此时,得到了喘息的韩德勤恩将仇报,亲率其部独立第六旅和王光夏的保安第三纵队等部3000余人,经涟水、淮阴偷渡运河,侵占淮北抗日根据地中心区,进至泗南县山子头、唐莫圩一线,企图配合率部东进的苏鲁豫皖游击纵队总指挥王仲廉,夹击新四军第四师,摧毁淮北抗日根据地。

新四军军部对韩德勤的动向早有察觉,为了粉碎韩德勤、王仲廉两部东西夹击的阴谋,制止蒋介石扩大内战,保卫华中抗日民主阵地,军部根据"有理、有利、有节"的原则,决心于韩德勤、王仲廉会师前,首先给韩德勤部以痛击,然后转兵消灭王仲廉部。3月上旬,鉴于韩德勤不听劝告,一意孤行,陈毅代军长电告第四师师长彭雪枫,要求充分做好歼灭韩德勤部的战前准备。又令驻淮南的罗炳辉的第二师第五旅第十三团兼程北上参加作战,以及驻苏北的黄克诚的第三师第七旅西渡运河,阻击韩德勤部。①

3月16日,王仲廉部东进至灵璧北部地区,韩德勤第八十九

---

① 欧远方,童天星:《淮北抗日根据地史》,北京:中央文献出版社,1994年,第162页。

军前往接应,已对我军构成东西夹击之势。山子头是成子湖西北岸的一条西南至东北走向的土岗子,岗上有孙圩、韩圩、王圩、裴庄等村庄;韩德勤部进入山子头后,其总部和保安第三纵队驻王圩、裴庄;独立旅驻东、西盛圩;特务营驻韩圩;保安第五团驻孙圩;保安第六团驻唐莫圩。

擒贼先擒王,根据军部命令和当前敌情,第四师师部决定于3月17日夜发起山子头战役。彭雪枫师长和张震参谋长亲临界头集指挥。由第九旅第二十七团担任主攻,围歼山子头韩德勤总部及保安第三纵队,第九旅第二十五团由南向北攻击,以主力围歼王圩、裴庄之敌,用一个营围歼韩圩特务营;第二十六团由北向南攻击,并用一个连警戒唐莫圩之敌。第十一旅攻击盛圩独立旅,其余部队和地方武装阻击王仲廉部东犯。第七旅第十三团到达后作总预备队。

17日黄昏,我军各部均进入攻击准备位置,担任主攻的第九旅在马宅以东集结。韦国清旅长进行了战斗动员,揭露了国民党反动派东西夹击我军的阴谋和韩德勤背信弃义的罪行,激励了广大指战员的求战积极性。①

晚8时左右,第二十五团和第二十六团分别由驻地出发,取捷径向山子头方向前进。当时,星光灿烂。到了晚11时许,天气骤变,突然下起大雨,指战员们满身湿透,在泥泞的道路上疾进。

---

① 新四军第四师老战士回忆录编委会:《抗战在淮北》,北京:华艺出版社,1997年,第27页。

漆黑的雨夜中,同志们斗志昂扬,顶着冷雨寒风,走在滑溜的泥浆路上,滑倒了爬起来继续前进。为了防止掉队和迷失方向,确保按时到达攻击位置,行军队列后面的人拉着前面人的衣服,一个紧跟一个往前走,终于在预定时间到达攻击出发地。①

下雨虽给我军行军增加了困难,但韩德勤部也放松了警惕,为我军袭击创造了良好的机会。晚11时30分,第二十六团担任突击任务的一个营进至山子头北侧,其第三连即向唐莫圩构成警戒阵地,切断了驻山子头韩德勤部的退路。18日零时,雨渐小,山子头的警戒哨兵躲到房内避雨去了,其官兵大部入睡。第二十六团第一营第二连迂回到孙圩东北,第一连在孙圩西北,同时向保安第五团发起袭击。第二连连长带部队冲至一所院前,遇哨兵正烤火吸烟,当即将其俘虏,一枪未放即突入房内,敌人从梦中惊醒就做了俘虏。第二十五团以一个营直插韩圩,其第三营第七连由西南侧向裴庄发起攻击,第八、第九连分别由西侧与东侧对王圩达成合围。此时,我军对山子头韩德勤部已形成四面包围之势。完成合围后,即实施大胆穿插,将孙圩、韩圩、王圩、裴庄予以分割,使韩德勤各部不能互相增援。18日中午12时,驻孙圩、韩圩的保安第五团和特务营被我军全歼。驻唐莫圩的保安第六团向东北逃窜,第二十六团第二连实施追击,歼其一部,缴获其全部战斗物资。此时,第二十五团第八连第二排在连长齐德宽率领下,

---

① 新四军第四师老战士回忆录编委会:《抗战在淮北》,北京:华艺出版社,1997年,第27页。

登上韩德勤总部大院屋顶,向院内投弹、扫射。第一排在圩寨外压制裴庄敌人的火力,第八连指导员孙长兴率第三排用机枪封锁院门,将韩德勤压缩在屋内。敌人仍仗着坚固房屋拼命顽抗,第八连战士当即在敌人驻守的房顶扒开几个洞口,向房子里扔手榴弹,随着一阵轰轰的响声,敌人惊恐万状,纷纷外逃,统统变成我军的俘虏。孙长兴从俘虏口中得知韩德勤、王光夏仍龟缩在房内,他不顾自己头部负伤,率领4名战士冲入房内,当场击毙了双手沾满苏北人民鲜血的反共分子王光夏,活捉了韩德勤,迫使其余敌人全部投降。韩德勤部警卫连依托裴庄院墙继续顽抗。第二十五团第七连激战2小时将其歼灭。①

盘踞在山子头东北侧的顽独立第六旅,听到山子头方向的枪声后,即开始收缩。18日零时30分,第十一旅第三十一、第三十二团和受第十一旅首长指挥的第五旅第十四团发起攻击,占领河涯庄、张庄,歼敌一部,因主力未集中,与顽军形成对峙,即进入白天战斗。上午10时许,第十四团4个连与第三十一团2个连强攻小王庄之敌,将其全部歼灭。盘踞在小王圩之顽独立第六旅旅部及第十六团1个营和东盛圩之顽第十八团第二营尚负隅顽抗,但因其主力先后被我军歼灭,守敌甚为恐慌。第四师首长遂决定,从山子头方向抽调第九旅部队加入战斗,配合第十一旅部队,于18日下午2时前解决战斗。并派师部张震参谋长到现场具体组

---

① 新四军第四师老战士回忆录编委会:《抗战在淮北》,北京:华艺出版社,1997年,第28页。

织指挥。当第九旅部队赶到时,第三师第七旅第二十团和第二师第五旅第十三团先后到达,他们坚决要求参加攻歼残敌独立第六旅的战斗。师首长遂改变计划:以第七旅第二十团主攻东盛圩,第三十二团2个连配合,并以第十一旅炮兵支援;以第五旅第十三团主攻小王圩,第十四团配合;以第九旅骑兵连、师属骑兵团一个大队,控制在张圩、西盛圩附近,准备追击和歼灭其突围部队。各攻击部队统于午后发起攻击。第五旅第十三团和第十四团各一部于下午1时许强攻小王圩,10分钟即解决战斗,全歼独立第六旅旅直及第十六团1个营。第七旅第二十团和第十一旅部队于下午2时对东盛圩发起攻击,第二十团以5挺重机枪利用房屋向顽军俯射,第十一旅以迫击炮密切配合,部队发起冲锋,迅速解决战斗,全歼了独立第六旅第十八团第二营。①

山子头战役从攻击开始起至战斗结束止,进行15个小时,歼韩德勤总部、独立第六旅、保安第三纵队,生俘韩德勤以下官兵1000多人,击毙保安第三纵队司令王光夏、独立第六旅旅长李仲寰等,缴获机枪40多挺、迫击炮2门、枪500多支,并查获蒋介石与韩德勤预谋合击新四军第四师的电文。②

战斗结束后,新四军第四师按照中共中央指示,以团结抗战

---

① 新四军第四师老战士回忆录编委会:《抗战在淮北》,北京:华艺出版社,1997年,第28—29页。
② 欧远方、童天星:《淮北抗日根据地史》,北京:中央文献出版社,1994年,第164页。

为重,对韩德勤部宽大处理,释放韩德勤,礼送出境,并发还其部分人枪,划出睢宁、宿迁间之邱集、王夏圩一带为其驻地,以促使韩德勤觉醒,共同抗战。

山子头战役的胜利,保卫了淮北抗日根据地,摧毁了华中的反共堡垒——韩德勤部,从而粉碎了反共军东西夹击新四军的阴谋。

3. 灵北反雷战斗

1943年3月下旬,国民党苏鲁豫皖游击纵队总指挥王仲廉亲率李守正的第五十五师及苗秀霖的挺进第六纵队,东越津浦路抵达灵北地区。因时值日伪军对灵北"扫荡"之际,王仲廉乃率部西返,留其参谋长魏振铎率苗秀霖部留守灵北,后又调第三十三师及地方反动武装耿继勋、胡开祥、朱大同等部东进,与路东土顽高民、刘天展、唐广金、陈英林等部配合,盘踞于灵北前后马庄子等处,构筑深沟高垒,以此逐次向外扩展,企图在灵北地区建立根据地,作为日后国民党反共军东进的基地。[①]

灵北伪军雷杰三部乘王仲廉部东进时,全部反正投靠顽方,活动于濉河两岸地区高场、朱集一带。雷杰三部连日来肆意破坏抗日政权,逮捕和杀害我方工作人员,到处收缴民枪,扩充势力,盗窃民意,杀害士绅,大肆搜刮民脂民膏,该区民众处于水深火热之中。

---

① 豫皖苏鲁边区党史办公室,安徽省档案馆:《淮北抗日根据地史料选辑(第一辑第二册)》,内部资料,1985年,第143页。

为了开辟灵北地区及巩固与发展泗灵睢地区，阻击顽军东进，巩固淮北抗日根据地，新四军第四师决定于反共军主力尚未东进前，先发制人，首先消灭雷杰三部，以解救濉河两岸群众，然后乘胜扩大战果，以便达到各个击破灵北反共军的目的。

此次作战由宿东游击支队及骑兵团主攻；第十一旅派出一个营，于4月11日前，由泗南地区进入泗灵睢地区，待命参战；另由濉河以北第三分区派队，积极向顽魏振铎、苗秀霖、唐广金部佯动，以配合游击支队及第十一旅对雷杰三部作战。①

4月11日，新四军第三十二团3个连、师特务营1个连先后进入灵北冯庙以东大董家附近，当即分头派人侦察。13日上午，获悉雷杰三率其第二、第三大队驻于高场附近，第一大队在高场以西地区活动。晚9时，据俘雷杰三之中队长得悉，雷杰三率第三大队一百余人于黄昏由高场移驻小王圩。鉴于小王圩为雷杰三部经常活动地区（雷杰三有姘头在此），第三十二团决心以4个连兵力进袭小王圩，歼灭雷杰三部。部署以第三十二团第四、第六2个连担任主攻，第四连由东突击，第六连由西北突击；以特务营第一连埋伏于小王圩西南，阻击逃窜之敌；以泗灵睢大队一部于小王圩对北冯庙方向担任警戒。

13日晚10时，部队由大董家出发，向小王圩搜索前进。14日凌晨1时到达小王圩东北一里处，即按部署展开，发起猛烈攻

---

① 豫皖苏鲁边区党史办公室，安徽省档案馆：《淮北抗日根据地史料选辑（第一辑第二册）》，内部资料，1985年，第145页。

击,部队动作迅速、果敢,一举攻入小王圩,当即歼灭雷杰三部10余人;敌残部向西南逃窜,被特务营第一连阻击,大部被俘获,另有10余人未及逃窜,据房负隅顽抗,我军以手榴弹投入门窗,约一个小时解决战斗。枪响后,雷杰三即率10余人向南逃窜。①

雷杰三逃窜到高场其第二大队驻地。我军复以旅骑兵排、师特务营第一连、第三十二团3个连乘胜追击。14日下午2时,部队由大董家出发,向高场前进。骑兵排到达高场后,即与雷杰三部发生激战,雷杰三部发现我军尚有后续部队,于是涉滩河向西逃窜。我骑兵相继过河阻击,歼灭雷部30余人,敌大部溃窜。

雷杰三部遭我军两次打击后,其第一、第二大队仅存250人,部队恐慌心理日益增长,昼夜数迁;雷杰三请求魏振铎、苗秀霖两部援助。魏振铎于18日派保安第三团第二营约200人南援驻朱集的雷杰三部。我军决心以高场作战的部队,另增加宿东游击支队3个连及骑兵团第三大队,用袭击方式歼灭该部。21日凌晨3时,部队由姜山出发,以两路队形向朱集前进,约于4时抵达朱集东南700米处,当即按部署展开向敌进攻。我军进攻部队到达离圩寨300米处,敌以火力阻止,即进入民房与雷杰三部对抗。我军以第三十二团第二营第六连担任东南方向突击;第四连主力担任西南突击;特务连由正东攻击;宿东大队一个连担任正北佯攻;骑兵第三大队隐于圩东300米之南北沟内,做冲锋准备。各部机

---

① 豫皖苏鲁边区党史办公室,安徽省档案馆:《淮北抗日根据地史料选辑(第一辑第二册)》,内部资料,1985年,第145—146页。

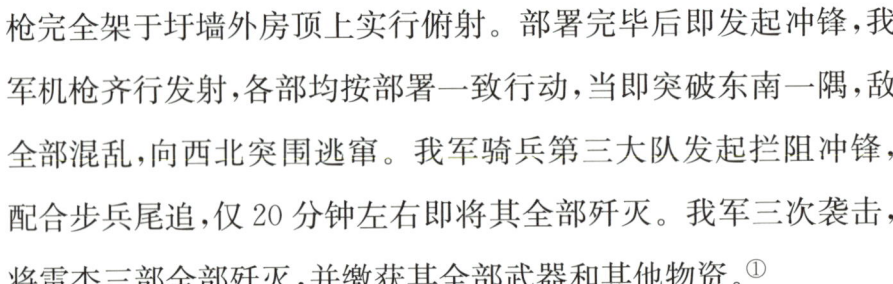

枪完全架于圩墙外房顶上实行俯射。部署完毕后即发起冲锋,我军机枪齐行发射,各部均按部署一致行动,当即突破东南一隅,敌全部混乱,向西北突围逃窜。我军骑兵第三大队发起拦阻冲锋,配合步兵尾追,仅20分钟左右即将其全部歼灭。我军三次袭击,将雷杰三部全部歼灭,并缴获其全部武器和其他物资。①

灵北反雷战斗,消灭了雷杰三部及保安第三团第二营,从而粉碎了国民党军在灵北建立反共根据地的企图,为开辟泗灵睢根据地创造了条件,打通了泗灵睢与宿东及萧铜地区的联系。②

二、根据地各项建设

在胜利开展反"扫荡"和反摩擦斗争的同时,淮北军民大力开展根据地的各项建设。从1940年3月皖东北专署成立起,至1945年抗日战争胜利时止,淮北党组织和抗日民主政府按照中共中央制定的抗日战争时期的各项方针政策,结合淮北的具体实际,大力开展根据地的各项建设,尤其是在1941年8月,淮北区

---

① 豫皖苏鲁边区党史办公室,安徽省档案馆:《淮北抗日根据地史料选辑(第一辑第二册)》,内部资料,1985年,第147—148页。

② 欧远方,童天星:《淮北抗日根据地史》,北京:中央文献出版社,1994年,第166页。

党委和淮北行署成立以后,根据地的各项建设进入有组织、有系统、有计划的发展时期,淮北抗日根据地的建设随着淮北抗日根据地的创建、巩固和发展而逐步发展起来,取得了显著的成绩,进一步巩固了淮北根据地,为淮北军民夺取抗日战争的最后胜利打下了坚实的物质基础和思想基础。

(一)党的建设

淮北区党委在领导武装斗争和群众运动中,十分重视党的组织建设和思想建设。

1. 组织建设

淮北党组织经历了三个发展阶段。第一个阶段,1938 年 10 月至 1941 年 5 月,为党组织初步发展时期。全国抗日战争爆发后,安徽、河南、山东等地党组织派党员来到淮北地区,发展党员,建立党组织。到 1940 年,淮北地区,路西建立了豫皖苏边区党委,下辖 5 个地委;路东建立了苏皖边区党委,下辖皖东北和邳睢铜等 4 个地委。这一阶段党组织建设的特点是:党组织大力发展武装,开展游击战争,创立抗日根据地,但对建立政权、巩固根据地的认识还不够;在军队和外来干部的帮助下,发展了很多党员,这些党员是根据地内地方干部中的第一代,成为根据地内县级干部的骨干;成分上知识分子多于工农分子;发动群众不够深入,开展群众运动不够有力;根据地建设刚刚开始,干部不足,经验缺乏。

第二个阶段,1941 年 6 月至 1943 年底,为党组织大发展时期。在这个时期,党组织在要求增加工资的大规模群众运动及反"扫荡"、反摩擦斗争中,得到空前的大发展。据1941年10月统计,淮北苏皖边区有3个地委、7个直属县委、28个区委、81个总支、373个支部、1650个党小组,共有党员6754人;到1943年,淮北根据地有4个地委、19个县(工)委,共有党员24010人。这一时期党组织建设的特点是:实行党的一元化领导,并巩固了党在根据地的绝对领导地位;党组织在数量上空前大发展,在广大农村普遍建立了乡党支部,发挥了战斗堡垒作用;从实际斗争中培养了大批工农干部,他们是根据地内地方干部的第二代,成为根据地内区乡级干部的骨干;一些不纯分子混进党内;在党的领导下,根据地进入全面建设时期,根据地得到巩固。

第三个阶段,1944年春至抗日战争胜利,为党组织稳定发展时期。这一时期,路东路西连成一片,淮北抗日根据地进一步扩大,各项建设进一步发展,淮北党组织又有了很大发展。据1944年12月统计,全边区有3个地委、25个县委、168个区委、1048个乡支部。区党委在发展新党员时,注重从生产斗争中吸收优秀的工农和知识分子入党。据1945年5月统计,全边区有党员38969人,其成分为:工人占7.58%、贫农占62.63%、中农占24.47%、富农占2.49%、地主占0.86%、其他占1.97%。党组织中的工农成分占绝对优势。这一阶段党组织建设的特点是:党在领导武装斗争的同时,以干部整风和生产建设为中心,根据地各项建设蓬勃发展;党员发展数量少,但注重从生产斗争中吸收积极分子入党,保证了党员的质量和党组织的纯洁。这些从生产斗争中发展过来的党员,是根据地内生产建设的骨干,成为根据地内地方干部的第三代;通过干部整风,使党在思想上、政治上得到进一步提高。①

为加强基层党组织的建设,密切党与群众的联系,发挥党支部的战斗堡垒作用,淮北区党委从1941年起,先后开展了4次整理基层支部工作。整支工作的进行,提高了干部和党员的思想认识,增强了组织纪律性,增进了团结,纯洁了组织,发挥了农村党支部的战斗堡垒作用。②

2. 整风运动

在思想建设方面,根据党中央的有关部署,淮北根据地从1942年起开展了整顿"三风"(学风、党风、文风)运动。从1942年7月开始,经过初步整风、深入整风和民主检查三个阶段,至1945年底基本结束。③

1942年7月至1943年3月,为初步整风阶段。淮北区党委根据党中央四三整风指示和华中局《关于反对主观主义、宗派主义及讨论中央决定的通知》等文件精神,决定在根据地党政军中

---

① 欧远方,童天星:《淮北抗日根据地史》,北京:中央文献出版社,1994年,第172—173页。
② 中共安徽省委党史工作委员会:《安徽现代革命史资料长编》(第三卷),合肥:安徽人民出版社,1995年,第522页。
③ 欧远方,童天星:《淮北抗日根据地史》,北京:中央文献出版社,1994年,第175页。

▲ 新四军第四师从1942年7月开始,在坚持作战的同时,开展了整风运动。图示为彭雪枫师长在干部大会上做整风动员报告。

开展整顿"三风"运动。"(四师)师部随在7月1日发表整训令,规定7月1日至15日为动员准备时期,以4个月至6个月进行学习……学习方法,主要根据中宣部指示及延安经验,分学风、党风、文风、综合研究4个步骤进行学习。"7月20日至10月初,为学风学习时期,10月后为党风学习时期,因不久开展三十三天反"扫荡",整风学习一度停顿。1943年1月,总学委会再次号召开展党风学习,至3月学习结束。①

1943年7月4日,彭雪枫在区党委扩大座谈会议上传达了中

---

① 中共安徽省委党史工作委员会:《安徽现代革命史资料长编》(第三卷),合肥:安徽人民出版社,1995年,第522—523页。

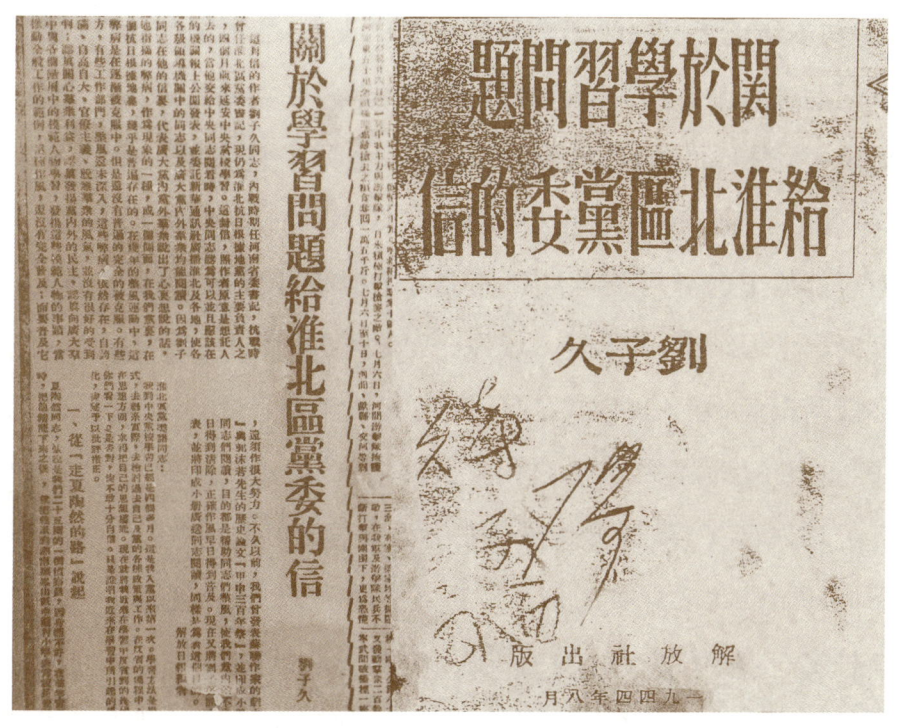

▲ 1944年7月5日,刘子久《关于学习问题给淮北区党委的信》,党中央领导同志阅后非常重视,指示在党的机关报上公开发表。1944年7月27日《解放日报》予以全文刊载,并于1944年8月印成单行本发行。

央和华中局关于整风的新指示,提出了继续整风一年和整风第一的方针。7月7日开始了重新整风,即进入深入整风的第二阶段。在7月之前,区党委曾开展了反对自由主义、个人主义和官僚主义等不良倾向的斗争。从8月1日起,在部队开展了反军阀主义,在地方开展了反官僚主义的运动。这一运动打开了整风的大门,初步纠正了过去脱离实际停留在口头上、书本上的倾向,使整风运动进入了更深入普遍的阶段。9月底,区党委召开高干会议,做出了《关于加强整风学习的决定》,强调了整风第一的重要意义,规定了部队和地方机关干部每日3小时的学习制度。并决定对干部战士进行两个半月到三个月的时事政策教育,到1943年底时事学习结束,开始转入学风、文风学习阶段。①反主观主义告一段落以后,从1944年春起,转入党风学习阶段。在党风学习中,重点是反宗派主义和自由主义。

1944年7月,刘子久在延安中央党校学习期间,写了《关于学习问题给淮北区党委的信》,后经毛泽东批转作为整风学习参考文件之一,在《解放日报》上发表,由新华通讯社广播。淮北区党委组织广大党员干部认真学习这封信,使广大党员干部提高了思想认识,增强了群众观念,对淮北整风运动的深入开展起到了促进作用。

在整顿"三风"的基础上,从1944年冬起开展民主检查运动,即进入整风的第三阶段。民主检查的对象,主要是各级领导,检查的要点是各级领导的民主精神和民主作风,思想领导、组织领导和工作领导的方法,以及干部政策等。各级党政军机关都先后召开了民主大会,发动群众,给各级领导提意见,开展批评和自我批评。民主检查运动到1945年底结束。各级领导通过民主检查

---

① 中共安徽省委党史工作委员会:《安徽现代革命史资料长编》(第三卷),合肥:安徽人民出版社,1995年,第523页。

运动,树立了群众观点,改进了领导方法和作风。

淮北区党委在抓部队和地方直属机关整风的同时,还采取举办整风轮训队的办法,分批分期抽调部队和地方干部集中整风学习,从1942年8月开始,先后举办9期,将部队营团和地方区县干部全部轮训完毕。同时,各分区和各县也分别开办了整风班,到1945年底,全边区连排和区乡干部全部轮训完毕。淮北整风运动胜利结束。①

(二)政权建设

开辟和建设敌后抗日根据地,是中国共产党在抗日战争中的一项重大决策。在敌后建立和巩固抗日根据地,最根本的问题是建立和巩固抗日民主政权。1937年9月25日,中共中央在《关于共产党参加政府问题的决定草案》中指出:"在日寇占领区域,共产党更应公开成为统一战线政权的组织者。"10月16日,刘少奇在《抗日游击战争中的若干基本问题》中指出:"我们的方针是:要在这些区域中建立人民的抗日政权。我们的口号是:打倒汉奸政府、维持会,反对投降,改造原来一党专政的政府成为人民的抗日政府。为了在这些区域中建立真正有工作能力的、有群众基础的

---

① 中共安徽省委党史工作委员会:《安徽现代革命史资料长编》(第三卷),合肥:安徽人民出版社,1995年,第523—525页。

抗日政府来领导战争,原来的政治机构必须实行民主的改造。"①

1941年9月13日,淮北行政公署成立,颁布了《施政纲领》。1942年10月,淮北苏皖边区第二届参议员大会召开,选举了边区参议会正、副议长(刘子久、吴静宜)、边区行署正、副主任(刘瑞龙、陈荫南)、边区高等法院正、副院长(徐风笑、葛萌),讨论并通过了刘瑞龙作的《淮北苏皖边区三年来的政府工作》报告和150件法规议案。边区参议会从开始时的民意咨询机关成为边区最高权力机构。在淮北区党委的领导下,淮北地区建立了各级政权。到1944年底,淮北行署下辖3个专署、25个县政府、168个区署、1048个乡政府,还建立了边区和各县行政委员会与参议会。②

边区和各县政府与参议会的领导成员,都是依照"三三制"的原则选举产生的,即在政权人员分配中,共产党员、非党进步分子和中间人士各占三分之一。1943年,在淮北全区5个县的参议员驻会委员中,共产党员14人,占33%,非党员29人,占67%。在8个县的行政委员会86人中,共产党员30人,占35%,非党员56人,占65%。③

---

① 中共安徽省委党史研究室:《中国共产党安徽地方史》(第一卷),合肥:安徽人民出版社,2000年,第410页。

② 中共安徽省委党史研究室:《中国共产党安徽地方史》(第一卷),合肥:安徽人民出版社,2000年,第411页。

③ 吴奇:《中共在淮北抗日根据地的执政经验研究》,天津:天津商业大学,2013年,第10—11页。

为团结各界爱国民主人士建设根据地,淮北行署颁布了《保障人权财权产权及保护工商业条例》。为便于人民群众参政和政府法令的推行,1942年,行署决定在根据地的基本区实行划小行政区域,将过去的县、区、乡、保、甲五级变为县、区、乡三级,改过去的大区大乡为小区小乡。在此基础上,废除保甲制,改造旧政权,实行乡选和乡村制,行署以此作为政权建设的重心。到1944年6月,在中心区的885个乡中,已有637个乡实行了乡选和乡村制,占总数的72%。[①]

在政权建设中,淮北行署认真进行了三次简政工作。第一次精简,行署机关人员减少了22%,即原有干部、杂务员、战斗员共360名,编余79名,剩下281名。第二次精简是三十三天反"扫荡"以后进行的,第二次精简后的行署人员减至101名。1943年春,进行第三次精简,为使行署机关精干化,并处减科,人员减到60余名。在第三次精简工作中,行署制定了边区各级行政机构的新的编制,并重新调整了各级行政机构,重新配备了各级干部,将精简下来的编余干部充实到基层,战斗员编入部队,杂务人员遣散回乡生产。三次精简,使边区的政权机关和部队更适应于战争环境,提高了工作效率,节省了经费,减轻了人民的负担。[②]

[①] 史鉴:《敌后战场的战略基地——中国共产党领导的抗日民主根据地纪事》,北京:中共党史出版社,2015年,第226页。

[②] 中共安徽省委党史工作委员会:《安徽现代革命史资料长编》(第三卷),合肥:安徽人民出版社,1995年,第526页。

在政风建设方面,刘瑞龙在淮北行署成立大会报告中强调了建设政府的新作风,他提出了三点:"1.战斗的——做事要爽脆,决定了就做,以最大毅力完成任务,完成自己所进行的工作,不要拖泥带水。2.民主的——要接触各个阶层的人民,倾听群众的呼声,经常接近群众,倾听群众对政府的批评,对上层不轻佻;对下面不骄傲,一切的繁文缛节都要除掉。3.廉洁的——一文不取,涓滴归公,洁身自好。每个同志要把握住这一点。中国的清官才会得到老百姓拥护,过去所谓廉明公正,廉是第一件大事,不廉就不能明,也不会公,也不会正。贪官一定也是昏官、私官、邪官,这是必然的。同志们要负起廉明公正四个字。以上这三点就是我们新民主主义政权的新作风,每个人要以此警惕自己。同志们有困难,公家解决,不能以贪污来解决。党员贪污要开除党籍。同志们要警惕敌探、汉奸收买腐化的毒计。"[①]

(三)生产建设

淮北行署制定的边区生产建设的基本方针是:"在现有生产基础上发展生产,以农业为主,以工业为辅,发展私人农家经济和家庭手工业,组织机关、部队、学校进行生产。"在这一方针的指引

---

① 中共安徽省委党史工作委员会:《安徽现代革命史资料长编》(第三卷),合肥:安徽人民出版社,1995年,第530页。

下,边区各项生产建设发展迅猛。①

按照这一基本方针,行署领导根据地人民开展减租减息和增加工资运动。行署成立后不久即先后颁布了《边区修正改善人民生活各种办法》(1941年12月25日)、《边区减租缴租条例》(1942年6月20日)、《边区救济灾荒借贷付息还本暂行办法》、《边区当地押地赎地办法》、《边区增加雇工工资调剂劳资关系办法》等条例。规定减租率为:(一)分租。原来对半分者改三五、六五分(即收粮一石,佃东分三斗五升、佃户分六斗五升);四六改三七分;三七改二五、七五分;原租不到三七者不减。(二)包租。一律减二五(按原租减去二成五,即原租四斗减一斗),满收满交。规定减息率为:分半付息,老债还本;利过半,停利还本;利倍半,停付利,减本还本;借粗还粗,借细还细,利加二成。规定雇工工资标准为:大领(即雇工中技术高,农活可全掌握的)工资约计粮食700至1000斤;二领工资约计粮食500至700斤;小伙计工资约计粮食200至500斤。② 到1944年,全边区有899个乡共减租11万石,改善了民生,提高了人民群众的抗日热情和生产积极性。

为发展农业生产,行署每年除帮助农户解决种子、农具、牲畜等困难外,还发放农业贷款,仅1942年就发放了793万多元(边

---

① 欧远方,童天星:《淮北抗日根据地史》,北京:中央文献出版社,1994年,第229页。

② 欧远方,童天星:《淮北抗日根据地史》,北京:中央文献出版社,1994年,第225页。

币),使农业生产逐年发展。此外,行署还领导群众订兴家计划,组织劳动互助,开展生产竞赛,奖励劳动模范。1944年,全边区订兴家计划的共70053户①,有劳动互助组8061个。在发展工业和家庭手工业方面,行署自力更生创办了淮北工厂,生产棉布、肥皂、被服、纸张等。为打破日伪军对棉纱、布匹的封锁控制,行署领导根据地人民开展了轰轰烈烈的土纺土织运动,据1944年统计,仅8个中心县就有纺车36000多辆,织布机2688台,解决了边区军民的穿衣困难问题。边区的水利工程成绩尤为显著,1944年春,全边区共修筑大小堤坝河沟414条,长4226里,受益耕地37892顷。其中较大的工程有盱凤嘉的淮河大堤、泗南的双峰大堤和大柳巷堤、淮宝的人家头堤等。在经济建设中,根据地的合作社事业发展很快,由原来单一性消费合作社,逐步发展为综合性生产、运输和信用合作社,还成立了区联社、县联社等。据1944年统计,全边区合作社共有300多个,社员总数为24万多人,股金总额达2500多万元(边币)。1943年春,根据党中央和华中局的统一部署,淮北抗日根据地开展了轰轰烈烈的大生产运动,边区机关、部队和学校掀起了业余生产的热潮,取得了很大的成绩,既减轻了人民的负担,又改善了自己的生活。②

---

① 欧远方,童天星:《淮北抗日根据地史》,北京:中央文献出版社,1994年,第231页。

② 史鉴:《敌后战场的战略基地——中国共产党领导的抗日民主根据地纪事》,北京:中共党史出版社,2015年,第226—227页。

(四)财经建设

财经工作是根据地军需民食的根本保证,是根据地存在、巩固和发展的重要条件,是争取抗战胜利的物质条件。1941年9月,淮北行署成立后,淮北军政党委员会书记邓子恢兼任边区财经委员会书记,行署主任刘瑞龙兼任审计处处长,副主任刘玉柱兼任粮食处处长,加强领导边区的财经工作。淮北行署制定了财经工作的方针:"保证抗日部队的供给,保证抗日人民的生活,同时要与敌人的经济掠夺做斗争,粉碎敌人'以战养战'的政策,使我们能够抗战下去,而使敌人没法支持下去。"在这一方针的指引下,淮北财经组织逐步健全,财经制度不断完善,财经建设稳步发展,财经状况基本好转,粉碎了日军"以战养战"的政策,为夺取抗战胜利打下了坚实的基础。①

淮北财经建设经历了初步开展、稳步开展和深入开展三个阶段。1940年3月至1941年8月,为克服财经困难,建立财经组织,初步开展财经工作时期;1941年9月至1942年12月,为健全财经组织,完善财经制度,稳步开展财经工作时期;1943年1月至抗日战争胜利,为严格财经制度,大力发展生产,深入开展财经工作时期。②

---

① 中共安徽省委党史工作委员会:《安徽现代革命史资料长编》(第三卷),合肥:安徽人民出版社,1995年,第538页。
② 欧远方,童天星:《淮北抗日根据地史》,北京:中央文献出版社,1994年,第206—208页。

财经工作包括财政、粮政、金融、税收和贸易等方面的工作。在财政工作方面,1943年9月,边区相继设立财政处、审计委员会、审计处、金库等财政机构,建立各项财政制度,特别是11月召开的边区第一次财经工作会议,确立了统筹统支、量入为出的原则及财政收支统一实行预决算制度,并决定财政收支由一个机关执行,在统筹统支的原则下,严格划分财务行政、财务会计、财物保管及财务审核四个系统,使其互相牵制,互相监督,收钱者不用钱,用钱者不收钱,用钱之前和用钱之后,要有完备的审核手续。审计制度的建立,审核预决算方案,监督财政收支,减少了贪污和浪费。①

粮政工作方面,边区建立了粮食处,县设粮食科,区设粮食员,乡配粮食助理员。各级政府还成立了公粮动员委员会,协助各级政府开展动员、调查、征收及保管、储藏、出晒、运输、调剂等工作。根据中共中央提出的征粮应按照合理负担、量力而行的原则,淮北行署于1941年秋制定了公粮征收政策:有粮有钱者出粮,无粮有钱者出钱,赤贫者不出;粮多钱多者多出;粮少钱少者少出;抗属、烈属、公务人员家属优待;用民主的会议决定,不许保甲长胡派乱派。规定征粮标准为四等。②

---

① 欧远方、童天星:《淮北抗日根据地史》,北京:中央文献出版社,1994年,第211—212页。

② 欧远方、童天星:《淮北抗日根据地史》,北京:中央文献出版社,1994年,第209页。

在金融方面,为了与日伪进行金融斗争,淮北行署于 1942 年 5 月成立了淮北地方银号,刘瑞龙任董事长,陈醒任经理。地方银行发行了壹角、伍角、壹元、贰元、伍元、拾元和贰拾元等面额的边区货币。由于边币是以根据地全部财政收入作为准备金的,边区的财政收入比边币发行量要大五六倍,从而保持了边币的稳定,保证了边币的信用,起到了发展生产和调剂金融的作用。① 据 1944 年统计,银号发放各种贷款总额为 1000 万元,对发展生产和改善人民生活都起到了很大的作用。②

在贸易方面,对内实行贸易自由,保护私营商业,发展公营商业,出口剩余品,打破敌人的封锁和掠夺。行署成立后即设立淮北贸易局,作为领导全区贸易工作的总机构。其主要任务:调剂内地物资,平抑物价;组织商人,推动商业发展;举办公营商业登记,限制不利于边区人民的行业盲目发展;有计划地进口必需品,出口剩余物资;开展对日伪的经济斗争。淮北贸易局最初只是一个商业机关,输入必需品,输出土特产品,从 1942 年夏起,主持统制粮食的出口工作,并在青阳成立平衡物价交易所,开始由单纯的商业机关转为统制管理机关。为了调剂根据地的物资供给,平衡物价,组织进出口货物,并与日伪进行经济斗争,淮北贸易局采

---

① 欧远方,童天星:《淮北抗日根据地史》,北京:中央文献出版社,1994 年,第 221 页。

② 史鉴:《敌后战场的战略基地——中国共产党领导的抗日民主根据地纪事》,北京:中共党史出版社,2015 年,第 227 页。

取了对外贸易统制、对内贸易自由的办法。边区政府对粮、油、棉等土产物资,实行统购与专卖制度,由贸易局统一组织收购,有计划地进行输出,并有计划地争取必需品的输入,严格控制资敌物资出口。这种统制并非由政府直接经营,主要是由商人经营,但均应经过贸易局登记,由贸易局规定出口的数量。边区政府实行贸易自由政策,根据地的商人,只要其不违反政府法令,不破坏抗日军队,不贩卖毒品,一律予以保护。并鼓励商人经营,且帮助他们解决困难,如代购原料和推销产品,举办低息贷款等。对于较大的和比较重要的工业,商人无力独开,政府可与之合营。由于边区政府采取保护商人的政策,不少敌占区的商人纷纷来根据地内经商。①

边区财经建设的发展,繁荣了根据地的经济,打破了日伪军对根据地的经济封锁。

(五)文教建设

淮北区党委和淮北行署十分重视文化教育事业,把文化教育事业作为建设与巩固抗日根据地的一件大事来抓。

1941年9月,淮北行署颁布的《施政纲领》指出:"实行新民主主义教育,普及小学教育,发展社会教育,推进抗日文化运动,提高人民的政治文化水平,提高抗战胜利信心与不胜不休之决心,

---

① 欧远方、童天星:《淮北抗日根据地史》,北京:中央文献出版社,1994年,第217—219页。

提倡民族气节,发扬民族自尊心,开办各种训练班,培养抗建人才,实行教育经费独立,救济各地失学青年,改善小学教师待遇。"①在这一方针的指导下,淮北行署召开了边区教育行政会议,讨论和通过了开展国民教育的计划、任务、教材、经费等决议案,加强了对教育的领导和管理,使教育事业得以迅猛发展。1943年11月,全边区共有小学740所。还开办了行政学院(培训干部)、建设学院(培养中学师资)、卫生学校、职业学校以及淮北中学、邳睢铜灵联合中学、淮宝中学、淮泗中学、泗五灵凤中学、泗阳中学等。淮北区党委曾发出《关于加强领导国民教育工作的指示》,要求各级党委提高认识,加强领导,培养使用知识分子,开展文化统一战线工作,发展根据地的文化教育事业。淮北行署每年的教育经费约占地方全部经费开支的25.54%,同时,给中小学校教师以较高的工资,由过去每人每月几元,增加到每人每月45元。还大力鼓励与吸收敌占区知识分子来根据地任教。为了实行教育改革,淮北行署提出了学校教育群众化、劳动化和战斗化的要求和实施办法。泗南县中潼村小学校长夏陶然在教学实践中创造了教学与社会、教学与生产劳动相结合的办学方式,被淮北区党委称为"夏陶然的道路",在全边区予以推广。②

---

① 中共安徽省委党史工作委员会:《安徽现代革命史资料长编》(第三卷),合肥:安徽人民出版社,1995年,第542页。

② 史鉴:《敌后战场的战略基地——中国共产党领导的抗日民主根据地纪事》,北京:中共党史出版社,2015年,第227—228页。

▲ 拂晓剧团成立于1938年,活跃在淮北敌后战场,成为部队和边区文艺工作的骨干力量。图示为拂晓剧团在排练。

在文化建设方面,淮北区党委十分注重开展文化宣传工作,着手成立各种文化团体,创办报纸刊物,编印通俗读物,开办农村俱乐部,推进戏剧运动,大力宣传抗战道理和中国共产党的抗日主张,报道广大军民坚持抗战的英勇事迹和根据地建设的伟大成就,揭露日伪军侵略的暴行和国民党反动派反共反人民的罪行,提高人民群众参军参战和生产的积极性,活跃根据地的文化生活。

淮北根据地成立了边区文化协会、边区戏剧协会、边区青年新闻记者学会、边区小学教师联合救国会,还组织了各县小学教师联合救国会及各县中学生联合救国会和各县小学生联合抗日救国会等抗日文化团体。部队和地方都成立了文艺工作团,如新四军第四师的拂晓剧团、第九旅的奋斗剧团、第十一旅的创造剧团、抗大第四分校的生活剧团以及地方上的人民剧团等。此外,各县都成立了文工队、农村剧团、民间艺人演唱队等。这些文艺团体以戏剧、话剧、活报剧、快板等农民喜闻乐见的形式演出,深受广大军民的喜爱。

淮北抗日根据地设有拂晓出版社、教育出版社、大众出版社,出版各种报刊和通俗读物。如新四军第四师的《拂晓报》和《军事杂志》,第九旅的《奋斗报》,淮北区党委的《人民报》《党内通讯》《人民通讯》《拂晓杂志》《人民画报》,淮北行署的《政府工作》,文化协会的《大众半月刊》,邳睢铜地委的《团结报》《战斗》,淮北中学的《淮北青年》等。还出版了《大众小丛书》等通俗读物。这些报刊和通俗读物的出版,宣传了中国共产党在抗日战争时期的路线、方针、政策,教育了党员干部和人民群众,提高了他们的政治思想觉悟和文化水平,增强了他们的抗日决心和信心,丰富和活跃了根据地的文化生活。①

被毛泽东称赞办得好的《拂晓报》,于 1939 年 9 月 29 日在河南省确山县竹沟镇创刊,初为新四军游击支队的机关报。1942 年底,中共淮北区委实行一元化领导后,成为淮北区党委机关报,社

---

① 欧远方,童天星:《淮北抗日根据地史》,北京:中央文献出版社,1994年,第 241—242 页。

长由区党委宣传部部长冯定兼任。创办之初,《拂晓报》面临人力、物力、财力等一系列困难,尤其是在敌后特殊的环境下,经常面临日寇的"扫荡"和国民党顽军的进攻。没有纸张,没有油墨,没有印刷机器。要想在这种艰苦的环境下创办一份报纸,困难和艰辛可以想象。但是,中共领导的新四军游击支队没有被困难吓倒,在《拂晓报》编辑委员会的领导下,报社全体人员发扬艰苦奋斗和实事求是的革命精神,坚持全党办报和为工农兵服务的办报方针,报纸刻字、油墨、排版、印刷、发行等方面不断进步,办报水平逐步提高,影响力日益扩大。在总共 7 年多的时间里,《拂晓报》共出版了 960 期,它就像战斗的号角,吹响了新四军战斗的序曲,为边区文化建设做出了突出的贡献,充分发挥了"喉舌"作用,大大地促进了根据地的文化建设。①

根据地各项建设的发展,有力地巩固了淮北抗日根据地,为淮北军民争取抗日战争的最后胜利打下了坚实的思想和物质基础。②

---

① 吴奇:《中共在淮北抗日根据地的执政经验研究》,天津:天津商业大学,2013 年,第 20—21 页。

② 史鉴:《敌后战场的战略基地——中国共产党领导的抗日民主根据地纪事》,北京:中共党史出版社,2015 年,第 228 页。

第六章

中流砥柱　夺取抗战胜利

1945年上半年，世界反法西斯战争进入最后胜利阶段。

在同盟国军队于各战场陆续转入战略反攻和战略进攻后，中国战场于1943年秋季起逐步转入战略反攻。1944年至1945年春夏，中国共产党领导人民军队在敌后战场发起此起彼伏、连续不断的攻势作战，对日军占领的点线包围得越来越紧，打通了许多解放区之间的联系，逐步实现由游击战向运动战的转变，为转入全面反攻创造了重要条件。①

在华中敌后战场，在中国共产党的领导下，根据地军民度过了最困难的时期，根据地得到不断巩固和发展壮大。度过困难时期后，淮南、淮北、皖江抗日根据地军民开始了局部反攻，进一步

---

① 中共中央党史研究室：《中国共产党的九十年（新民主主义革命时期）》，北京：中共党史出版社，党建读物出版社，2016年，第258页。

巩固与扩大了根据地。①

一、四师西征

(一)誓师西征

1944年4月中旬,日军调兵5万,发动豫湘桂战役,驻守在河南平汉线两侧的汤恩伯部30万军队不战而溃,37天丢城38座,使河南广大地区沦于敌手。5月9日,日军为打通平汉铁路,向豫西进攻,发起中原战役,国民党顽固派畏敌如虎,一味退却。为挽救中原危局,打击进攻河南之敌,连接华中、华北、陕北三大战略区,7月25日,中共中央发出《关于向河南敌后进军部署的指示》,确定以八路军太岳、冀鲁豫军区各一部,南下开辟豫西,并加强睢县、杞县、太康地区;以新四军第五师一部,沿平汉线向北发展;以新四军第四师一部西进永城、夏邑、萧县、宿县地区,打通与睢杞太的联系,并相机控制新黄河以东地区。

8月5日,华中局和新四军军部根据党中央的指示,确定第四师西进,具体部署是:彭雪枫、吴芝圃、张震率第十一旅2个团、第

---

① 中共安徽省委党史研究室:《中国共产党安徽地方史》(第一卷),合肥:安徽人民出版社,2000年,第459页。

九旅1个团、萧铜独立团及骑兵团,从萧县铜山边境西进,收复豫皖苏边区失地,以便打通睢杞太,此为主攻方向;淮北第四分区独立团,由灵北西进宿西、宿南、怀远、蒙城地区,此为牵制方向;抽调数十名原路西工作干部,随军西进,以组建萧县、永城、宿西、砀山、夏邑等县的党政机构;津浦路东工作由邓子恢、刘瑞龙主持,军事上以韦国清为淮北军区参谋长,由邓子恢指挥路东部队进行整训。为统一领导,由彭雪枫、吴芝圃、张震3人组成西征行动委员会,彭雪枫为书记。

打回路西,收复失地,挽救中原,解民于倒悬,第四师指战员盼望已久。8月15日,第四师在洪泽湖畔半城大王庄举行西征誓师大会,彭雪枫在大会上作了激奋人心的动员,发出了西进抗日的誓言。会场庄严热烈,群情振奋。指战员们振臂高呼:"打回路西去,解放豫皖苏!"会后,在数千群众的夹道欢送下,师直属队、第三十一团、第三十二团、第二十五团、骑兵团、萧铜独立团,武装整齐,浩浩荡荡地踏上了西进的征途。

为策应第四师主力西进,按照淮北军区的统一部署,淮北第四军分区独立团1000余人,在分区司令员兼政委张太生率领下,于8月20日夜,由宿城南西寺坡越过津浦铁路向宿西、宿南挺进,在第四师侧翼配合作战,策应主力,并于23日攻克了宿西张庄和黄庄2个据点,接着在铁佛寺歼灭了伪军窦广尧部200余人。此后,又歼灭了反共军胡开祥部2个中队,挺进十里长山。

淮北第四地委为了保证第四师主力西进的后勤供应,特在灵北设立了兵站,每天都有大批物资源源不断地运往路西。其中尹集、王井孜兵站先后接待过路部队五六批并提供大批给养,每次都是几百辆大车,共接待了2000余辆过往车辆。①

(二)萧县小朱庄战斗

小朱庄位于萧宿边境,是我军西进萧西平原的必经通道,为国民党军队苏北挺进军第四十纵队王传绶部所盘踞。

20日夜间,西进部队从萧铜边境越过津浦铁路,21日晨,分路由萧南永堌、前后梧桐、小时村,冒雨搜索前进,当进至白顶山时,遭到王传绶部阻击,我军英勇还击。王传绶部不支,退守小朱庄,妄图阻止我军西进。

我军决心打下小朱庄,解决王传绶部。这是关系到我军西进作战的关键性一仗。小朱庄筑有高4米、宽2米的圩墙,外有宽1丈、深2尺的圩壕,壕外设有鹿砦等障碍物,四周地势平坦,圩内依房筑点,四角有三层碉堡,防御体系坚固。为了打好这一仗,彭雪枫召集旅、团干部研究作战方案,还带领他们到前沿阵地进行周密的侦察,确定作战部署是:第三十一团在西南和东南地区为主攻;第三十二团在正北和西北地区为助攻;第二十五团在坡里集实行警戒;骑兵团隐蔽在正东2里外的干河沟里担任阻击。我

---

① 中共宿州市委党史研究室:《中国共产党宿州史》,北京:中共党史出版社,2001年,第178—180页。

▲ 彭雪枫在小朱庄战斗指挥所指挥战斗。

军完成了对小朱庄的包围,战斗准备就绪。①

21日夜间,各部队按照既定部署到达指定位置。第三十一团和第三十二团的负责人带领各营的干部到据点鹿砦外边进一步侦察王传绶部的防御体系。各营干部又带领各连干部去熟悉地形,明确各连的突击点。22日拂晓前,担任主攻和助攻的第一梯队已经展开完毕,构筑了隐蔽工事和火力发射阵地。为了进一步检查攻击准备的情况,第十一旅旅长滕海清到了第三十一团指挥所。该团指挥所隐蔽在小朱庄西南几间草房里,距顽军壕沟只有30多米,对方的阵地、明火力点,以及圩墙上的碉堡都看得清清楚

---

① 欧远方,童天星:《淮北抗日根据地史》,北京:中央文献出版社,1994年,第273页。

楚。第三十一团的干部提出来,还有一些比较重要的情况没有搞清楚:圩子的外壕到底有多深?壕沟的己方一侧底部,顽军是不是有倒打的火力点?如果壕沟下面有暗火力点,而事先没有准备,当指战员下到壕沟里爬圩墙时,顽军就会打部队的屁股,临时又不容易搞掉它,那样,不仅伤亡大,而且攻击也不能成功。这样的问题,在路东打伪军据点时就有过血的教训。滕海清将这些问题向彭雪枫做了汇报。最后确定夜晚12时左右派几个班进行武装侦察,终于把情况搞清楚了,并把总攻的时间推迟到23日正午。

22日夜晚,彭雪枫把西征部队的所有司号长调集起来,在小朱庄四周轮番吹了一夜冲锋号。搞得王传绶既怕这边冲锋,又怕那边冲锋。同时加上佯攻部队又对小朱庄发起猛烈进攻,王传绶一夜胆战心惊。

当时,西进部队只有师特务营机炮连有2门大一点的炮:一门是克虏伯山炮,另一门是平射炮。前者有3发炮弹,后者只有2发炮弹。23日上午9时许,彭雪枫、张震特地把特务营教导员干思贤找来,了解准备总攻的情况,强调关键是炮兵要首先轰垮敌人炮楼的中心火力点。回到营指挥所,干思贤召集各连干部传达师首长命令和战斗方案。要求用重机枪封锁敌人圩寨上4个主要火力点,用轻机枪、步枪封锁敌人炮楼上的24个射孔,各连特等射手、投弹能手要落实具体任务。特别强调炮兵一定要保证摧毁目标。机炮连长石海金提出,距目标太近,山炮平射角度降不下来。于是立即加修平射工事,用木棒做成起落架。①

23日中午12时,西进部队对小朱庄发起总攻。石海金亲自打山炮。头一炮打飞了。干思贤怕他过分紧张,一面鼓励,一面当弹药手。第二发炮弹射中目标,平射炮也同时摧毁了敌人的1个炮楼。炮火向据点纵深射击,轻重机枪开始封锁顽军残存火力点,5分钟内就把鹿砦打开了几个口子,不到10分钟,西征部队的梯子组已经将梯子靠上圩墙了。突击队随后登梯向圩墙内冲击。各连组织了投弹组,排排手榴弹在顽军圩墙内爆炸。由于每个梯子最前边只能上去一个人,在顽军阻挡下,突击队难以登上圩墙。战士们急中生智,用铁锹在圩墙上挖脚踏孔,有的搭起人梯往上攀,战斗十分激烈。大约发起攻击后半小时,第三十二团第一营营长盛玉坤牺牲了。旅长滕海清命令第三连连长尚清心代理第一营营长指挥战斗。在发起总攻前旅指挥所前进到小朱庄西南小学校里,彭雪枫来到旅指挥所。激战近一个小时,西征部队还没有登上圩墙顶,突破口也没有打开,指战员们非常着急。彭雪枫要下到外壕里指挥,说是对战士们起码是个鼓励。指挥所的人都不同意,说"你下去了,战士们还要来保护首长的安全,那样会影响战斗的进展"。这时第一营代理营长尚清心牺牲了。滕海清立即派副团长杨森奎到第一营指挥。第三十一团报告,突击连连长江培庆、指导员屠庆春牺牲了。滕海清命令第三十一团副团长

---

① 中共淮北市委党史研究室:《中国共产党淮北地方史》,北京:中共党史出版社,2004年,第160—161页。

罗杰继续指挥战斗。第三连的战士备受鼓舞,分成三路搭成人梯拼命往上爬。大约下午 2 时 10 分,第三连的一个班终于登上圩墙顶,打开了一个 20 多米宽的突破口,使全连指战员得以突入突破口进击到圩墙之内。干思贤指挥用机枪压制敌人一个暗堡时,右侧两根肋骨被打断,仍坚持指挥战斗。顽军一次又一次反冲击,都被打退了。15 分钟后,第一营全营攻入村内占领了西南和南边的圩墙,并向纵深发展。紧接着第二营第四连也在西边登上圩墙向村内冲击。这时候,顽军乱了手脚,烧着房屋企图阻止第四连前进。第四连指战员冲入火阵,猛向东打,接着第二营全营进入圩墙之内。由于南边和西边的战斗激烈,顽军把北边的部队向南调,致使北边的守备有所减弱,第三十二团的 2 个连乘机从北边突入圩子里,对顽军造成三面夹击的态势。顽军支持不住,有缴械投降的,有往柴草堆里和老百姓床下钻的,有换上老百姓衣服要溜的,还有的被吓晕了,倒在工事里,醒来后喊着救命求饶。①

  王传绶知道大势已去,便命令残部向东南角突围,进入我军骑兵预伏区内。我军骑兵跃马横刀,猛扑敌群,王传绶部死伤很多,残部全部被俘。下午 4 时,小朱庄战斗胜利结束,第四师西征,首战告捷。这次战斗,计击毙纵队司令王传绶以下官兵 354 人,伤 151 人,俘副司令王忠鼎、参谋长屠忠初以下官兵 1000 余

---

① 中共淮北市委党史研究室:《中国共产党淮北地方史》,北京:中共党史出版社,2004 年,第 161—162 页。

人,缴轻机枪35挺、炮2门、步枪900余支。①

当夜,刘瑞歧率挺进军第十三纵队3000余人赶来增援,在龙岗、斐桥一带与我军交战,败退至陇海路北地区;苏北挺进军第二十八纵队2个团在司令刘子仁的率领下前来增援,行至萧西王柳园时,得悉王传绶部被歼,闻风丧胆掉头西窜,逃至永城西南鄋阳城。8月24日,第二十八纵队第三支队支队长吴信元在萧县地下党的策动和帮助下,率千余官兵,举行阵地起义,该支队被编为新四军第四师萧县独立旅,吴信元任旅长。②

小朱庄战斗打掉了西进路上的拦路虎,突破了反共军设置的"东方防线",打开了西进的大门,取得了西进的立足点,同时打通了与路东的联系。开辟了萧西6个区,建立起抗日民主政权。彭雪枫称赞说:"小朱庄这一仗打得好!歼灭了王顽,使萧、宿、永、砀、夏等地都敞开了,这为挺进路西,开辟豫皖苏边区整个局面奠定了坚固的基础。"小朱庄战斗中,新四军第四师104名指战员为国捐躯,他们的英名和殊勋与淮北大地上的山河永世长存。③

---

① 一说击毙纵队司令王传绶以下顽军200多人,俘获顽军副司令王忠鼎、参谋长屠忠初以下官兵1000余人。见中共淮北市委党史研究室:《中国共产党淮北地方史》,北京:中共党史出版社,2004年,第164页。

② 欧远方、童天星:《淮北抗日根据地史》,北京:中央文献出版社,1994年,第273—274页。

③ 中共淮北市委党史研究室:《血染的土地——淮北市地区抗日斗争史料集》,合肥:黄山书社,1998年,第283页。

(三)阻截段、苗战斗

小朱庄战斗胜利以后,西进部队乘胜前进,连克黄庄、菊集、马庄等据点,迅速收复了萧宿永失地,并相继建立了3个县、15个区的抗日民主政权,组织了千余人的地方武装。

我军西进萧宿永地区,引起了日军的恐慌,在路西反共军的勾结下,日军数次"扫荡"我军。9月1日,徐州日军千余人集结于曹村、夹沟。5日,越过津浦路,"扫荡"萧县梧桐、白顶山、杜集等地;宿县日伪军亦同时出动,向活动于宿西十里长山的游击支队进犯。西进部队英勇奋战,粉碎了日伪军的"扫荡"。

自第四师主力西进路西收复萧宿永失地后,国民党第一战区除令第十九集团军在涡河南阻止我军西进外,又令骑八师、暂编第三十师、暂编第六十二师、暂编第十四师集结于涡阳、蒙城地区。由暂编第一军军长王毓文指挥,定于9月中旬北犯;同时命令陇海路北苏北挺进军耿继勋、冯子固、刘瑞歧部南下;津浦路东第三十三师段海洲部和第十四纵队苗秀霖部西进,企图从东、南、北三面合击,于10月底消灭西进部队于萧永地区。

反共军兵力虽多,但建制不一,互有矛盾,各自保存实力,且相距较远,协同不易,有利于我军各个击破。为打破反共军三面夹击西进部队的阴谋,新四军军部决定,集中路东主力,首先打击和歼灭路东向西运动的段海洲、苗秀霖等部,确保路东和路西的联系,然后集中主力对付涡蒙地区北犯的反共军。9月6日,军部命令第三师第七旅、第四师第九旅成立临时指挥部。彭明治任司令,韦国清任政委,统一指挥路东部队作战。9月10日,中央军委发出《关于击破豫东、皖北国民党军队二路夹击我军计划的指示》,规定:(一)第四师西进部队在萧、夏、永地区布置反顽战场,准备迎击来犯顽部;(二)淮北部队配合西进部队消灭段海洲、苗秀霖部于萧、永地区;(三)新四军第三师进入泗南、灵璧之线,必要时过路增援;(四)宋任穷、黄敬以最大速度调集部队,歼灭耿继勋、刘瑞歧残部,并打通与路南彭雪枫部的联系;(五)第五师部队应尽可能程度向北挺进。根据中央军委和军部的命令,各部队先后开始作战行动。

9月12日,段海洲率第三十三师师部、特务团及补充第一、第二团为右纵队,经灵北朱山子、北马集、张山、贡山,向张寨、韦集集结;苗秀霖率第十四纵队第二、第三、第八团为左纵队,经渔沟、尤集、贡山,向刁山、白山集结,两部共6个团兵力,企图从符离集以北过津浦路,西进萧永地区,配合南北两路顽军夹击我军。第七旅及第九旅第二十六团在彭明治、韦国清指挥下,阻截西进的段海洲、苗秀霖两部于刁山、白山、周场一带(宿县东北),经4天激战,歼其第一、第二、第八团一部、第三团全部及一个师部,共4000余人。残敌被迫退至永安集、时村等日伪据点,其西进计划被我军粉碎。与此同时,西进部队第十一旅第三十一、第三十二团先后攻克大回庄、板庄、曹圩、吴楼、百善站、铁佛寺、五铺等敌

据点,俘获人枪各 2000 余,切断了宿、永日伪交通。①

(四)八里庄战斗,彭雪枫牺牲

八里庄位于夏邑县东北,离县城较近,四周有寨墙,庄内西南角有一小寨,小寨中间筑有炮楼,可以控制大寨,防守严密,易守难攻。盘踞在八里庄的国民党军队是苏北挺进军第二十八纵队第八十二支队李光明部,共千余人,4 个营,1 个特务连,11 挺机枪,1 个掷弹筒,步枪一半土造,每人数排子弹,共守 4 个圩寨。②

为粉碎反共军合击我军的图谋,打开夏永砀地区,西征部队决定攻打八里庄,消灭李光明部。

9 月 12 日凌晨 2 时,第四师第九旅第二十五团、第十一旅第三十一团和骑兵团开始发起攻击,在炮火与机枪的掩护下,担任主攻的第二十五团第三营从东冲入庄内;第二十五团第五营亦从北攻入庄内。李光明部数次冲锋,均被我军击退。第二十五团迅即占领了大寨,并接近小寨。李光明及特务营住在小寨,天亮后,第二十五团向小寨发起猛攻,李光明部凭坚固守,居高俯射。我军用山炮轰击,只用三炮即摧毁炮楼,李光明部仓皇突围,被我军骑兵团阻击。我军于八里庄与小楼子之间的空湖地,歼灭李光明

---

① 欧远方、童天星:《淮北抗日根据地史》,北京:中央文献出版社,1994 年,第 274—276 页。

② 豫皖苏鲁边区党史办公室、安徽省档案馆:《淮北抗日根据地史料选辑(第一辑第二册)》,内部资料,1985 年,第 307—308 页。

部,计俘支队长李光明、副支队长李良玉以下官兵572名,毙35名,伤20名,李光明部第三营营长黄遵德率4个连及特务营第二连共300余人投诚,被改编为夏邑独立团。

就在李光明部突围外逃,战斗将胜利之时,亲临前线指挥的彭雪枫却不幸中弹英勇牺牲。据在彭雪枫身边从事秘书工作的王步云回忆:

> 战斗一松下来,我们突然意识到首长已经一天一夜没有合眼了。我和刘树芳(彭雪枫的警卫员)赶快把两位首长(彭雪枫和参谋长张震)安排到圩内一个天主教堂内休息。刘树芳弄些柴草,铺上油布,要雪枫师长临时休息一下,并找来开水,把出发时带的月饼拿出来分吃。但师长没顾得上休息吃东西,就立即叫我把政治部主任吴芝圃找来,要吴主任去安置伤员和牺牲同志的后事以及俘虏的处理,要张参谋长指挥二十五团尽快用平射炮把西南炮楼上负隅顽抗的敌人消灭掉。张、吴首长走后,雪枫师长才坐在草铺上一边喝开水,一边吃月饼休息。一块月饼还没吃完,就听圩子的西南方向响起了炮声和一阵紧密的枪声。雪枫师长急忙站起来朝门外走去,迎面进来个通讯员报告说,西南炮楼被我们的炮火击中,炮楼上的敌人突围向南跑了。雪枫师长听后马上通知骑兵团,要骑兵向南从侧翼运动,迎头拦击敌人,命令炮兵向突围

到开阔地的败兵群轰击。布置完毕,他拎起随身的左轮枪走出教堂,向南圩墙走去,边走边要警卫班派人去告诉警卫营在南圩内集合待命。他随即登上南圩墙,瞭望敌人突围南逃和我骑兵纵马扬刀、拦头劈杀逃敌的情况。为彻底、干净消灭突围的敌人,他命令警卫营立即打开南圩门冲杀出去,正面迎击。他在圩墙上挥手高喊:"同志们冲呀!不要跑掉一个敌人!"警卫营的战士一看雪枫师长亲自在指挥,个个精神抖擞,勇猛冲杀。突围的敌人被我骑兵迎头截击,警卫营背后追杀,加上迫击炮轰打,晕头转向,东突西窜,盲目射击,流弹横飞。这时雪枫师长仍在圩墙上挥手高喊,鼓舞士气。刘树芳看到雪枫师长太暴露,劝他下到散兵坑里,但他不下来。我当时看到徐体三团长在圩子东南角上,就跑去请徐团长来劝雪枫师长。在徐团长劝说下,他才勉强下来。就在他刚跳到散兵坑,一手扶住刘树芳,一手抓住我右膀,立足未稳时,一颗流弹射中了他的左胸。我当时并未想到他已中弹,因为既未流血,也看不到伤处,只以为他跳下来时没有站稳。我和刘树芳连忙向前推扶,但他紧紧抠住我的手不放,依躺在我胸前。我喊他也不作声,只是大口大口地喘气。看到他脸上无血色,毛血孔在收缩,这时我才意识到雪枫师长可能负伤了。我和刘树芳迅速把他抬下圩墙,找来一张绳床,把他放下,刘树芳撕开他的上衣才发现,在左胸有一个弹穿的洞,因击中心脏,没有穿射,血未外流,积血心腔。马上找来警卫营的卫生员进行包扎,但已无济于事,呼吸越来越微弱。我伏身用手掌放在他嘴上,直到他停止了呼吸,我掏出他身上的怀表,一看是11时20分。这时张震参谋长和吴芝圃主任都来到跟前,为了不影响部队情绪,他们决定封锁消息。①

直到1945年2月7日,彭雪枫追悼大会才在泗南县半城举行。淮北各界万余人参加了追悼会。同日,中共中央办公厅、八路军总部在延安杨家岭中央大礼堂,举行彭雪枫追悼大会。毛泽东、朱德、刘少奇、彭德怀等党中央领导人和延安各界代表千余人参加了追悼会。党中央在挽联中称赞彭雪枫"功垂祖国""泽被长淮";毛泽东、朱德、刘少奇、彭德怀、陈毅在联名的挽联中称彭雪枫是"共产党人好榜样"。

彭雪枫牺牲后,9月13日,党中央电示华中局,决定调张爱萍任第四师师长,韦国清任副师长,张震任参谋长,陈锐霆任副参谋长,率领第四师继续西征。②

---

① 中共淮北市委党史研究室:《血染的土地——淮北市地区抗日斗争史料集》,合肥:黄山书社,1998年,第221—223页。
② 欧远方,童天星:《淮北抗日根据地史》,北京:中央文献出版社,1994年,第276—277页。

(五)涡北战役

八里庄战斗,消灭了李光明千余武装,解决了我军西进作战的后顾之忧,同时打开了夏永砀的局面,扩大了我军西进作战的周旋余地,为我军开展涡北战役创造了有利的条件。10月8日,西进部队以3个团兵力,分3路合击国民党第三纵队胡式如部,全歼该部900余人,从而控制了砀南地区,打通了陇海铁路南北的联系。

路西反共军遭我军连续打击后,加紧勾结徐州、商丘日伪军,"扫荡"萧永中心区。同时,统一部署,联合行动,企图南北合击我军西进部队。10月14日,暂编第一军军长王毓文将暂编第三十师部署于涡阳、龙山、石弓山①一带,以保障其后方,亲率暂编第十四师、骑八师及第五纵队等地方武装,渡过涡河,由南向薛家湖、洪河集、保安山进攻,同时命令第二十八纵队刘子仁部和第二十九纵队蒋心亮部,由西向太邱集、保安集攻击;陇海路北的苏北挺进军耿继勋、冯子固部及第十三纵队刘瑞歧和杨坤山残部,由北向南推进;津浦路东的第三十三师段海洲和第十四纵队苗秀霖残部,由东向西进攻。共4个师、1个挺进军、6个纵队,2万余人,企图南北合击消灭我军于永北薛家湖地区。②

---

① 石弓山,《淮北抗日根据地史》作石乡山。见欧远方,童天星:《淮北抗日根据地史》,北京:中央文献出版社,1994年,第277页。

② 阜阳市新四军历史研究会、中共阜阳市委党史研究室:《豫皖苏边抗日丰碑》,北京:中共党史出版社,2000年,第114页。

为了组织西进部队进行一次大规模的自卫战役,以打破反共军合击,10月13日,新四军军部决定,成立路西战役野战指挥部,指派韦国清任指挥、彭明治为副指挥、张震为参谋长、吴芝圃为政治部主任(11月22日,军部任命吴芝圃为政委),并电请冀鲁豫军区杨勇、苏振华派兵南下支援。

战役的具体部署是:以第四师西进部队及第三师第七旅共7个团,采取积极防御的手段,消耗、迟滞反共军,尔后相机集中兵力歼其一部;以萧铜独立团和萧县独立旅,阻击南下的耿继勋、刘瑞歧残部;以活动于淮上地区的游击支队待反共军主力北渡涡河后,即向其侧后挺进,牵制其行动。

野战指挥部遵照上级"乘敌立足未稳予以歼灭"的指示,于16日、17日两昼夜,令第二十五团①在永城东北保安山、芒砀山、奶奶山、吕楼一线,构筑防御阵地,让反共军进攻,力求在运动中歼敌,待冀鲁豫军区部队到达后从反共军背后截击,我军西进部队正面出击,前后夹击,全歼反共军主力。

10月18日,顽先头部队接近保安山。19日下午1时许,暂编第十四师等步兵6000余人,向永北保安山、夫子崖②我军驻地进攻,为争取时间,待冀鲁豫军区部队南下,我军仅以第二十团、

---

① 一作第二十六团。见阜阳市新四军历史研究会,中共阜阳市委党史研究室:《豫皖苏边抗日丰碑》,北京:中共党史出版社,2000年,第115页。
② 或作西夫子岩。见阜阳市新四军历史研究会,中共阜阳市委党史研究室:《豫皖苏边抗日丰碑》,北京:中共党史出版社,2000年,第115页。

第三十一团小部出击,王毓文部前进谨慎,攻势不猛,双方形成对峙。20日下午2时许,骑八师向驻后洼、芒砀山我军进犯,我军将其击溃。当夜,野战指挥部派第二十团、第二十六团分别向反共军纵深地区袭击。时逢王毓文军部和暂编第十四师部调整部署。第二十团出其不意突然袭击,打乱了王毓文军部机关,王毓文误以为我军大举反攻,惊慌失措,全线溃退。①

21日拂晓,我军全线出击,跟踪追击,在永西郊阳集歼暂编第十四师第一团及第二团各一部,王毓文部溃不成军,骑八师亦被击溃,王毓文险些被俘,我军直追至涡阳城关北。与此同时,我军又歼灭驻龙山附近的暂编第三十师第八十九团大部及第八十八团一部。10月下旬,冀鲁豫第六分区司令王秉璋率八路军2个团及2个骑兵连南下,在涡阳曹市集附近与西进部队会合,举行了盛大的会师大会,共庆反顽斗争的重大胜利。

这次战役历经8天连续作战,取得了歼敌3600余人的重大胜利,并缴获轻重机枪200余挺,步枪2000余支,大小炮100余门,战马600余匹。②

10月25日,新四军军部通令嘉奖参加涡北战役的作战部队,电文指出,"经一周的苦战,终将进犯之顽军歼灭过半,使其溃不

---

① 欧远方,童天星:《淮北抗日根据地史》,北京:中央文献出版社,1994年,第277—278页。
② 阜阳市新四军历史研究会,中共阜阳市委党史研究室:《豫皖苏边抗日丰碑》,北京:中共党史出版社,2000年,第116页。

成军,狼狈而逃","这次伟大胜利的获得,是张(爱萍)、邓(子恢)领导有方,特别是韦(国清)、彭(明治)、张(震)、吴(芝圃)在前线指挥得宜,以及三师七旅和四师部队全体指战员英勇作战完成的","特令嘉奖,以昭有功"。涡北战役胜利完成了收复豫皖边区失地的战略任务。

涡北战役胜利以后,我军乘胜前进,为策应活动于宿南地区的第九旅第二十七团和游击支队对反共军第三十二纵队韩金山部作战,第七、第九旅主力于10月27日向淮上地区进军。29日,对固守宿南小营集以东的西酒坊、年家、朱家、崔家圩等9个据点的韩金山部发起攻击,歼其大部。

11月,第十一旅配合骑兵团向活动于永商亳边及夏邑南部的反共军残部发起攻击,歼灭反共军第二十九纵队蒋心亮一个营。反共军第二十八纵队刘子仁如惊弓之鸟,仓皇率残部逃往涡南。月底,第七旅北进,配合萧县独立旅,歼灭活动于陇海路北的反共军第十三纵队刘瑞歧部的2个支队,其一部向我军投诚。至此,基本上肃清了涡河以北地区的反共军。

第四师主力在西进的4个多月中,在兄弟部队的大力支援下,拔除了日伪顽据点36处,歼灭日伪顽军(包括起义、投诚部队3700余人)计13000余人,粉碎了日伪顽军多次"扫荡"和进攻,收复了原豫皖苏边区失地,解放了250万人民,控制了东自津浦铁路,西至商亳公路,南起涡河,北迄陇海铁路的广大地区,扩大了

我军的西线战略反攻的阵地。①

(六)从淮北苏皖边区到淮北苏皖豫边区

西进作战胜利收复了原豫皖苏边区的失地,使淮北津浦路东和路西地区连成一片,使淮北地区成为一块完整的抗日根据地。为了巩固现有阵地,发展胜利战果,11 月 6 日,华中局致电淮北区党委和新四军第四师,指示西进部队在取得西进作战胜利后,应巩固涡河以北地区,准备将来进一步发展。目前应集中力量发展整顿民兵,充实并提高地方兵团,开展群众运动,建立地方武装,建设政权,建设党的组织。

遵照华中局的指示,淮北区党委于 1944 年 12 月 17 日正式下发《关于淮北三个分区组织机构及干部配备的通知》,②对淮北根据地党政军领导机构和干部配备作了调整,在全边区设立 3 个地委、3 个专署和 3 个军分区:将路东原第一、第二两分区合并(包括淮宝、淮泗、泗宿、泗阳、泗灵睢、泗南、泗五灵凤、盱凤嘉、洪泽湖 9 个县),成立直属工作委员会(书记谢邦治)、第一行政专署(由淮北行署兼)和第一军分区(司令员张震球,政委康志强);路西新区(包括永城、夏邑、萧县、永涡、宿怀、宿蒙、宿西、永商亳 8 个县)成

---

① 欧远方,童天星:《淮北抗日根据地史》,北京:中央文献出版社,1994年,第 279 页。
② 中共宿州市委党史研究室:《中国共产党宿州史》,北京:中共党史出版社,2001 年,第 187 页。

立第二地委(书记吴芝圃)、第二行政专署(专员彭笑千)和第二军分区(司令员张震,政委赖毅);将路东原第三、第四两分区合并(包括邳睢、睢宿、铜睢、峄滕铜邳、萧铜、宿东、宿灵、灵北8个县),成立第三地委(书记张太生)、第三行政专署(专员王烽午)和第三军分区(司令员张太生,政委刘玉柱)。这时,淮北苏皖边区党委不仅管辖津浦路东的苏北和皖东北地区,而且管辖津浦路西的豫东、皖北和苏北地区,原苏皖边区已名不副实,因此改称为淮北苏皖豫边区党委(仍简称淮北区党委)。

路西党政军组织遵照华中局和区党委的指示,一面派部队肃清涡河以北地区的反共军残部,巩固路西阵地;一面发动群众,开展减租减息、增加工资运动。到1945年5月,共减退租1390945斤,增加工资粮食共509575斤,改善了人民的生活,提高了人民群众的政治觉悟和抗日积极性;开展政权建设,建立了8个县政府、53个区、315个乡政权,并进行政权改造,实行乡选和乡村制;大力恢复和发展党的组织,发展了3000多人入党;加强武装建设,成立了8个县总队、3个独立团;建立各种群众抗日团体,成立了工救会、农救会、妇救会、青救会等,其中农救会员发展到16万多人。各项建设的蓬勃开展,使路西根据地更加巩固。[①]

[①] 欧远方,童天星:《淮北抗日根据地史》,北京:中央文献出版社,1994年,第279—280页。

二、局部反攻

(一) 1945 年春季攻势

1944 年是苏联卫国战争取得全面胜利的一年,苏联红军对德国法西斯发起总攻,给德军以歼灭性的打击。德国法西斯的崩溃,使日本法西斯陷于孤立,日本在华侵略军屡遭八路军、新四军的沉重打击,陷于四面楚歌的境地。

1944 年 12 月 15 日,毛泽东在陕甘宁边区参议会上发表题为《一九四五年的任务》的重要演说。他提出,明年"我们唯一的任务是配合同盟国打倒日本侵略者",提出了 1945 年敌后解放区的 15 项工作,其中第一项工作是"扩大解放区"。他说:"无论哪一个解放区的附近,或其较远之处,都还有许多被敌伪占领而又守备薄弱的地方,我们的军队应该进攻这些地方,消灭敌伪,扩大解放区,缩小沦陷区。我们必须把一切守备薄弱、在我现存条件下能够攻克的沦陷区,全部化为解放区,迫使敌人处于极端狭窄的城市与交通要道之中,被我们包围得紧紧的,等到各方面的条件成熟了,就将敌人完全驱逐出去。"

1945 年 4 月 15 日至 5 月 15 日,淮北解放区在全边区范围内发起了为期一个月的春季攻势。

为扩大解放区,缩小沦陷区,打破日伪军控制淮河、运河及对淮北解放区边缘区"蚕食"的企图,淮北军区于4月中旬,对边区周围的伪军据点发起了猛烈的攻势。战斗首先从海郑公路线上发起,4月17日至19日,第一、第三两军分区地方武装在第四师主力部队的配合下,分别对海郑公路洋河至众兴段与灵宿公路展开大破击,并强化对淮河的封锁。同时,以围困强袭战先后攻占众兴西熊码头、泗阳城(华中地区最早解放的县城,但不久丢失)及灵宿公路线上的日伪军强固据点大店,并袭击三棵树、埠子集等日伪军据点。第一阶段战斗取得了胜利。

第九旅主力部队挥戈北上,配合第三分区地方武装向盘踞在睢宁县西南的伪化顽军孙家钊和王云文等部发起第二阶段攻势。睢宁县保安团孙家钊部和保安第三团王云文部盘踞在睢宁城西南的卓圩子,该部在卓圩子外构筑木城,挖掘宽、深2丈余的壕沟。圩内建碉堡9座。5月9日,第九旅主力向该据点攻击,先以炮火摧毁圩内大部碉堡,后发起冲锋,突入圩内,全歼守敌。突围之敌亦遭骑兵及地方武装阻击,大部被歼。卓圩子战斗计毙伤伪军官兵百余名,俘伪团长孙家钊以下官兵692名。

在卓圩子战斗的同时,第九旅主力一部向卓圩子北数里的卓海子发起攻击,攻克了该据点,俘睢宁第五区区长兼大队长袁智臣以下官兵219名。第九旅主力和第三分区地方武装乘胜进击,相继攻占睢南地区的朱邱盘、碾集及邱集附近的陈楼、王庄圩、陈垣墙、找沟等伪据点。

在路西战斗中,第二军分区武装于5月7日攻击涡北新兴集附近的张老家、小张圩伪据点。8日晨,在炮火掩护下,向伪保安大队发起总攻,伪军不支,全部缴械投降。计攻克张老家、小张圩和新兴集3个伪据点,毙俘伪军300余人。

一个月的春季攻势取得了重大的胜利,计经过大小战斗25次,攻克日伪军据点20多个,毙伤日军川上小队、伪总队长官兵以下550多人,俘伪团长孙家钊官兵以下1500余人。春季攻势不仅解放了300多平方公里的国土、数万群众,使第一、第三两军分区连成一片,而且孤立了灵璧、泗县、睢宁的日伪军,使之处于我军重重包围之中,便于我军日后对敌作战。①

(二)尤集战斗

尤集位于灵北,萧、铜、灵三县交界处,既是淮北路东、路西的交通要道,也是宿东和邳睢铜两块根据地的结合部。盘踞在尤集据点的是伪淮海省保安"剿匪"第一支队第二总队刘夫庭②部,共5个大队,约1500人,长短枪1300余支,高射机枪1挺,迫击炮2门,轻重机枪40余挺。尤集据点工事坚固,据点周围有圩墙、圩沟,墙高约4米,沟深、宽各3米,沟外依次有木城(直径约20厘米

---

① 欧远方,童天星:《淮北抗日根据地史》,北京:中央文献出版社,1994年,第281—282页。
② 一作刘福庭。见中共宿州市委党史研究室:《中国共产党宿州史》,北京:中共党史出版社,2001年,第193页。

的树木并列埋在地下,树干之间中部有铁丝相缠绕)、铁丝网和用木桩固定的鹿砦,共有5道屏障。集内几条街道分东大圩、西小圩,两圩之间一墙相隔,靠北半部有一小门相通,设一哨兵,门楼上住一个班。大、小圩内共有砖木结构的大、小炮楼30余座,其中小圩内有1座5层大炮楼,敌团长刘夫庭就住在这里。①

刘夫庭土匪出身,在政治上是坚决反共反人民的,系顽化伪军,多年来,刘夫庭凭借强固的据点和雄厚的兵力,与时村等地的日伪军相互勾结,相互配合,经常对灵北、泗灵睢、泗宿等地进行"扫荡"、蚕食,还精心挑选人员组织"黑杀队""蒲种队",专门对根据地军民进行偷袭、密捕、暗杀、抢掠,无恶不作,危害极大。淮北第三分区决定拔除尤集据点,扫除路东路西交通线上的障碍,为民除害。

鉴于尤集据点工事坚固,强攻不易的特点,淮北第三分区加强了对伪据点内部的分化瓦解工作。早在1942年冬三十三天反"扫荡"后,为开展反蚕食斗争,淮北军区曾派共产党员蔡伯越打入刘夫庭部第一团王子云部做情报工作。1944年我军春季攻势后,蔡伯越随沈定坤部从老韩圩据点退回尤集据点。蔡伯越根据党组织赋予的"长期埋伏,争取士兵,工作成熟,则相机消灭敌人"的任务,积极慎重地开展争取伪军工作,团结了该团第三中队的士兵,争取了第三中队长胡仕远,中立了副团长沈定坤,孤立了团长王子云。1945年1月,蔡伯越向中共灵北县委汇报了尤集伪据

---

① 新四军第四师老战士回忆录编委会:《抗战在淮北》,北京:华艺出版社,1997年,第352—353页。

点内线工作开展的情况。县委遂向第三分区建议,采取里应外合的办法攻占尤集。第三分区同意这一建议,即指派分区第二团第七连副连长李绪功随蔡伯越进入尤集,进一步了解情况,侦察地形,考察内线。李绪功完成上述任务后,详报第三军分区,军分区司令员张太生认为,里应外合攻占尤集的时机已经成熟,遂下令部队出击。

2月9日夜,在张太生指挥下,第三分区第二团进入尤集北湖进攻出发地,内线由伪第三中队长胡仕远一面布置云梯为第二团登城,一面将伪哨兵和"蒲种队"引进室内烤火,并换上第二团战士放哨。同时还派人扒开木城。内线工作安排就绪后,第二团指战员迅速通过木城,越过圩沟,进入圩内。然后分两路发起冲锋:一路由伪军第三中队长胡仕远率领,直扑小圩;另一路由蔡伯越率领直奔另一军大队部(伪军总队长刘夫庭住此)。战斗打响后,大部伪军从梦中惊醒,措手不及,束手就擒,只有少数伪军据坚顽抗,经过3小时激烈战斗,第二团攻占了尤集据点。

此役全歼了伪军1个整团,打死打伤敌100余人,生俘伪团长刘夫庭、副团长沈定坤以下1300多人,缴长短枪1000多支,轻重机枪30多挺,高射机枪1挺,迫击炮2门和军工生产用的机床设备数台。我军牺牲2人,伤26人。这个胜利,在当时来说是很巨大的,也是鼓舞人心的,师首长来电嘉奖。早在第二团进行慰问演出的淮北行署大众文工团也随军参战。他们在慰问演出时,编了一首歌颂胜利的歌。歌词是:"腊月二十七,二团打尤集,全团同志准备齐……东瞧瞧,西瞧瞧,尤集炮楼真不少,地下还有乌龟壳……把它打个粉粉碎,大炮楼炸倒了,'橡皮腿'抓到了……依格呀呼嘿。"①

尤集战斗以极小代价取得了较大的胜利,成为淮北抗日根据地"里应外合"攻克日伪军据点的典型战例。攻克了尤集据点,不仅消除了灵北根据地内的一大隐患,而且扫除了淮北路东路西交通要道上的一大障碍。通过尤集里应外合的成功案例,积累了开展内线工作,先团结下层士兵,再争取中、上层骨干,中立同情人员,孤立顽固分子,后依靠强有力的军事力量,攻击强固的日伪据点的经验,并为开展城市工作和交通要道的敌伪军工作提供了有益的借鉴。淮北区党委和军区肯定了尤集里应外合的成功经验,并要求各地认真学习这一经验。②

(三)宿南战役

新四军第四师西进作战连续胜利,基本上收复了原豫皖苏边区的失地,但是宿西南地区仍为伪军暂编第十五师窦光殿部所盘踞。伪军第十五师辖 6 个团③,共 4000 余人,驻防在津浦路西侧

---

① 新四军第四师老战士回忆录编委会:《抗战在淮北》,北京:华艺出版社,1997年,第357页。
② 欧远方,童天星:《淮北抗日根据地史》,北京:中央文献出版社,1994年,第282—284页。
③ 一作5个团。见中共淮北市委党史研究室:《中国共产党淮北地方史》,北京:中共党史出版社,2004年,第166页。

的溦、浍两河中间地带,分驻在其间的 6 个据点内:第五十七团驻界沟;第五十八团驻芦沟;第五十九团驻孙町;第五十九团第一营驻袁店;特务团驻孙圩子;特务三团驻任集。这些据点沟宽壕深,外布铁丝网,内设土围墙,四周炮楼林立,工事坚固,防守严密。①

伪第十五师在统治区设立伪区、集、保、甲基层政权,抓丁拉夫,催逼粮款,为虎作伥,无恶不作。该部进驻南坪、孙町,强拆民房,赶走居民 4000 多人。各据点附近村庄够碗口粗的树木一律被他们砍掉。除了横征暴敛,伪军还用土匪绑票手段,抢人逼款。窦光殿手下的侦缉队 100 多人,专事祸害百姓,破坏抗日,先后杀害共产党领导的抗日人员和无辜百姓 67 人,老百姓骂他们是"二窝鬼子"。当地群众天天盼望着人民军队早日过来收拾这帮祸国殃民的败类。②

1945 年 5 月,路西第二军分区主力(第十一旅和第九旅一部)在第四师参谋长、第二军分区司令员张震指挥下,向盘踞在宿西南的伪军第十五师窦光殿部发起攻击。宿南战役主要采取围点打援的战术,分为两个阶段。

第一阶段包括拔掉任集据点和葛庄伏击战。战役开始之前,第十一旅巧用调虎离山之计,自龙山一线向北撤退。敌人果然中

---

① 欧远方、童天星:《淮北抗日根据地史》,北京:中央文献出版社,1994 年,第 284 页。

② 中共淮北市委党史研究室:《中国共产党淮北地方史》,北京:中共党史出版社,2004 年,第 166 页。

计,竟尾随而来。5月21日夜晚,第三十一团突然转兵,直捣驻任集的伪特务三团。当夜23时,将伪军警卫班驱逐,占领了外围民房,并用平射炮摧毁障碍物及北圩门、东北角和西北角的3大碉堡。22日晨5时左右,第三十一团发起总攻,仅10多分钟就越过宽、深各5米的外壕,冲入圩内。敌人收缩至中心碉堡顽抗。我方突击连在炮火掩护下攀梯直到碉堡顶部,向碉堡内猛甩手榴弹。敌军死伤很多,只得缴械投降。7时左右战斗结束。8时左右,驻孙町伪军第五十九团步、骑兵5个连向任集增援。第九旅一部和第三十一团一部出击打援,穷追猛打8公里,将敌人全部消灭。

与此同时,第九旅第二十七团也取得了葛庄伏击战的胜利。5月21日,第二十七团的侦察员化装潜入芦沟,通过内线了解到驻芦沟伪军5个连将于22日经葛庄增援任集。第二十七团命令第一营担任伏击任务,加强炮、骑兵各一个排。22日上午9时左右,伪军向葛庄行进,其前卫排离埋伏在这里的第一营第二连阵地只有几十米。第二连突然开火,击毙敌人20多名。敌人以为遭到地方游击队袭击,命令全部伪军向第二连攻击,正好进入我军的伏击圈内。炮兵立即向敌群轰击。第一连、第三连从两翼杀出,骑兵排迂回敌后,将敌人四面包围。第一连在营教导员率领下冲入敌阵,将敌人分割消灭;第三连及时插入敌群展开肉搏战。敌人企图夺路突围,被骑兵排迅速堵在东葛庄西边。敌人狗急跳墙,将机枪撤至路旁水沟边妄图困兽犹斗,第二连第三排排长率九班

迅猛上去,用手榴弹将敌人机枪手炸死。葛庄伏击战只用25分钟就全部消灭了敌人。宿南战役第一阶段胜利结束。①

任集中心据点被拔除,其周围芦沟、界沟、孙町等伪据点愈加孤立,更利于我军各个击破,第二军分区决心开展第二阶段战斗。6月23日夜,第十一旅第三十二团向驻袁店伪第五十九团第一营发起攻击。伪军据坚顽抗。24日晨6时左右,第五连发起突击,迅速突破敌人的水壕、鹿砦和木城,但在最后一道圩壕前遭到敌人猛烈阻击,进攻受阻,被迫撤出战斗。团营首长及时调整部署,组织突击队。中午,组织猛烈炮火摧毁敌人4座炮楼,突击队在火力掩护下奋勇前进,通过圩壕及鹿砦,靠近西南角敌人主炮楼,突击组长李永厚只身钻进炮楼,向反扑的敌人猛投手榴弹,第五连上来,稳住了突破口,然后向东进攻。第四、第六连则向北进击。下午圩子被攻破,残余敌人窜入小圩子核心据点负隅顽抗。

当夜,第三十二团炮轰小圩子。第三营一部登上大圩墙,迫令被俘伪第五十九团副团长徐伯英喊话敌人放下武器。伪营长李成五则故意拖延以待援军。第三十二团加紧攻势,第二营突击连占领了小圩子西南角炮楼,第三营也攻占了东北角炮楼,核心据点伪军遂成瓮中之鳖。除10人逃脱外,其余缴械投降。②

---

① 中共淮北市委党史研究室:《中国共产党淮北地方史》,北京:中共党史出版社,2004年,第167—168页。

② 中共淮北市委党史研究室:《中国共产党淮北地方史》,北京:中共党史出版社,2004年,第169页。

此间，驻孙町伪第五十九团团长左本一亲率第五十九团和第五十七团各一部及骑兵50余驰往增援，遭第九旅第二十七团阻击，悉数被歼。

袁店战斗后，伪军第十五师师部聚集残部，坚守孙町、界沟据点，以等待徐州日军救援。24日，日军400余赶来增援，遭第二分区主力阻击，于27日返回原防。第二分区乘胜攻击，扩大战果，于6月30日以第十一旅第三十一团及警卫连攻击驻界沟伪军第五十七团，在我军炮火威慑和政治攻势下，伪第二营营长秦士佩率部投降。第三十一团乘势发起总攻，迅速攻入圩内，迫使伪军纷纷缴械投降，一举攻克界沟伪军据点。

7月14日，第二军分区主力一部在宿蒙总队的配合下，向伪军第十五师师部驻地孙町进击。此时，困守在孙町的伪军第十五师千余残部已无心恋战，急待逃往宿城。第二军分区领导估计到孙町据点伪军这一动态，故以小部兵力从南门佯攻，而将主力隐蔽在通往宿城七里沟公路两侧。果不出所料，孙町伪军倾巢而出，沿公路向宿城奔命。当伪军进入我军伏击圈时，骤然枪声四起，伪军猝不及防，纷纷跪地求饶，近千名伪军做了俘虏。至此，伪军第十五师全军覆灭。①

宿南战役从5月21日至7月15日，历时56天，计攻克3个伪据点，迫退2个伪据点的伪军，歼灭伪军特务第三团和第五十

---

① 欧远方，童天星：《淮北抗日根据地史》，北京：中央文献出版社，1994年，第285页。

七团全部、第五十八团5个连、第五十九团2个营、特务团1个营。俘虏特务第三团团长任亚航及1名营长,第五十七团团长艾本元,副团长郑汝霖、左景思及营长张镜湖、秦士佩、孙选五,第五十九团团长左本一、副团长孙伯英及营长李成五,第五十八团营长1名。共计俘虏伪军官兵1800余人,毙伤100余人。① 缴获迫击炮7门,轻重机枪67挺,其他枪械2340支。②

宿南战役收复了涡北、浍南广大失地,解放国土500平方公里、20多万人口,使淮北第二军分区八个县连成一片,宿南战役是第四师西进作战以来的第二次大捷。

7月22日,新四军代军长陈毅、代政委饶漱石等军首长发给第四师和第十一旅各领导同志以及宿南战役诸参战部队嘉奖电:"我十一旅主力及九旅一部,对宿南伪十五师窦光殿部队给予严重痛击,斩获人枪千余,扩大了解放区,捷报传来,甚堪嘉慰! 希继续努力,并代为对是役负伤同志致深切慰问。"③

---

① 一说共俘虏伪军官兵3000人,毙伤200余人。见欧远方、童天星:《淮北抗日根据地史》,北京:中央文献出版社,1994年,第285页。

② 中共淮北市委党史研究室:《中国共产党淮北地方史》,北京:中共党史出版社,2004年,第170页。

③ 中共宿县县委党史工作委员会:《中国共产党安徽省宿县党史资料》,合肥:安徽人民出版社,1993年,第396页。

三、夺取伟大胜利

1945年5月8日,德国无条件投降,第二次世界大战欧洲战场的战争以反法西斯国家的胜利而宣告结束。7月26日,中、美、英三国发表波茨坦公告(苏联于8月8日正式声明加入),促令日本立即无条件投降。但是日本政府发表声明,对公告"不予理会"。8月6日和9日,美国先后在日本广岛和长崎投下原子弹,两地共死伤20多万人。美国的原子弹攻击震动了日本朝野,显示了一定的威慑作用。与此同时,苏联根据雅尔塔协定,于8月8日发表对日作战宣言,宣布从9日起与日本进入战争状态。8月9日,苏联军队从东、西、北三面进入中国东北,向日本关东军大举进攻,加速了日本法西斯的覆灭。金日成率领的长期战斗在朝鲜和中国东北的朝鲜人民抗日部队也转入反攻作战。

在世界反法西斯战争胜利发展的形势下,中国解放区军民开展对日全面反攻作战。由于日军占领的大部分城镇、交通要道和沿海地区早已处在解放区的包围中,对日全面反攻的任务,主要是由解放区军民来承担的。8月9日,毛泽东代表中共中央发表《对日寇的最后一战》的声明,号召"中国人民的一切抗日力量应举行全国规模的反攻,密切而有效力地配合苏联及其他同盟国作战。八路军、新四军及其他人民军队,应在一切可能条件下,对于一切不愿投降的侵略者及其走狗实行广泛的进攻"。①声明提醒全国人民注意内战的危险,努力促成民主联合政府的建立。8月10日至11日,朱德总司令发布受降及配合苏军作战等七道命令,令华北、华中和华南各解放区军队,迅速前进,收缴日伪军武器,接受日军投降。8月11日,中共中央又发出《关于日本投降后我党任务的决定》,指出党的任务分两个阶段:目前阶段应集中主力迫使日伪军向我投降,不投降者按具体情况发动进攻逐一消灭之,猛力扩大解放区,占领一切可能占领的大小城市和交通要道,夺取武器和资源,并放手武装基本群众;将来阶段,国民党可能向我大举进攻,我党应准备调动兵力对付内战。

　　根据中共中央的指示,新四军军部于8月11日发出致华中各地日军通牒,命令华中日伪军停止一切抵抗,并在原驻地听候处理,派代表到就近新四军部队接洽。8月12日,陈毅代军长指示,江北新四军部队应将津浦路以东、长江以北、陇海路以南、运河两岸这一整块地区打成一片,占领所有城市,解放所有地区,巩固占领津浦线。并指示由新四军第二、第三、第四师负责占领徐州。8月13日,中共淮北区党委就日本投降后淮北解放区的中心工作任务做出紧急指示:当前的工作中心任务是要集中一切力量,采取各种方式,彻底扫除日伪军武装,迅速促使日伪军率部缴

---

① 中共中央党史研究室:《中国共产党历史》(第一卷),北京:中共党史出版社,2002年,第663—664页。

械投降；应有计划地有步骤地占领淮北解放区周围一切大小城市与交通要道，收复国土，解放沦陷区人民，建立民主政权的新秩序；要巩固解放区，巩固后方，巩固大城市的外围阵地；要猛烈壮大武装力量；干部要有充分的全面准备，原则上要做好原有区以上外来干部调出的打算，同时搞好现有的领导班子；部队要加强练兵，反对骄傲盲目乐观现象等。

1945年8月15日，日本天皇裕仁以广播"停战诏书"形式，宣布无条件投降。9月2日，日本天皇和政府代表及日本大本营代表在投降书上签字。日本无条件投降，标志着第二次世界大战的结束，也标志着中国抗日战争的胜利。[1]

正当解放区军民在中国共产党领导下对日伪军大举反攻之际，蒋介石为了抢夺人民的胜利果实，垄断接受日伪军投降的权利，于8月11日发布命令，一方面，命令国民党军队向八路军、新四军包围的城市和交通要道"加紧作战，勿稍松懈"，命令伪军"负责维持地方治安"，以抵抗人民军队受降。另一方面，"命令"八路军、新四军"就原地驻防待命"，不得向日伪军"擅自行动"。8月13日，毛泽东以朱德总司令名义致电驳斥和拒绝蒋介石的荒谬"命令"。我军的严正立场得到广大人民群众的拥护和支持。

自日本宣布无条件投降后，新四军第四师兼淮北军区遵照朱德总司令关于接受敌伪投降歼灭拒降敌伪的命令，主力和地方武

---

[1] 欧远方，童天星：《淮北抗日根据地史》，北京：中央文献出版社，1994年，第288页。

装沿运河以西,直抵商亳公路,在纵横250多公里的淮北路东、路西地区向日伪军举行大反攻作战,先后解放了泗县、灵璧、萧县县城,到10月,除津浦、陇海铁路及沿线宿县、砀山两县为国民党军劫夺外,宿州地区全境均为我军解放。①

---

① 中共宿州市委党史研究室:《中国共产党宿州史》,北京:中共党史出版社,2001年,第199页。

第七章

解放区军民的自卫反击

抗日战争胜利后,中国人民迫切需要一个和平安定的环境,休养生息,重建家园。中国共产党从中国人民的这一根本愿望出发,主张团结一切爱国民主力量,把中国建设成独立、自由、民主、统一、富强的新国家。而国民党统治集团则企图依靠美国政府的支持,在中国继续推行国民党一党专政的统治。为了争取中国走向光明的前途,中国共产党领导广大人民同国民党统治集团展开了复杂而激烈的斗争。中国革命由此进入一个两种命运、两个前途决战的新时期——全国解放战争时期。①

最初,在中国共产党领导的强大革命力量和全国人民的舆论压力下,蒋介石不敢轻易发动大规模内战。为争取时间将大批军队从西南大后方运到下一步发动全面内战的前线去,蒋介石做出

---

① 中共中央党史研究室:《中国共产党历史》(第一卷),北京:中共党史出版社,2002年,第673页。

和平的姿态,表示愿意与共产党谈判,企图用假和平来掩盖真备战的阴谋。1945年8月14日、20日、23日,蒋介石三次电邀中国共产党中央委员会主席毛泽东到重庆共同商讨"国际国内各种重要问题"。① 为了国家民族的利益,为了团结教育全国人民,中共中央决定接受蒋介石的邀请,派毛泽东、周恩来、王若飞等赴重庆与国民党进行谈判,并于8月25日发表《中共中央对目前时局的宣言》,提出了"和平、民主、团结"三大口号,阐明中国共产党关于"在和平民主团结的基础上,实现全国的统一,建设独立自由与富强的新中国"的主张,要求国民党政府立即实施避免内战和实现民主政治等为主要内容的六项紧急措施。② 这一主张受到全国人民的欢呼和全世界舆论的赞赏。8月28日,毛泽东率领中国共产党代表团从延安飞抵重庆,29日国共双方会谈开始。谈判期间,蒋介石为了达到在谈判桌上逼迫中国共产党交出解放区政权和军队的目的,采取边打边谈的反革命两手。中国共产党则采取以谈对谈,以打对打的革命两手,同蒋介石进行"针锋相对"的斗争。结果使蒋介石施展的假和谈真备战的政治骗局破了产,军事进攻也遭到了失败。经过43天的谈判斗争,10月10日,国共双方代表签订《政府与中共代表会谈纪要》(即《双十协定》),并公开发

---

① 中共中央党史研究室:《中国共产党历史》(第一卷),北京:中共党史出版社,2002年,第680页。

② 中共中央党史研究室:《中国共产党历史》(第一卷),北京:中共党史出版社,2002年,第681页。

表。国民党政府接受中国共产党提出的和平建国的基本方针。双方协议"必须共同努力,以和平、民主、团结、统一为基础","长期合作,坚决避免内战,建设独立、自由和富强的新中国"。① 1946年1月10日,中共代表同国民党政府代表正式签订停战协定。1月31日,政治协商会议闭幕,通过了政府组织案、国民大会案、和平建国纲领、军事问题案、宪法草案案等五项协议。②

然而,由于要打内战的方针早已确定,在做了充分的准备后,1946年6月26日,蒋介石悍然撕毁停战协定和政协决议,向中原解放区发动大规模的进攻,全面内战爆发。蒋介石扬言,只需3个月到6个月,他就可以取得胜利。在这严峻的形势面前,中共中央清醒地估计国际国内形势,及时地确定了用自卫战争粉碎国民党军队的进攻,以期恢复国内和平的方针。7月20日,中共中央发出《以自卫战争粉碎蒋介石的进攻》的党内指示,进一步指出:"只有在自卫战争中彻底粉碎蒋介石的进攻之后,中国人民才能恢复和平。"为了能够以劣势兵力挫败国民党军队的进攻,争取自卫战争的胜利,实现国内和平,中共中央在军事上、政治上、经济上确定了一系列正确的、富有远见的方针和政策。在军事方面,中共中央军委要求人民解放军实行"以歼灭敌军有生力量为

---

① 中共中央党史研究室:《中国共产党历史》(第一卷),北京:中共党史出版社,2002年,第684页。

② 中共中央党史研究室:《中国共产党历史》(第一卷),北京:中共党史出版社,2002年,第700页。

主要目标,不以保守或夺取地方为主要目标","以集中兵力打运动战为主,以分散兵力打游击战为辅"的作战方法。在政治方面,中共中央确定了放手发动群众,团结一切可以团结的力量,建立最广泛的民族民主统一战线,彻底孤立国民党反动集团的原则。在经济方面,中共中央指出,必须一切依靠自力更生,作持久打算。在上述正确方针和政策指引下,解放区军民奋起反击国民党的军事进攻,在自卫作战中不断赢得胜利。①

一、自卫反击

全面内战爆发后,国民党军队为了控制淮南线和津浦线两条铁路,在淮南、淮北投入重兵"围剿"新四军。淮南、淮北解放区军民在敌我力量对比悬殊的不利条件下,不争一城一地的得失,以歼灭敌人有生力量为主要目标,在运动战中各个歼灭敌人。②

(一)萧县尚口战斗

早在国共双方停战协定签订不久,国民党就在徐州积极集结

---

① 中共中央党史研究室:《中国共产党历史》(第一卷),北京:中共党史出版社,2002年,第710—714页。

② 中共安徽省委党史研究室:《中国共产党安徽地方史》(第一卷),合肥:安徽人民出版社,2000年,第480页。

大军,并于1946年4月成立由薛岳任主任的徐州"绥靖"公署,不断调派部队沿津浦铁路、陇海铁路向淮北解放区进犯,挑起一系列冲突和摩擦,其中最为突出的是萧县尚口事件。

尚口位于萧县城西北10余里处,离陇海路约5公里,距徐州30余公里。是萧县第六、第七区的结合部,是国民党萧县土顽进犯县城的必经之地,战略地位十分重要。

1946年2月初,华中局第八地委在濉溪镇附近丁合孜召开扩大会议,传达党中央关于和平民主新阶段的精神,中共萧县县委书记孙明远带领县、区干部参加会议,会后向全县人民宣传了会议精神,在党政军民中引起了强烈反响。绝大部分同志认为,我党与国民党进行了20多年的斗争,国民党不可能与我党在一起搞和平民主建设。而且,萧县国民党土顽还不断地在解放区边沿地区抢粮、抓夫、骚扰群众,人民生活不得安宁,萧县人民武装还经常进行着反摩擦斗争。但也有部分同志受和平民主思想的影响,产生麻痹思想,认为国民党不可能挑起内战,不会与我党发生大的军事冲突,我党下一步的工作重点应该放在解放区的减租减息和生产建设上。3月,华中局第八地委召开县委书记、县长联席会议,会上夏邑县介绍了建立据点的经验,认为建立据点有利于打击向解放区蚕食的国民党顽固派。会上决定在萧县尚口等地设立据点,以控制我方原有的边界线。对设尚口据点,萧县县、区干部持有不同意见,县委内部也有很大的争议。有的人认为,国民党的地方部队敌不过我方的正规军,不敢轻举妄动,建立据点,

既可以控制敌人，也能以此为界，达到占地盘的目的，是新形势下的新办法。有的人认为，国民党反动派暗藏杀机，蠢蠢欲动，尽管解放区武装力量不断壮大，总的形势还是敌强我弱，不宜设立据点。虽然对设不设据点有不同观点、不同意见，但萧县县委最后仍执行了地委的决定，在尚口建立据点。①

据点设在尚口村北部地势较高的一家地主宅院内，周围挖两丈宽一丈五尺深的壕沟，沟土向里翻作屏障，壕沟外放置了交叉的树木枝干作为鹿砦。据点大门朝南，留有壕沟的一段没有挖断，是唯一的出入口。据点内构筑了一些军事防御设施。4月中旬，据点建好后，华中第八分区萧县总队副队长刘为敬、政治处主任张庆怀率直属队和第三营的第七、第九连2个连进驻尚口。同时，华中第八分区主力第三十四团和骑兵大队一部驻扎在距离据点5里的陶楼等数村，村与村之间有交通沟相连，以便随时相互接应。另有第三十四团的第四连，由副营长任侠率领，驻守在尚口据点外200米处的丁庄，实为据点之桥头堡。②

在修筑尚口据点时，盘踞在陇海路北的国民党萧县保安团就将其视为眼中钉、肉中刺，处心积虑地伺机进行破坏，多次向尚口一带进犯，均被萧县总队击退。

---

① 中共萧县县委党史研究室：《中国共产党萧县地方史》（第一卷），北京：中共党史出版社，2006年，第233—234页。

② 中共萧县县委党史研究室：《中国共产党萧县地方史》（第一卷），北京：中共党史出版社，2006年，第234页。

4月19日,国民党萧县县长黄体润带领保安团在驻陇海铁路沿线的国民党第八十八师第六十三团一部的配合下,向尚口一带萧县总队驻地再次发起进攻,第八分区第三十四团和萧县总队及区乡队被迫自卫还击,激战十多小时至黄昏,国民党顽军死伤200余人被击退。战斗中萧县总队干部孟庆祥负重伤。

在与敌斗争中,尚口据点建成,萧县国民党政府纠集了一批逃亡地主,组成了联合请愿团到徐州,拜请国民党军师长方先觉(方系萧县十区褚兰人),派兵攻打尚口据点。同时,以纵子涵、汪敬民为首的30多个萧县籍反动头子也上书方先觉,请求打尚口,方先觉根据其主子早有发动内战的旨意,满口应允,愿全力支援萧县保安团攻打尚口。

4月26日晚9点多,夹河寨地下情报站的孙东民送来紧急情报,"据悉夹河寨、郝寨、杨楼、黄口等车站均增加了大量的敌人,企图不明。望我县总队特别注意。"刘为敬接到情报后,沉思了一会说:"国民党正规军在和谈期间调兵遣将,想搞个什么名堂,可能企图不轨。"随即将这一情况报告给分区首长和第三十四团,并立即召开排以上干部会议,通报敌情,要求全体指战员日夜警戒,注意敌人动向。第三十四团当夜也派侦察班到尚口北三座楼侦察敌情。

27日凌晨,国民党第八十八师和国民党萧县保安团撕去了假和平真内战的遮羞布,以8000余人的优势兵力将尚口据点包围。萧县总队在无撤退命令的情况下,也没有采取相应措施,只好孤

守据点,同国民党军相比,显然处于劣势的萧县总队陷入了被动局面。①

尚口被包围后,据点内全体指战员连早饭也没有吃,就迅速进入各自阵地,敌人在飞机和数十门大炮的掩护下,气势汹汹地向尚口阵地发起了猛攻。刘为敬、张庆怀分别到第七、第九连阵地亲自指挥战斗。

战斗中,萧县总队顽强抵抗,敌人发现很难接近据点,便移向小丁庄和据点南部的几户民房做重点进攻。驻守小丁庄第四连的全体同志在副营长任侠、连长齐照贤和指导员刘旭初的指挥下,一上午打退了敌人的数次冲击。我军伤亡过半,任侠负伤多处,刘旭初在反击敌第二次进攻中中弹身亡,齐照贤在敌第四次攻击中被炮弹炸死,三排长也牺牲在战壕里,一排长刘昌海代理连长继续指挥战斗,一直坚持到下午3点多,萧县总队连续两次命令他们撤到据点坚守。此日,任侠和刘昌海带领仅剩下的四五十人撤回据点,小丁庄失守。

敌人用了1个营的兵力向据点南部的几家民房数次猛扑,均被萧县总队击退。下午1时许,敌先用大炮猛轰,接着集中了火力再次发起攻击,我军不支,被迫撤进据点。敌占据民房后,在房顶架设了机枪,居高临下向据点内射击,致使萧县总队在据点内无法运动。

---

① 中共安徽省委党史研究室:《安徽现代革命史资料长编》(第四卷),内部资料,2004年,第56页。

敌在对尚口据点发起进攻后,气焰嚣张,用2个团的兵力在其炮兵的掩护下,妄想迂回包围驻守陶楼、祁洼的分区第三十四团,企图以优势兵力吃掉我军主力。第三十四团在团长扶廷修的指挥下与敌展开了激战,打退了敌人的3次进攻,毙敌300余人。第三十四团也有较大伤亡,其中第一营被敌人冲垮。分区首长和扶廷修面对敌众我寡的形势,认为如果与敌继续打消耗战,不仅达不到援救萧县总队的目的,且有被敌人吃掉的危险。为保存革命武装和伤员的安全,于中午跳出敌人的包围圈,撤回内地。①

小丁庄和据点南部民房失守后,敌缩小了包围圈,集中全部火力向据点轰击,在方圆数千平方米的据点内,落下千余发炮弹,尚口据点工事受到严重破坏。在这紧急情况下,总队政治处主任张庆怀准备组织火力夺回被敌占领的民房制高点,在观察地形时,头部中弹随即牺牲。张庆怀的警卫员小董,看到倒在血泊中的首长和众多牺牲的战友,怒火满腔,跃出战壕和敌人拼杀,用匣枪把刚爬上壕沟的七八个敌人打死。之后,他被两个敌人抱住,他当即拉响了身上的手榴弹,高喊:"张主任,我随您去啦!"轰隆一声与敌人同归于尽。刘为敬听到张庆怀牺牲的消息,万分悲痛,面对战友的遗体发誓:"庆怀同志安息吧!我们活着的人一定为您和牺牲的战友报仇,坚决打退敌人的进攻,用鲜血和生命保卫这块土地!"他的话深深激励着在场的每个战士,大家决心化悲

---

① 中共安徽省委党史研究室:《安徽现代革命史资料长编》(第四卷),内部资料,2004年,第57页。

痛为力量，狠狠打击敌人。第七连指导员叶文明正指挥反击，突然一颗手榴弹落在一战士的身边，他跃身拾起扔了回去，被敌人的子弹击中而光荣牺牲。萧县总队副参谋长陈延年在北面战壕里指挥战斗时壮烈牺牲。第四连代理连长刘昌海在战壕里被敌炮弹炸死。

血战至下午5点多，萧县总队大部分同志牺牲，子弹几乎打光。手榴弹所剩无几，能用的机枪只有三四挺，重伤员无法包扎和转移，但无一人叫苦，轻伤员仍坚守在阵地上。在弹药奇缺的情况下，同志们利用刺刀、砖头、石块和敌人搏斗，有的同志将敌尸体上的子弹和手榴弹拿来补充自己，一直坚持到天黑。在这血与火的战斗中，虽然歼敌近千人，但萧县总队和第四连也牺牲了张庆怀以下官兵近300人，鲜血染红了尚口据点。

战斗从早晨持续到晚上6点多，敌从南门口以排为单位继续向据点进攻。在弹尽援绝的情况下，刘为敬带伤一边组织火力阻击顽敌，一边组织仅剩下的150多人突围，把掩护突围的任务交给了第九连指导员石立志，并送去了两三百发子弹和少数的手榴弹，让他们在北面狠狠打击敌人，吸引其注意力。刘为敬带领近百人从西南角突围。当敌人发现我军突围时，又集中机枪向我军突围方向扫射。刘为敬等20余人在突围时中弹牺牲。

尚口据点被敌占领后，萧县总队不能走动的重伤员全部被敌用刺刀穿死，轻伤员和后勤人员被俘，被带到国民党萧县县政府驻地管粥集审查，共产党员、干部、机枪手被敌全部活埋。第三十四团第二营副营长任侠,萧县总队第七连连长张殿清,第九连连长朱孔富、指导员石立志,直属队指导员谢庆露等20余人带伤突围归队。

尚口战斗这一血的事实,证明了顽敌国民党方先觉部在萧县打响了内战的第一枪,充分暴露了国民党假和平真内战的丑恶嘴脸。尚口战斗之失利,主要是由于敌众我寡,国民党军出动了近20倍于我军的正规部队,我军仅有400多人的武装坚守阵地。在敌强我弱的形势下,修筑据点打阵地战的策略是完全错误的,是违反毛泽东游击战略思想的。在战斗打响后,分区又没有采取相应措施,仍让死守阵地,造成了极为惨重的损失。其次,受和平思想的影响,我军存在轻敌麻痹思想,认为在和谈期间敌人不敢明目张胆地发动大规模进攻,过于迷信《停战协议》,缺乏应有的警惕性。①

(二)灵璧朝阳集战斗

1946年6月26日国民党发动全面内战后,国民党军队20万人向淮北解放区发起重点进攻。7月13日,国民党军队自徐州、夹沟、宿县、固镇等地数路向淮北路东(华中第七分区)发起进攻。18日,薛岳率5个整编师10个旅分三路侵入淮北中心区。与此同时,国民党还调集新五军整编第十一师、第八十二师、第五十八

---

① 中共安徽省委党史研究室:《安徽现代革命史资料长编》(第四卷),内部资料,2004年,第54—59页。

师和交警第二、第七、第九总队加上江苏省保安旅，各县保安团和张岚峰的整编第四总队等，共约 17 万之众，从徐州、蚌埠、宿县、商丘等地沿陇海铁路和宿永公路，大举向淮北路西（华中第八分区）发起进攻。国民党军队每占领一个地方，都搜查抗日家属，吊打抗日人士，强迫退租退田，进行反攻倒算。整个淮北大地处在一片恐怖之中。①

7 月中旬，徐州地区之敌分三路齐头向东进犯。北路为整编第二十八师全部，沿陇海铁路两侧进犯，以运河铁桥及以南地区为攻击目标。南路为桂系第一七一师 5000 余人，由沱河、濠城地区向灵璧攻击前进。中路为整编第六十九师之第九十二、第六十旅并配属预三旅，由曹村夹沟出发东犯，企图首先侵占渔沟、朝阳集、双沟、房村地区后，再向睢宁、宿迁攻击前进。7 月 25 日抵达第一步预定地区，以第九十二旅位于渔沟地区，第六十旅位于朝阳集地区，预三旅位于双沟镇地区。为防我军各个击破，7 月 26 日向北收紧兵力，缩小其进攻正面。预三旅进至庙山圩、寿山地区；第六十旅进至双沟、房村地区；第九十二旅亦由渔沟北移，进至朝阳集地区。

7 月 26 日黄昏，敌第九十二旅到达朝阳集后，即部署兵力，构筑简易工事，组成野战防御。以第二七四团控制朝阳集及朝阳集东北山地，该团以两个营位于朝阳集，展开一个营控制凤凰山、璜

---

① 中共安徽省委党史研究室：《中国共产党安徽地方史》（第一卷），合肥：安徽人民出版社，2000 年，第 484 页。

山、张山口、九顶山、杨山等高地,第二七六团第一、第三营控制枕头山及附近村庄,第二营仍留渔沟坚守,旅炮兵营在朝阳集东南角操场占领发射阵地,旅指挥所原在大赵庄,天黑后转移至朝阳集。至当晚9时左右,仓促部署完毕。

鉴于形势日趋紧张,7月初,我军山东第二纵队进至土山镇附近王八庄、占城、左邳等地区集结。华中第九纵队进至尹集地区集结待命。徐州之敌开始东犯后,为积极寻找有利战机,打击进犯之敌,我军组织了部分干部和侦察分队进至双沟、朝阳集、渔沟等地区活动,进一步察明敌情。①

朝阳集位于徐州东南,海郑公路南侧,集镇不大,但周围村庄稠密,西有老母猪山、枕头山,东有凤凰山、九顶山等大小18个高地,敌人占领朝阳集后,控制了附近全部高地。每个高地多以一个连,少以一个班,并配属有重机枪防守,企图凭借有利地势,阻止我军进击,作为而后向我军纵深进犯的出发阵地。

抗日战争时期,第二纵队曾活动于朝阳集地区,因此,多数干部对这一带的地形、民情较熟,群众基础较好,对我军作战较为有利。

为打击进犯之敌的嚣张气焰,在摸清徐州来犯之国民党军的行动路线后,新四军军长兼山东野战军司令员陈毅决定集中优势

---

① 中共安徽省委党史研究室:《安徽现代革命史资料长编》(第四卷),内部资料,2004年,第60页。

兵力,对来犯之敌发起反攻。① 第二纵队奉命指挥第二十旅、华中野战军第九纵队一部,乘中路进犯敌人换防调动,立足未稳之际,以野战出击的手段,速决全歼敌第九十二旅于朝阳集地区。

第二纵队受领任务后,鉴于地形、民情较熟,部队士气高涨。为不失战机,速决歼敌,决心于26日黄昏后开始接敌运动,当晚进入战斗,以一部兵力利用夜间插入敌后,切断敌之相互联系和断敌第九十二旅的退路,以一部兵力围歼朝阳集之敌。并指示各部队在向指定地区搜索前进中,利用各种手段,进一步察明敌情。

具体布置是第四旅担任主要攻击任务,首先坚决夺取朝阳集以东杨山、张山口、璜山及凤凰山等高地,扫清外围,并加以控制,而后围歼朝阳集之敌。该旅先以第十团、第十二团歼灭朝阳集以东山地之敌;第十一团经杨山、京渠插至朝阳集以南。得手后,全力攻击朝阳集之敌。第九旅由庄楼、张庄之间通过海郑公路,插至朝阳西北杨桥、刘八集、陆村地区,阻敌增援,断敌第九十二旅的退路,并以一部兵力从侧后向枕头山方向进攻,配合第四旅合歼朝阳集之敌。第二十旅于27日零时前进至大王集西北苏塘营陈楼地区,做好一切战斗准备,随时准备由东向西出击双沟镇出援朝阳集之敌。华中第九纵队步兵3个团首先进至朝阳集与渔沟之间地区,切断敌人的联系,而后以部分兵力围歼渔沟守敌;骑

---

① 中共安徽省委党史研究室:《中国共产党安徽地方史》(第一卷),合肥:安徽人民出版社,2000年,第484页。

兵团沿朝阳集西侧进至房村以西、潘塘地区活动,破坏海郑公路阻挠徐州敌人可能之东援。①

各部队接受任务后,立即组织部队向预定地区搜索前进。至 26 日晚 10 时,第九旅先头第二十六团进至朝阳集东北梁庄、崔楼地区,根据侦察得悉我军穿插路线上之杨桥、赵楼、武楼、唐庄等地均驻有敌人,系第六十旅由朝阳集北移之敌。第九旅为保证尽快插入敌后,切断第九十二旅的退路,割裂第九十二旅与第六十旅的联系,决心以勇猛的动作坚决歼灭上述地区之敌,扫清障碍。即一面将情况和决心向纵队报告,一面给各团区分歼敌任务。当晚 3 个团均投入战斗,与敌激战一夜,至 27 日拂晓前,上述地区之敌大部被歼,一部逃窜。第九旅进到指定位置,实现了预定的目标。

第二十旅和华中野战军第九纵队亦于 26 日晚,以迅速的动作进到预定的地区,切断了敌人的相互联系。

在各穿插部队行动时,担任主攻任务的第四旅部队,隐蔽地进至黄庄以南、杨山以东地区,积极进行攻击准备。27 日凌晨 2 时,各团开始攻击,至拂晓,第十团攻占三楼、孟山口及以南无名高地;第十二团在第十团右翼攻击前进,第一营攻占裴集,第二、第三营攻占宁山口后又以勇猛的动作一举攻占璜山;第十一团攻占杨山、京渠。以上地区之敌一部被歼,一部向朝阳集龟缩。各

---

① 中共安徽省委党史研究室:《安徽现代革命史资料长编》(第四卷),内部资料,2004 年,第 61 页。

团占领上述地区后,构筑简易工事和防炮掩体,准备继续攻击和抗敌白天反扑。

27日早8时,敌集中炮6门、迫击炮10门和凤凰山上的全部轻重机枪向璜山反击。鉴于山上隐蔽条件较差,第十二团为保存实力,主动撤离璜山,璜山为敌所占。27日白天,第四旅在与敌对峙的同时积极进行攻击准备,待天黑后再次向敌发起攻击。

27日晚9时30分,第十团第三营由东向西攻击璜山,经1小时战斗,歼敌2个排,攻占了璜山。在第三营向璜山发起进攻的同时,第二营沿后圩子以北秘密迂回至老母猪山北侧,28日凌晨1时左右,突然由北向南偷袭老母猪山,经半小时激战,歼敌1个连。第二营占领该山后,加以控制,并对朝阳集之敌实施警戒。28日凌晨3时,第十团第三营由东北、第十二团一部由东南向凤凰山守敌发起攻击。敌用步兵1个连、重机枪4挺,依托有利地形组织抵抗,我军攻击部队密切协同,主动配合,经1小时激战,敌大部被歼,一部逃至朝阳集,我军乘胜追击,并攻占了后圩子。①

经过与敌激烈战斗,我军完成了对朝阳之敌的最后包围。纵队决心拂晓前向敌发起最后总攻,全歼敌人。第四旅即部署兵力,准备攻击。其具体部署是:第十二团全力从北门攻击;第十团第一营和第三营(欠第七连)由西门攻击,第二营仍控制老母猪山,且该营以1个连前进至朝阳集西南,阻敌向西南突围,第三营

---

① 中共安徽省委党史研究室:《安徽现代革命史资料长编》(第四卷),内部资料,2004年,第62页。

第七连控制凤凰山西南山腿,监视敌人;第十一团进至朝阳集以南,阻敌向南突围。

28日凌晨5时3分,总攻开始。第十二团一举突破北门,乘胜向东南发起进攻,夺取了敌炮兵阵地;第十团突破西门后,直接向敌旅指挥所发动进攻。战至早7时,将敌大部压缩在集镇南部,敌一面组织顽抗,一面向徐州求援。28日早8时,在徐州敌10余架飞机掩护下,朝阳集之残敌,遗弃重武器和车辆,以密集的队形拼命向西南突围,第十一团和第十团第二营紧跟尾追。敌逃至枕头山并与枕头山敌汇合后,一面组织抵抗,一面向徐州方向逃窜。下午1时,敌逃至刘八集附近,第九旅第二十五、第二十六团截击住敌人并与第四旅一起将敌全歼。渔沟之敌第二七六团第二营也被第九纵队予以歼灭,战斗胜利结束。①

朝阳集战斗是全面内战爆发后,我军在淮北解放区打的第一个歼灭战,打击了国民党的嚣张气焰,鼓舞了我军民士气。毛泽东给予很高评价。陈毅即兴赋诗:"十万旌旗泗水阳②,淮南淮北遍玄黄。陆攻空炸天地窄,烧杀抢掠鸡犬亡。还乡土劣旧奸伪,美械蒋军新虎狼。人民怒撼山河动,背水奇功敌尽降。"③

---

① 中共安徽省委党史研究室:《安徽现代革命史资料长编》(第四卷),内部资料,2004年,第63页。

② 一作"二十万旌旗泗水阳"。见中共宿州市委党史研究室:《中国共产党宿州史》,北京:中共党史出版社,2001年,第217页。

③ 中共安徽省委党史研究室:《中国共产党安徽地方史》(第一卷),合肥:安徽人民出版社,2000年,第484页。

(三)血战泗城

朝阳集战斗结束不久,山东野战军第八师和华东野战军第九纵队等部又发起了攻打泗城的战斗。

泗县作为淮北解放区的重要组成部分,是当地军民经过浴血奋战开辟出来的,是淮北路东的政治中心,也是国民党军进攻苏皖解放区的前沿阵地。8月3日,国民党军侵占泗城,华中第七地委党政机关退出泗城,向东转移。泗县县委、县政府撤到泗北屏山一带活动。

鉴于泗城重要的战略位置,8月7日,华东野战军第九纵队、山东野战军第八师发起泗城战役。陈毅决定,由宋时轮指挥,对据守泗城国民党朱乃瑞师进行围攻,山东野战军第八师(师长何以祥)担任主攻,华东野战军第九纵队佯攻,第七分区赵汇川率2个团配合作战。

晚10时,战斗开始,第二十二团以第一营向北大门、第二营向小北门发起了攻击,第三营在第一营后跟进;第二十四团第一营、第三营随后跟进,突破十分成功,我部随即攻占了城北关。可向城里推进时,遭到国民党军的顽固抵抗,开始逐街逐巷逐屋进行争夺,得而失、失而得,战斗呈胶着状态。天亮后,国民党军很快从混乱中清醒,凭有利地形和预设工事,仗其优势炮火,向我军猛烈轰击。我军突击部队与城外的联系被隔断。时值雨季,连日暴雨,河水泛滥,平地水深一米以上。第八师攻入城内,因攻坚使用的炸药受潮失灵,未能全歼守敌。双方均伤亡近4000人。战士在齐腰深的泥水中作战,运动不便。重武器及弹药难以运入,我军伤亡增大,进攻受阻。打援的兵力又被陡涨的河水所阻,无法投入攻城。加之国民党王牌军整编第七十四师张灵甫部与整编第六十九师戴之奇部进展甚快,国民党军出动6架飞机轮番轰炸我军阵地,徐州、五河、灵璧、固镇之敌出动增援,我军腹背受敌。奉上级命令,9日夜,攻城部队撤出城区。除留第九纵队运动防御阻击敌人外,各纵队全部向运河以东转移。泗城战役失利。①

野战军主力转移至运河以东后,国民党随即控制津浦路、陇海路、运河、淮南路沿线,并对其实行严密封锁,割断淮北路东地区与华中其他解放区的联系。从8月起,华中第七地委领导地方武装及广大干部群众坚持游击斗争近4个月,由于敌我力量悬殊,也由于第七地委负责人对长期坚持斗争思想准备不足,于11月25日主动向运河以东撤退。淮北路东陆续被国民党军全部占领。路东洪泽湖周围各县的部分党政干部、地方武装及拂晓报社等机关人员撤到洪泽湖内,成立以第七地委联络部部长姚克为书记的洪泽湖工委,坚持洪泽湖斗争达58天,成为淮北挺进支队重返淮北的内应力量。②

---

① 中共泗县县委党史研究室:《中国共产党泗县地方史》(第一卷),北京:新华出版社,2004年,第191—193页。

② 中共安徽省委党史研究室:《中国共产党安徽地方史》(第一卷),合肥:安徽人民出版社,2000年,第485页。

(四)宿西、萧县、砀南的反击作战

1946年7月初,根据上级部署,靠近铁路沿线的宿县、宿西、萧县、萧铜、宿怀等县总队,在主力配合下,再次破坏徐蚌铁路,并攻占了曹村车站,歼敌一部,迫使铁路运输中断,打乱了国民党军的计划,有力地配合了山东野战军作战。

7月10日,国民党交通警察第二总队由总队长张绩武率领,从徐州出动,占领萧城、岱山口、瓦子口等地,并向萧县西部进犯。国民党第五十八师师长鲁道源率新十旅第二十九、第三十团,在宿县保安团的配合下,由宿县出动,向宿西进犯,12日占领濉溪口。濉溪市副市长刘建冰、市工会主席曹自安、宿西县政府秘书杨履坤等被俘,后遭敌杀害。

8月6日,宿西、萧县总队和第八分区主力第三十四、第三十五团,经一夜急行军直扑宿西百善集,猛烈袭击驻在那里的国民党第五十八师新十旅一部及地方土顽。首战告捷,歼敌120余人。次日清晨,分区主力继续追击,在百善集东李庄与国民党军一个营的兵力发生激战。由于驻濉溪的国民党军赶来增援,野战军在有伤亡的情况下,撤出战斗。①

8月10日至16日,晋冀鲁豫野战军连续两次破击陇海路徐州至开封段,收复县城5座,歼敌1.6万人,破坏铁路300里,切断了国民党军向华东运兵的大动脉。

---

① 中共安徽省委党史研究室:《中国共产党安徽地方史》(第一卷),合肥:安徽人民出版社,2000年,第486页。

萧县、砀南、永城、夏邑等县、区、乡组织动员了民兵和民工3万余人参加破路,使150里铁路大翻身,铁路通信设施也大部被破坏。华中第八分区主力呼应野战军,攻克黄口镇和黄口车站,消灭铁路沿线国民党地方武装几十人。

8月12日,砀山县大队配合杨勇司令员率领的晋冀鲁豫野战军第七纵队2个团,攻克砀山县城,俘敌2000余人,缴获重机枪40余挺,自行车200辆,活捉了国民党砀山县党部书记长张瑞峰、县长刘天展、训育长陈跃民、警察局局长陈跃渠、青年军干事周则儒、保安旅旅长李宗祥、县保安大队队长李效先、副大队长周作坤等一大批党政军要员。在押送俘虏途中,走到西关桥头时,李效先想逃跑,被侯体备当场击毙。①

砀城解放了,正当全城军民欢庆胜利的时刻,晋冀鲁豫野战军政委邓小平一行,来到了砀城。根据邓小平政委提议,在树荫下召开了领导干部会议,杨勇司令员主持了会议,邓小平政委做了重要讲话,肯定了攻克砀城的成绩,总结了经验教训。会后,主力部队作了战略转移。

这是解放战争期间,我军第一次解放砀城。

---

① 中共砀山县委党史研究室:《砀山革命史》,内部资料,1999年,第119页。

二、全面恢复

1947年6月,解放战争经过第一年,人民军队挫败了国民党军的全面进攻和重点进攻,在斗争中得到发展。中共中央审时度势,决定人民解放军主力转入外线作战,发起战略进攻,调动敌人收缩回防,逐步将战争引向国民党统治区,改变敌我之间攻防态势,制定了"大举出击,经略中原"的战略方针。

7月,刘邓大军强渡黄河天险,实行中央突破,千里跃进大别山,揭开了战略进攻的序幕。毛泽东说:"这是蒋介石二十年反革命统治由发展到消灭的转折点。这是一百多年来帝国主义在中国的统治由发展到消灭的转折点。"

8月13日,刘邓大军进驻豫皖苏第三分区商亳鹿柘县,刘伯承、邓小平、李达首长接见了县长孙清淮,对这个县的武装建设和斗争给予热情关怀和支持,勉励大家坚持斗争。

9月,陈毅、粟裕率领的华东野战军为配合刘邓大军挺进大别山,从鲁西南越陇海路南下发起豫皖苏战役,在10余天内,连续攻克夏邑、永城、涡阳、蒙城、灵璧、义门、龙山等城镇,占领烈山煤

矿和濉溪，奔袭宿县县城，解放 7 座城镇，歼灭国民党军10756 人。①

9 月 26 日，华野总部到夏邑县李半截楼宿营，夏邑县委书记郑淮舟、副书记姜克前往总部慰问，受到陈毅司令员接见。陈毅司令员听取了郑淮舟的工作汇报，表示满意。对该县武装斗争、建立政权、进行土改工作表示赞扬。

9 月 30 日，华野第四纵队攻克蒙城，纵队首长对宿蒙县的工作进行了指导、帮助，支援了地方一批枪支。

10 月，华野发起陇海路破击战，破路 300 里，歼敌万余，解放城市 24 座。叶飞指挥华野第一纵队于 10 月 8 日攻克砀城和李庄车站，全歼守敌第二十四师第七旅旅部与 2 个团、砀山县保安团等，生俘敌旅长、团长以及国民党砀山县县长、县党部书记长以下官兵 4000 人，缴获大批枪支弹药、军用物资，拆毁了砀山至黄口铁路 60 里，切断了国民党军平汉、津浦路联系的干线，使敌失去机动兵力作战的有利条件。战斗中，砀山县积极配合主力作战，动员大批民工上路，搬运物资。这也是我军第二次解放砀城。

刘邓大军南下，陈粟大军发起豫皖苏战役、陇海路破击战，扭转了中原战场整个局势，造成了我军战略进攻的大气候。在我军的强大攻势下，淮北一带的敌军纷纷龟缩到铁路沿线城镇，国民党地方武装、土顽更是惊恐万状，困守据点，不敢远离。这样，为

---

① 中共宿州市委党史研究室：《中共宿州党史大事记》，内部资料，1999 年，第 197 页。

各县的恢复创造了极为有利的形势,恢复地区工作进入了全面开展时期。①

(一)神树村歼灭战与萧县全面恢复

在淮北路西,豫皖苏第三地委根据形势和萧、宿、砀广大农村成了真空地带的实际情况,迅速东进,恢复萧县、宿西、砀南等地。

1947年10月,第三地委以朱玉林、王尚三、单劲之、张祚兴组成萧县县委、县政府,11月撤销萧宿永县,以萧县的第三、第四区为基础,恢复萧县。

萧县县委回到县境以后,首先建立政权,发展武装,仅两个月县大队就发展到300人枪,建有8个区政权,每区都有几十人枪的区队。

陈粟大军转战中原后,敌徐州"剿总"为加强徐州外围防务,增设据点,扶植地方反动武装,萧县保安团有4个营,且有轻重武器,装备精良,并组织黑杀队、突击队,进行反扑,扼杀新生政权。

1947年底到1948年初,敌趁我军立足未稳,连续地出动、进攻,萧县新恢复区、乡均遭到破坏,干部战士牺牲百余人。针对敌人的进攻,我军采取灵活机动、大步前进、相机作战、奇袭穷追猛打的战术,与敌作战,先后取得史庄伏击战和沙河阻击战的胜利。

1948年1月29日,豫皖苏军区独立第五团和萧县大队在黄

---

① 中共宿州市委党史研究室:《中国共产党宿州史》,北京:中共党史出版社,2001年,第242—243页。

口南史庄埋伏,歼灭萧县保安团和第四、第五区2个区队,共200余人,缴重机枪1挺,轻机枪8挺,步枪百余支。①

1948年春,国民党萧县县长换成了李公达,李公达改用远道奔袭、迂回包围、连续出动、全力合击的战术对我方进攻,并增设据点,形成碉堡群,实行联防呼应配合作战,李公达称之为"铜墙铁壁",说解放军难以逾越。李公达还脚穿草鞋,手执火枪,亲自督战,进攻萧西,扬言三个月消灭共产党。敌一度将萧县党政武装挤到萧永边境20余天。

8月,萧县县委为打击敌人,派百人武装插入敌人腹地。副县长单劲之、孟庆祥留下县大队的后方机关,率2个连的精干武装,配合王寨区区队,由第五区张集子出发,一下插到萧永公路南侧的接驿集驻下。接驿集在萧永公路南侧300米处,是一个普通的穷村子。村外四面是沟,易守难攻,容易封锁消息,军事上是难得的地利。

21日,天未亮,队伍便吃了早饭。为及时捕捉敌情,我方部分干部、战士换上便衣,在公路两侧的庄稼地里干农活。单劲之、孟庆祥两人坐在村后一片坟地的坟头上,观察公路上敌人的动静,指挥全局。

上午七八点钟,敌人在公路上出现了。120多人的队伍向着神树村方向运动。

---

① 中共宿州市委党史研究室:《中共宿州党史大事记》,内部资料,1999年,第203页。

"追上去,别让敌人溜掉!"单劲之下达了作战命令。孟庆祥迅速整理队伍,如猛虎下山扑向神树村。

队伍到了神树村东头,遇到下地干活的老乡。老乡告诉他们,顽第三区区长侯克祥和他的区队,正在村里吃派饭。队伍停在神树村后的小河里,单劲之、孟庆祥率队作了简短的动员,分析了敌情,要求速战速决。接着布置战斗任务:王寨区区长吴精忠带领区队绕到神树村南的河里埋伏,防止敌人南犯。村北枪不响,村南不准动;第一连连长张瑞武率队从村东突破;第二连连长张梦朗率队由村北楔入,再分兵扩大战果;孟庆祥率队冲锋,单劲之带一个排作为预备队留守村东北,指挥全局,严防敌人向东北逃窜。一声令下,两连战士直插村里。敌人进了神树村后,只在村西南方向设了岗哨,就以班为单位把枪架起来吃饭。饭还没吃完,有的就被击毙,有的被活捉。

侯克祥、蒋相增一伙人,被突如其来的枪声弄得晕头转向,慌忙躲进一大户人家的院落里。这时,顽区队长杜文美想出去看个究竟,刚出大门,就被机枪打断了双腿,旋即而死。

这座大院被县大队第一、第二连围了个水泄不通,战士们用机枪封住了院门,往院里猛掷手榴弹,敌人在院子里已无险可守,只有等死。蒋相增一伙高喊:"你们别打了,我们投降!"随后,他们便把枪交出来,当了俘虏。亡命徒侯克祥躲到一幢砖墙瓦顶的西屋负隅顽抗。孟庆祥看到一时不能结束战斗,焦急万分,将匣子枪推上顶门火就要冲上去。张瑞武一把按住了他,说了声"我去",随即扔了两颗手榴弹,冲了上去。刚冲到门口,侯克祥一梭子子弹打来,张瑞武肩下连中三弹,其中一颗子弹穿透前胸,负了重伤,当即晕倒在地。正面冲不上去怎么办?第二连连长张梦朗命令几名战士爬上屋顶,揭开瓦片,往屋里扔手榴弹。侯克祥便往屋顶扫射,第二连又有几个战士被打伤。

时间不允许再拖下去,驻在濉溪口的敌人、驻在崔口的敌保安团,离神树村都不足20里,很可能出来支援。侯克祥这个双手沾满人民鲜血的杀人魔王不除,战斗不能结束。孟庆祥急中生智,利用与侯克祥的表亲关系,向侯克祥喊话:"表叔,你不要打了,再打你就活不成了,缴枪可以保证你的人身安全。"侯克祥嚎叫了一声"你说话可要算数",就把枪扔了出来,承认了他的失败。[1]

大家打扫战场,迅速撤出战斗,神树村歼灭战,仅40分钟,就毙敌30余名,俘敌第三区区长、区党部书记以下人员50名。[2] 缴获机枪2挺,步枪数十支,受到豫皖苏军区的表扬。群众拍手称快,欢呼"歼灭了侯克祥,除了活阎王"。

5月中旬,豫皖苏军区独立旅和第三分区主力攻克萧西吴楼据点,歼敌400余人,击毙敌保安团营长刘安良,继而又拔除了徐

---

[1] 中共萧县县委党史研究室:《中国共产党萧县地方史》(第一卷),北京:中共党史出版社,2006年,第265—267页。

[2] 一说"歼灭国民党一个中队40余人,俘敌区长等40余人"。见中共宿州市委党史研究室:《中共宿州党史大事记》,内部资料,1999年,第208页。

庄据点,打开了萧西局面。李公达的"铜墙铁壁"成了一堆"豆腐渣",敌龟缩在县城、黄口城镇。

萧西局面好转后,12月,朱玉林带领部队向萧县陇海路北发展。18日,在形势逼迫和我方感召下,萧县保安团副团长胡映熙率部携带轻重机枪20挺、步枪200余支、子弹数千发,向我方投诚。萧县陇海路北形势好转,我方随即建立政权,萧县陇海路北得到恢复。

在宿西,1947年11月,豫皖苏第三地委以萧宿永县的隋堤等区为基础建立宿西县。宿西县县委书记田启松、县长赵元俊率部进入宿西,依托永城刘河、苗桥两区开展活动。1948年4月宿西大队配合主力在宿永公路设伏,当场击毙国民党区长贾芳谷,歼敌大部。以后又陆续恢复临涣、百善、杨柳等区。

为了加强津浦路边沿区的对敌斗争,1948年3月,第三地委成立萧宿县,县委书记为王尚三,县长为张岸,活动在萧城以南、口子镇以北、津浦铁路以西地区。这样,萧县、宿西、萧宿三县并肩战斗,有利于津浦路西沿线对敌斗争的开展。

(二)砀山全面恢复与贾庄地道战

1947年底,豫皖苏第三地委为了加强陇海路边沿区的对敌斗争,开辟永夏萧砀地区,决定以永砀工委为基础,成立砀南县委,调永城县委书记兼县长鲁禹道任砀南县委书记兼县长,副县长为刘笑萍。辖5个区。①

砀南县成立之后,以永城的太丘、薛湖为依托,积极地向砀山第五、第六区发展。当时以顽韩镇镇长丁晋卿为首的一伙逃亡地主、流氓、恶棍200余人,经常窜扰砀南地区,抢粮抢牲畜,杀害地方干部及其家属,严重危害基层政权和群众生命财产的安全。1948年3月,砀南县大队在韩镇设伏,将丁晋卿部击溃,毙俘伤十几人,后打死抢粮的顽巴清镇大队长和络集镇长。4月,县大队带2个区队攻打李破楼乡公所,击毙伤50余人。5月,围攻任屯还乡团,毙伤百余人。7月,县大队击退了永城县保安团500余人的进犯,当场击毙保安团团长刘显庭以下数十人。

通过武装斗争的开展,打击了敌人,开辟了新区,到1948年夏,砀南县已有6个区。砀南大队改为砀南支队,有6个连兵力。

砀北的砀山县委活动在黄河故道一带,他们在故道上开挖地道,并连接成网,掩护自己,机动灵活地打击敌人,搞得敌人身心俱疲,不得安宁。地道网成了敌人进攻湖西解放区难以逾越的鸿沟。

1947年底,敌整编第八十八师第二十一旅,加上砀山县保安大队共5000余人,以砀城为基地,向地方党政军活动中心地——大寨区贾庄、后王庄地道网发起猛烈进攻。当时县、区武装及党政机关干部仅400人。为了对付强大的敌人,县委决定由县大队

---

① 中共宿州市委党史研究室:《中共宿州党史大事记》,内部资料,1999年,第200—201页。

副大队长赵福先率领县大队在地面打运动战,牵制敌人正面进攻力量;由县长兼县大队大队长张世珠、公安局局长王守海带领县公安中队、三个区中队及县区机关干部坚守贾庄地道,正面与敌人对抗;由大寨区委书记李华龙率区工作组在贾庄右翼的后王庄地道配合作战。战斗进行7天,前5天由于敌人采取昼打夜撤的办法,给我部以修复的机会,利用地道优势,有效打击了敌人,歼敌五六百人。① 敌恼羞成怒,于第6天从徐州调来榴弹炮团,日夜向我部地道区轰击,迫使县大队退到大堤以北,与地道下人员失去联系。此时,地道大部被毁,地道下人员被截断隔离,无法进行统一指挥。敌人沿着被炸断的地道口分段堵击,我方人员除张世珠趁夜幕带部分人突围成功,范寨区区委书记王华一牺牲,区长侯体备、区中队长孟庆礼等72人被俘,在砀城受尽严刑折磨。后来,敌人用铁丝穿通他们的锁骨,连串成一队,游街示众,开"公审"大会。侯体备义正词严痛骂敌人。敌人残忍地割去了侯体备的舌头,他仍然高举拳头。最后,敌人将侯体备、孟庆礼等35名骨干全部活埋于砀城东南荒郊,其余人员被押往东北做苦工,途中侥幸逃脱。

在后王庄地道里,由于我方人员顽强战斗,在地道被困的情

---

① 一说"12月17日敌整编二十旅六十三团配合砀山保安团千余人向坚守贾庄地道的砀山县委、政府机关发起进攻,我充分利用地道,五六天杀敌二三百名"。见中共宿州市委党史研究室:《中共宿州党史大事记》,内部资料,1999年,第200页。

况下集体突围成功。

贾庄地道战,我军以一营之众,对敌五千之师,而我军伤亡较小,却杀伤了大量敌人,创造了以少胜多、以弱胜强的范例。所以,从战略上讲我们还是胜利了。[①] 贾庄地道战闻名微山湖西并在冀鲁豫地区产生一定影响。

(三)泗县、灵璧、宿东的恢复

刘邓大军南下,陈粟大军横扫豫皖苏,以及苏北兵团解放盐城,迫使围攻淮北路东敌军向津浦路沿线和城镇调动收缩,留下的多是地方保安团队、土顽。1947年7月20日,华中第七地委发出《关于目前恢复湖西地区的指示》,决定立即向洪泽湖以西地区出击。

7月30日,华中第七分区在泗县新行、曹庙接连打了几仗,连战皆捷,歼敌500余人,击毙泗县保安大队副大队长。9月14日夜,第七十七团一部及泗洪县地方武装由洪泽湖上奇袭管镇,俘泗县保安第五中队160人,毙伤20人,缴获枪支弹药一批。此仗干净漂亮,战士高兴地编了顺口溜:"沙盘上面看敌情,心中有数动作灵,主力地方同配合,军民共同取管镇。"攻打管镇时周围据点之敌被吓跑,泗南大片土地被收复。10月1日晚,第七分区攻打青阳,全歼守敌保安队600余人,缴获机枪20余挺,步枪600

---

① 中共砀山县委党史研究室:《砀山革命史》,内部资料,1999年,第137—138页。

支。青阳解放,泗县以东及金锁镇一带敌人逃之夭夭,泗阳、泗南、泗宿3县连成一片。①

10月初,华野第三纵队进入津浦路东作战,攻克灵城,横扫泗、灵、睢之敌。驻泗城之敌见我大军东进,弃城而逃,赵汇川遂带部进占泗城,收缴了大批物资。华东野战军转战淮北路东,华中第七分区适时出击,泗县周围的泗南、泗宿县逐步地恢复起来。

泗南县在泗城东南,淮河以北,濉河以南,洪泽湖以西。1947年5月,第七地委成立泗洪县,县委书记为洪沛,县长为谢楠。县委以洪泽湖剪草沟为基地,组织了5个武工队,向陆地开展工作,联系失散人员,镇压了特务、惯匪高铸九。6、7月间,淮南李世农、杨效春带部依托泗洪县开辟淮南,对恢复泗南起了支持作用。9月间,泗洪县建立了陈圩、濉河、管镇、鲍集几个区,泗南广大陆地已经被收复。县委一面清除还乡队残余分子,一面发动群众土改分田,恢复乡村基层组织,发展党员和民兵组织。不久,发展了7个区50多个乡政权。10月,我军攻克青阳,半城以西国民党地方区乡队、还乡团大部被歼,对泗洪县的开辟和巩固起了很大作用。10月,泗洪县撤销,恢复泗南县。1948年3月我军再克青阳,泗南县除靠近泗城少数乡村外,全部解放。

泗宿县位于泗县东北、宿迁西南一带。1947年2月,县委书记柏瑞秀、副书记田古带人打回县境。由于敌军咬住不放,我军

---

① 中共宿州市委党史研究室:《中共宿州党史大事记》,内部资料,1999年,第197页。

无法立足,只能和敌兜圈子,艰苦异常。3月,县委决定分为东、西工委分别活动,减少目标。3月28日,"挺支"第八十一团第五连、泗宿县西工委和武工队150余人,在泗县黑塔活动时被国民党冯治安部3个团包围①,突围到马厂东山又被泗县来敌侧击,县总队副队长黄华斋等40余人牺牲。再次突围,在陆沟村又被敌人堵住,战至黄昏,县委副书记田古等100余人壮烈牺牲,西工委书记陈健喜被俘。4月3日,东工委在成子湖附近又遭敌袭击。迫于形势,泗宿县人员撤出。②

8月下旬,根据形势发展变化,泗宿县人员再度打回,配合主力消灭泗县保安大队1个中队,在陈大庄消灭敌军2个连,恢复了9个乡政权。10月,乘胜恢复了金镇、朱湖、刘圩、重岗、汴河、归仁、青阳7个区政权,武装发展到400余人。泗宿县政权站住了脚,发动群众,惩奸、分田,建立政权,组建武装。到1948年2月,该县已恢复9个区、47个乡政权。

1947年11月间,华野发起津浦路徐固段破击战,驻守泗城的"广顽"全部撤走,只有县保安大队几百人把守。华中第七分区抓住时机,于11月21日第三次攻打泗城,不到一个钟头结束战斗,歼县保安大队8个中队,毙俘670人,泗县代理县长汪永奎、保安

---

① 中共宿州市委党史研究室:《中共宿州党史大事记》,内部资料,1999年,第193页。

② 中共宿州市委党史研究室:《中国共产党宿州史》,北京:中共党史出版社,2001年,第246—247页。

大队副队长、县警察局局长、县政府人员全部被俘,缴获枪炮400支(门)①。

为巩固前沿阵地,1948年1月20日华中第七地委发出《关于开展边缘区斗争的指示》,决定开辟泗五灵凤、泗灵睢、灵璧。

泗五灵凤西近津浦路、灵固公路,东依天井湖,南抵淮河,北到泗灵公路。1947年10月成立泗五灵凤县,县委书记为孟亦奇,县长为钱亦山。1948年初,县委进入县境,避强打弱,打得赢就打,打不赢就走。一个区一个乡几进几出,反复多次,建立了天井、墩集2个区,站住脚跟。2月间,县武装在朱圩子伏击土顽周其林部百余人,杀敌一部,击溃一部。该仗提高了士气,鼓舞了干群情绪,坚定了信心。3月间,李任之率第七分区主力在泗五灵凤县活动两个月,扫荡土顽,县委抓住时机向沱西、沱北发展,恢复了这一地区。5月中旬,县武装在武桥战斗中,打退了五河之敌进攻,稳定了五河北边形势,保护了向西发展的通道。到1948年5月,泗五灵凤县建有6个区政权。

泗灵睢地区包括泗县北部,灵璧东北部,睢宁南部。1947年1月,淮北工委临时成立泗灵睢县,县委书记为吴云培,县长为胡铁民。县委派精干的同志先期返回,了解情况,联系人员开展秘密工作。同年10月4日,第七地委决定建立泗灵睢县,县委书记为周宇明,县长为胡铁民。县委依托泗宿县,进入县境,开辟出张

---

① 中共宿州市委党史研究室:《中共宿州党史大事记》,内部资料,1999年,第200页。

楼、泗北2个区。之后,不少隐蔽、失散的同志,组织起来,开展各种形式的斗争。10月中旬,华野第三纵队攻占高楼、大李集等据点,歼敌大部。10月下旬,县委由东向西插入,然后由南向北发展,打开了局面,很短时间就建起6个区、22个乡民主政权。华野第三纵队西返后,国民党徐州"剿总"抽调4个团的兵力重占泗县、灵璧、青阳等地,睢宁之敌南下,占领泗县以北地区,泗灵睢县区干部不得不暂时撤出县境。

1948年3月,华中第七分区发起泗(县)东战役。3月16日,第七分区第七十七团攻打青阳镇据点,我军冒着密集的炮火,冲过宽达3丈的汴河,炸毁地堡,越过壕沟,全歼敌暂编第二十四师第六旅第三团一个营和全部土顽,俘营长以下官兵百余人。并在泗青公路上伏击了敌暂编第二十四师第六旅第二团2个营2个连,俘敌团长王杰民以下官兵千余人。泗东战役共歼敌正规军3个营另2个连,连同土顽1914人,其中毙伤敌及土顽500余人,俘敌团长以下官兵500余人,土顽800余人。缴获八二炮4门,六〇炮1门,轻重机枪49挺,枪400余支,子弹10万发,收复青阳、马公店、上塘集等据点,使泗县东部、北部广大地区连成一片。①

6月间,江淮军区副司令员饶子健率第三十四旅和独立旅向泗灵睢、灵北一带发起战斗,解放泗灵睢大部地区。泗灵睢县建有邱集、王林、李集等区。1948年9月,泗城守敌在我军强大的军

---

① 中共宿州市委党史研究室:《中共宿州党史大事记》,内部资料,1999年,第204—205页。

事压力之下,弃城撤走,泗城解放。泗城是全区第一个解放的县城。泗城解放加速了泗灵睢的恢复,到年底,泗灵睢地区基本解放。

恢复泗灵睢地区的斗争是极其艰难的,中间经过长期的拉锯战,我方几度插进,又几度撤出,在斗争中付出了沉重代价。1948年2月6日,在屏山战斗中,我军200余人遭敌包围,突围时百余人被俘,区委书记、副区长以下人员30余人当场牺牲。4月,在大、小于家战斗中,泗灵睢县港河区队与敌冯治安部遭遇,有50余人壮烈牺牲。5月下旬,在大、小杨家战斗中,港河、高集区队有七八十人牺牲。恢复泗灵睢县的斗争又是极其残酷的。1948年5月的一天,国民党泗县大庄区区长季觉非疯狂向我军反扑,带人血洗刘圩,用各种残忍的手段杀害革命家属、积极分子18人,内有孕妇、老人及3岁的幼儿。季觉非被称为"季魔王"。但是,泗灵睢县的广大干部战士并没有被吓倒,更没有退缩气馁,他们紧紧地依靠上级党组织及主力部队的支持,依靠群众,奋力拼搏,英勇杀敌,终于收复了这一地区。①

在泗县初步得到恢复后,第七分区继续向西恢复灵璧、宿东等地。

灵璧西有津浦路,北有海郑公路,是国民党军东进的跳板,徐

---

① 1954年2月,季觉非因罪大恶极在泗城镇被公审枪决。见中共泗县县委党史研究室:《中国共产党泗县地方史》(第一卷),北京:新华出版社,2004年,第199页。

州、宿县外围的支撑点,派有重兵防守。

1947年初,淮北"挺支"在王烽午、孙朝旭的带领下连续3次进入灵璧,穿插活动袭击国民党基层政权、据点,镇压罪大恶极的反动分子,消灭百余人。同时联系失散人员,建立联络点,收集情报,还安排了10余位同志在当地隐蔽活动。10月,华野第三纵队攻克灵璧,摧毁高楼、卓圩、大李集等据点,给敌人以打击。11月,华中第七分区副司令员赵汇川带部进入灵北,拔除冯庙据点,歼敌一部。我军在灵璧时进时出游击式的军事行动,摧毁了部分国民党基层政权和据点,鼓舞了人民,震慑了国民党反动派,为下一步恢复灵璧奠定了基础。①

1947年底,华中第七地委决定以泗灵睢县为依托向西发展,开辟灵璧,并指派吴云培负责。1948年初,吴云培带部分干部进入灵北,华中第七分区派主力进入灵璧、泗县交界地区,向盘踞在这一地区的国民党军发起进攻。首克高集,歼敌30人,再战大冉家,歼敌保安大队2个中队,毙俘170人。高集、大冉家战斗后,我方组建灵璧县委、县政府,吴云培任县委书记兼县长。县委成立后,组建了县大队,建立冯庙等4个区。1月22日,第七分区部队在县大队配合下围攻尤集、渔沟一带国民党基层政权据点,歼俘敌200余人。

我军在灵璧的行动,使敌人极为不安,敌急调冯治安部4000

---

① 中共宿州市委党史研究室:《中国共产党宿州史》,北京:中共党史出版社,2001年,第250页。

兵力合围"进剿",我军主力东移,敌军紧追东去。第七分区第七十七团乘机再度跳到灵北,在张大路、二郎庙歼敌2个连,迫使敌收缩兵力,退守据点。随后,华中第七分区以小股武工队插入灵璧,时聚时散,打击敌人,取得了突袭冯庙、奔袭禅堂等胜利。冯庙、禅堂一带成为灵璧县委、县政府活动的中心区。

1948年4月,淮北军区独立旅一部进抵灵北,月余间,歼敌500余人,拔除张大路、大车头等据点,其余据点之敌分别逃往灵城、徐州、睢宁等地。我军收复了濉河以北、渔沟以南地区,灵北地区东半部局面基本打开。灵璧县大队也发展到400人枪,改为县总队。

6月,江淮军区发起宿东战役,在灵北卓海孜战斗中,击溃敌冯治安部2个团1800人,毙伤俘792人,敌残部狼狈逃窜。卓海孜战斗后,灵北之敌如惊弓之鸟,不战自逃,地方土顽如猢狲散。灵璧县武装积极出击,横扫残敌以彻底摧垮国民党基层势力。县武装一个月作战15次,俘敌百余,毙30人。各区、乡队就地坚持作战,打击土顽及区、乡、保公所。其中杨疃区队10天3捷,冯庙区队2天3捷。灵北进一步巩固、扩大。

在灵南地区,泗五灵凤县、宿东县武装积极作战,连战皆捷。到1948年10月,灵璧县只剩下灵城、固镇2据点,其余地区基本解放。

宿东位于宿县津浦路以东,它是在豫皖苏第三分区、华中第七分区的共同配合下恢复起来的。

1947年秋,豫皖苏第三地委组成宿东临时县委、县政府,准备恢复宿东地区。赵一鸣带原宿东部分干部20余人从路西经夹沟返回宿东,首先拔除敌1个保公所,在宿灵公路以北、唐河以南站住了脚。随后,发动群众,组织武装,仅用3个月即恢复了联璧、沱北、草寺、时村等地区。

1948年6月,江淮军区发起宿(县)东战役,战役中,攻克时村、张山、大车头等据点多处,破坏津浦路宿固段,炸毁2座铁路桥。宿东战役的胜利,为恢复宿县以东地区创造了条件。① 而后,我军主力部队经常到宿东活动,攻打了苗安、蒿沟、灰古等据点。

宿东战役的进行和主力部队的支持活动,创造了恢复宿东的大气候,宿东县委抓住时机,打击分散孤立之敌,消灭土顽,建立区、乡政权。1948年夏,豫皖苏第三地委又派郑良瑞等宿东干部返回,组成县委、县政府、县大队,县委书记为郑良瑞,县长为赵一鸣。宿东县又向宿灵公路以南发展,恢复花庄、沱南等区。到淮海战役之前,基本恢复了宿东地区。

另外,萧铜县依托宿东、灵北,在淮海战役之前也恢复建立起来。

从1947年初到1948年秋,在一年半的时间里,在淮北工委(后改为华中第七地委)、豫皖苏第三地委的领导下,在刘邓大军进攻、陈粟大军转战豫皖苏创造的有利形势下,先后恢复了萧宿永、萧宿、萧县、宿西、宿怀、宿蒙、泗灵睢、泗南、泗宿、泗五灵凤、

---

① 中共宿州市委党史研究室:《中共宿州党史大事记》,内部资料,1999年,第206页。

灵璧、宿东、萧铜等县,敌仅占据铁路沿线和一些城镇。各县解放不但解救了广大苦难人民,消灭牵制了大量敌军,而且发展壮大了我党我军力量。同时,在解放战争的战略进攻阶段,直接配合了野战军主力南下中原作战,继而为伟大的淮海战役的进行提供了政治保障和物质基础。

第八章

决战双堆　宿州解放

半个多世纪之前,神州大地上展开了一场决定中国命运的空前规模的大决战。中央军委运筹帷幄,因势利导,先后组织了辽沈、淮海、平津三个就地歼灭国民党军队大兵团的战略性战役及其他几个重要战役。这些战役一环扣一环,一个胜利接着一个胜利地向前发展,构成中国革命战争史上一幅气势磅礴、波澜壮阔的画卷。① 而三大战役中,历时最长、规模最大、歼灭敌人数量最多的②,同时又是解放军参战兵力唯一少于敌军的一次战役,则是在广袤的淮北大地上进行的为时66天的淮海战役。

从1948年11月6日至1949年1月10日,解放军中原、华东两大野战军及华东、中原、华北军区部队约60万人,在以徐州为

---

① 中共中央党史研究室:《中国共产党历史》(第一卷),北京:中共党史出版社,2002年,第786页。
② 中共安徽省委党史研究室:《中国共产党安徽地方史》(第一卷),合肥:安徽人民出版社,2000年,第576页。

中心,东起海州、西至商丘、北起临城(今薛城)、南达淮河,总面积达8万平方公里的辽阔区域内,对国民党军的最大战略集团——徐州集团及增援部队约80万人进行了一次决战性的大规模歼灭战。

淮海战役分为三个阶段,11月6日至22日首歼由海州西撤的黄百韬兵团于碾庄圩地区,11月23日至12月15日继歼由豫南援徐的黄维兵团于双堆集地区,12月16日至1949年1月10日再歼由徐州倾巢西逃的杜聿明集团于陈官庄地区。解放军终以伤亡13万余人的代价,全歼国民党军精锐部队1个"剿总"前进指挥部、5个兵团部、22个军部、56个师(含4个半师起义),共55.5万余人。至此,解放军将中原、华东战场敌军主力歼灭殆尽,为胜利渡江和解放南京、上海铺平了道路,敲响了蒋家王朝反动统治的丧钟。①

双堆集地区歼灭战是整个淮海战役的第二阶段,前后23天,解放军中原、华东两大野战军并肩作战,经过浴血奋战,在宿县西南的双堆集(时属宿怀县)地区歼灭了自确山东援的国民党军嫡系精锐部队黄维兵团约12万人,生俘兵团司令官黄维,其中一个师在中共地下党员廖运周率领下起义。双堆集之战,前承碾庄圩之战,后启陈官庄之战,对夺取淮海战役的伟大胜利,具有关键的意义。

---

① 中共淮北市委党史研究室:《鏖战双堆集》,合肥:安徽人民出版社,1998年,第1页。

一、决战前夜

1948年秋,在东北、华东、华北、中原、西北战场上,人民解放军相继发起了强大的攻势。中央军委和毛泽东抓住战机,因势利导,迅速将秋季攻势推向战略决战。

济南战役临近结束时,华东野战军代司令员粟裕向中央军委提出举行淮海战役的建议。9月24日,粟裕给中央军委发电提出:"为更好的(地)改善中原战局,孤立津浦线,并迫使敌人退守(至少要加强)江边及津浦沿线,以减少其机动兵力,以便于我恢复江边工作,为将来渡江创造有利条件,以及便于尔后华野全军进入陇海路以南作战,能得到交通运输供应的方便,和争取华中人力、物力对战争的支持,建议即进行淮海战役……"电报还提出了战役的阶段划分、兵力使用与主要歼击目标,这是淮海战役的首次提出与设想。①

中央军委接受了这一建议,10月11日,毛泽东拟定了《关于淮海战役的作战方针》的电报,对淮海战役提出了初步设想:(一)本战役第一阶段的重心,是集中兵力歼灭黄(百韬)兵团……(二)

---

① 胡居成:《从"小淮海"到"大淮海"——淮海战役中的粟裕大将》,载《党史博览》,2002年,第2期,第46页。

第二阶段,以大约 5 个纵队,攻歼海州、新浦、连云港、灌云地区之敌,并占领各城……(三)第三阶段,可设想在两淮方面作战。最后审定时,朱德提出:"只要首战完成中间突破,在徐(州)东包围住黄百韬兵团,则徐州敌人的部署必然大乱。那时,就会被我们牵着鼻子走。"周恩来则提出:"徐东如能顺利分割,包围住黄百韬兵团,则中原野战军主力乘势南下津浦线,出敌不意,攻占徐南之宿县,切断徐州与蚌埠之间的联系,那整个徐州守军就会成为瓮中之鳖。"毛泽东最终采纳了周恩来的建议。10 月 22 日,中央军委指示中原野战军在攻取郑州后即全军东进,与华东野战军紧密配合,孤立徐州。①

辽沈战役胜利结束之后,全国的军事形势进入一个新的转折点,战争双方力量对比发生了根本的变化:人民解放军不仅在质量上,而且在数量上已经占有优势。惴惴惶惶的国民党军将刘峙集团的主力以徐蚌线为轴心,收缩于徐蚌线两侧守备。中野主力 10 月 22 日占领郑州以后,继续沿陇海线及其以南东进,逐渐向徐州逼近,与华野联合作战的态势已经形成。

中央军委根据辽沈战役胜利和中原战场变化的情况,采纳华东、中原野战军指挥员的建议,决定扩大原定淮海战役的规模,以华东野战军主力继续攻击黄百韬兵团,尔后以主力转击津浦路;以中原野战军主力迅速攻占徐州以南的战略要地宿县(今宿州),

---

① 中共中央党史研究室:《中国共产党历史》(第一卷),北京:中共党史出版社,2002 年,第 789—790 页。

控制徐州至蚌埠间铁路线,两军协力,力争歼灭刘峙集团主力于淮河以北,尔后再歼灭其余部于长江以北。中央军委于11月16日指出:淮海战役为南线空前大战,"此战胜利不但长江以北局面大定,即全国局面亦可基本上解决"。①

(一)攻占宿县

宿城是徐州至蚌埠间的交通枢纽。淮海战役发起前,宿县县城一直是华中国民党军队的重要补给基地,被国民党蒋介石视为咽喉重镇,部署了雄厚的守备力量,主要有国民党第二十五军第一四八师、陆军第六支队、第七装甲营和交警第十六总队、第二总队第三大队等共1.29万人,由国民党津浦铁路护路副司令张绩武中将任总指挥,武器装备精良,并在城内外构筑了坚固的城防与野战工事相联系的防御体系。淮海战役发起后,华东野战军很快攻占了海州,切断了国民党军队的海上运输线,陇海铁路也相继陷入瘫痪,津浦铁路就成为华中国民党军队调整兵力补给军需物资的生命线,战略地位愈加重要。②

11月2日,鉴于国民党刘峙集团调整战略部署,以徐州为中心收缩兵力,陈毅、邓小平研究制定了"关于牵制邱清泉、孙元良

---

① 中共中央党史研究室:《中国共产党历史》(第一卷),北京:中共党史出版社,2002年,第790页。

② 孟繁孝,史文敏,马学孟:《淮海决战与宿州》,北京:新华出版社,2007年,第2页。

兵团的新方案",电报中央军委和粟裕、谭震林、刘伯承、邓子恢、李达,提出"以一个纵队以上兵力攻占宿县、徐州中间地区,并由南向北攻击徐州,主力位于铁路西侧,吸引孙(元良)兵团北援所部歼灭之"。

可谓不谋而合,刘伯承、邓子恢、李达在豫西研究落实军委指示时,也着重讨论了截断徐宿县的时机问题,于11月3日致电中央军委和陈毅、邓小平,认为"蒋匪重兵守徐州,其补给线只一津浦线,怕我截断,故令孙元良兵团到宿县(今日已全到),邱(清泉)、刘(汝明)两敌亦有如陈邓所料之趋势。只要不是重大不利之变化,陈邓主力似应力求首先截断徐宿间铁路,造成隔断孙兵团,会攻徐州之形势,亦即从我军会战重点之西南要线斩断敌人中枢方法收效极大。盖如此,则不仅孙兵团可能北援,便于我在运动中给予歼击,即邱兵团亦可能被迫南顾,减轻其东援之压力,对整个战役帮助较大。请陈邓切实考虑,机断行事"。①

随着淮海战役的展开,华东野战军从四面八方向黄百韬兵团发起攻击,蒋介石为解救黄百韬兵团之围,急令邱清泉、李弥2个兵团增援,同时命令孙元良、刘汝明、李延年3个兵团沿津浦线向徐州增援。华野代司令、代政委粟裕和副参谋长张震认真分析敌我态势变化,11月8日致电中央军委和陈毅、邓小平,建议"以主力转向徐(州)固(镇)线进击,抑留敌人于徐州及其周围,尔后分

---

① 孟繁孝,史文敏,马学孟:《淮海决战与宿州》,北京:新华出版社,2007年,第4页。

别削弱与逐渐歼灭之,同时以主力一部进入淮南截断津蚌铁道,错乱敌人部署与孤立徐、蚌各点敌人。为此,在战役第一阶段之同时,应即以一部破坏徐蚌段铁路,以阻延敌人南运"。

11月9日,中央军委连续两次电示陈毅、邓小平、粟裕、张震,明确指出:"徐州敌有总退却模样,你们按照敌要总退却的估计,迅速部署截断敌退路,以利围歼是正确的。""陈邓直接指挥各部,包括一、三、四、九纵,应直出宿县,截断宿蚌路……""应极力争取在徐州附近歼灭敌人,勿使南窜。"

11月10日,中央军委再次致电陈毅、邓小平:"你们应集全力(包括两广三纵)攻取宿县,歼灭孙元良,控制徐蚌段,断敌退路,愈快愈好,至要至盼。"①同日,刘伯承率中野前指与陈毅、邓小平会合后,立即研究部署攻占宿县和切断徐蚌线的问题,当天16时电报中央军委:"遵命于明真夜南进宿县。"

毛泽东接电后于11月11日电示刘伯承、邓小平、陈毅:"你们真夜向宿县前进甚好。""你们真夜到宿县附近时,将要遇到的敌人是孙元良的一个兵团部、两个军部及三个师,望你们努力争取歼灭此敌。此战胜利,即完成了包围徐州的战略任务。然后以宿县为中心控制整个徐蚌线,构筑几道防线阻止徐敌南逃,待其南逃时协同华野全歼徐敌。"同日,毛泽东又电示刘伯承、陈毅、邓小平及粟裕、陈士榘、张震:"只要你们歼灭黄百韬、孙元良两兵

---

① 孟繁孝,史文敏,马学孟:《淮海决战与宿州》,北京:新华出版社,2007年,第5页。

团,占领宿县及徐蚌段铁路,徐州就处于被我包围中,就可以准备第二步歼灭邱、李,夺取徐州。"①

攻占宿县,截断徐蚌线的战略决策制定后,刘伯承、陈毅、邓小平遵照中央军委和毛泽东主席的命令,组织指挥部队迅速向以宿县为中心的徐蚌线攻进。

11月11日,中原野战军在宿西南的临涣集文昌宫召开由各纵队首长和有关同志参加的作战会议,刘伯承、陈毅和李达参谋长传达了中央军委和毛泽东主席的命令,进一步明确了各参战部队的任务。邓小平在动员中指出:"夺取宿县,控制徐州、蚌埠段,对直接配合华野歼灭黄百韬兵团,防止徐州敌重兵集团南逃,特别是阻止由平汉线确山地区东进增援徐州的黄维兵团,有着重大意义。我们占领了宿县县城,控制了徐蚌线及其两侧广大地区,就有了围歼敌人的战场,就可以腾出手来全力对付黄维兵团。"邓小平强调指出:"淮海战役关系到中国革命的进程,必须全力以赴,不惜任何代价,坚决大胆地去夺取战役的胜利。"会后,陈毅司令员亲自打电话给参战部队,明确指出:"这一仗关系重大,只准打赢,不准失败。"②

根据中央军委指示,中野主力于11月11日夜间向宿县地区

---

① 孟繁孝,史文敏,马学孟:《淮海决战与宿州》,北京:新华出版社,2007年,第6页。
② 孟繁孝,史文敏,马学孟:《淮海决战与宿州》,北京:新华出版社,2007年,第6—7页。

开进。12日,第三纵队第九旅前卫营进至宿县城西张仙庙地区,与敌1个步兵连、4辆装甲车相遇,当即展开激战。我部乘胜占领西关,一部直插城南,主力攻入南关,守敌逃入城内。12时,连续击退东关出犯之敌,毙伤敌五六十人,炸毁装甲车1辆。至13日拂晓,第九旅完成西、南面对宿县城的包围。①

13日晚,中野第三纵队在第九纵队一部配合下包围宿城。14日晚,中野第三纵队第七旅和第八旅奉命由城东发起攻击,在炮火支援下,很快突破东关守敌防御,抢占了敌宿城外围据点"小东京"。② 敌以6辆装甲车在炮火掩护下进行反扑,我方机炮连射手靳立功用机枪瞄准敌装甲车猛烈扫射,击毁1辆装甲车,敌其余5辆装甲车慌忙后撤。我军乘胜追击,直到护城河桥下。这时敌桥头堡守军突然开火,并以装甲车横在护城河桥上,妄图阻挡我军前进。我军第八旅第二十二团爆破手马小顺、兰小元在火力掩护下涉水过河,将敌桥头堡炸掉,敌装甲车慌忙逃入城内。第九旅和纵队直属队密切协同作战,15日凌晨4时攻占四关。

15日晚,第三纵队等对宿城发起总攻击。负责主攻东门的第七旅,组织30门重炮向城墙碉堡和大、小东门猛轰半个小时,打得敌守军阵地一片狼烟火海。接着,工兵们连续4次爆破,李常

---

① 王敏:《中共宿州市党史简编》,合肥:黄山书社,1998年,第220页。
② "小东京",位于宿县东关外,是日军占领后修建的方圆三平方公里的兵营,宿城人称之为"小东京"。见中共宿州市委党史研究室:《中国共产党宿州史》,北京:中共党史出版社,2001年,第266—267页。

▲ 中野第三纵队在华野第九纵队一部配合下于1948年11月16日攻打宿县。图示为最先攻占宿县西门的中野第三纵队第二十五团第八连。

福、何伯宽、韩长城、陈立海4名战士用50多斤重的炸药包,将小东门城墙炸开1丈多宽的缺口。第七旅第十九团突击部队迅速冲向突破口,由于缺口太高,战士们拼命往上爬都没有成功,第二连排长杨永保急中生智,将身体伏在缺口,战士们一个个踩着他的身体登上城墙,与守敌激战,抢占并巩固了突破口,后续部队迅

速抢占了小东门。① 经过强行架桥、连续爆破,突入城内,击退敌军多次反扑,逐角争夺,激战至 16 日凌晨,终于攻克宿城。

战役共歼灭国民党第二十五军第一四八师、交警第十六总队等 1.2 万余人,俘敌津浦护路副司令兼宿县最高指挥官张绩武。与此同时,豫皖苏独立旅、军分区部队和豫西 2 个团,攻占固镇,破击了曹村至固镇间的 100 多公里铁路。这样,以宿城为中心的广大地区已经控制在解放军之手,斩断了徐蚌之敌北援南逃的通道,使敌军徐州集团完全陷于孤立的被动局面,不仅为淮海战役第一阶段的顺利进行提供了有力保障,而且为第二阶段围歼黄维兵团准备了战场。②

毛泽东高度评价攻占宿县,截断津浦线徐蚌段之役:"在(淮海)战役发起前,我们已估计到第一阶段可能消灭敌人十八个师,但对隔断徐蚌,使徐敌完全孤立这一点,那时我们尚不敢作这种估计。这种形势的造成,主观上是因为我华东、中原两大野战军会合并攻占宿县。"③

---

① 孟繁孝,史文敏,马学孟:《淮海决战与宿州》,北京:新华出版社,2007年,第 10—11 页。

② 中共淮北市委党史研究室:《鏖战双堆集》,合肥:安徽人民出版社,1998年,第 3 页。

③ 齐克省,黄忠超:《攻克宿县是淮海战役胜利的关键》,载《安徽教育学院学报》,1998年,第 1 期,第 24 页。

(二)成立总前委

当中原野战军和华东野战军即将靠拢之际,为了保证对两大野战军的统一领导,10月31日,粟裕致电中央军委、陈毅和邓小平、华东局、中原局,表示遵令将于11月8日发起淮海战役。同时,他建议由已经到达郑州前线的陈毅、邓小平统一指挥淮海战役(当时刘伯承尚在豫西),次日即获批准。①

淮海战役开始10天以后,规模越打越大。11月16日,中央军委和毛泽东同志,电示在淮海战役并肩作战的华东和中原野战军,宣布成立总前委。电文上说:"鉴于徐州集团是个大敌,此战役为我南线空前大战役。""此战胜利,不但长江以北局面大定,即全国局面亦可基本上解决。望从这个观点出发,统筹一切。统筹的领导,由刘伯承、陈毅、邓小平、粟裕、谭震林五同志组成一个总前委,可能时,开五人会议讨论重要问题,经常由刘伯承、陈毅、邓小平三人为常委,临机处置一切,小平同志为总前委书记。"并指出,后勤保障和支前等事宜,"必须由你们会同华东局、苏北工委、中原局、豫皖苏分局、冀鲁豫区党委统筹解决。"②这样,淮海战役前线作战和战区支前及后勤保障工作就由总前委统一指挥和领导。

总前委的成立,使淮海前线有了统筹一切的总指挥部。这对

---

　　① 刘志青:《粟裕对淮海战役的几次重要建议》,载《党史博览》,2016年,第2期,第31页。

　　② 中共淮北市委党史研究室:《中国共产党淮北地方史》,北京:中共党史出版社,2004年,第245页。

▲ 淮海战役总前委驻地——濉溪县临涣集文昌宫

正确、及时、创造性地贯彻执行中央军委的作战方针和重大决策，统一指挥华东、中原两大野战军作战，统筹战区党政军民全力以赴支援前线，夺取淮海战役全面胜利，从组织上提供了保证。

11月10日，刘伯承率中野前线指挥部从豫西东进淮海前线，同陈毅、邓小平会合，中野指挥部设在淮北市濉溪县临涣文昌宫（时属宿西县）。16日，总前委成立，临涣文昌宫同时成为总前委驻地。文昌宫建于唐代，原名尚书宫，又名藏书宫，曾是当地历代文人荟萃之地。总前委5位成员中，只有刘伯承、陈毅、邓小平3位常委常驻总前委指挥部，粟裕、谭震林分别驻华野指挥部和山东兵团指挥部。总前委对战役的指挥通常由3位常委酝酿决定，

▲ 1948年11月16日,中央军委决定由刘伯承(右三)、陈毅(右二)、邓小平(右四)、粟裕(右五)、谭震林(右一)5人组成淮海战役总前委,统筹一切。图示为总前委5人在萧县蔡洼的合影。

以电报、电话同粟裕、谭震林磋商实施。战况紧急时由常委临机处置,重大问题报告军委。①

11月23日,为便于指挥围歼黄维兵团的作战,总前委移驻临涣以东15里、浍河北岸的小李家村。小李家是个有三四十户人家的普通小村庄。村周围柏树环绕,郁郁葱葱,比较隐蔽。小李家位于徐宿铁路与徐阜公路之间,是敌"南北对进,打通徐蚌,三路大军会合"的预定地点,每天都有几批敌机临空侦察或过往,总

---

① 中共淮北市委党史研究室:《鏖战双堆集》,合肥:安徽人民出版社,1998年,第376—377页。

前委驻在这里,是敌人意料不到的。据《阵中日记》记载,总前委偶尔移驻小李家附近纪家、周殷圩等,尔后又复返小李家。

12月17日,总前委5位成员在萧城西南的蔡洼召开全体会议,会议整整开了一天。鉴于杜聿明集团歼灭在即,会议主要研究了淮海战役结束后的渡江战役作战计划与部队整编方案。这是总前委成员唯一的一次聚会,会间,5位领导在屋前石榴树旁合影留念,随军记者陆仁生拍下了总前委这张珍贵的合影。① 会后,邓小平回到小李家,刘伯承、陈毅赴西柏坡向中央汇报工作,不久也复返小李家。12月30日,刘伯承、陈毅、邓小平离开小李家,经宿城、徐州,1949年元旦至商丘东南的张菜园,直至淮海战役结束。②

(三)锁定黄维

黄百韬兵团在碾庄圩地区被围后,徐州集团吃紧,蒋介石严令驻扎在河南南部的黄维兵团急速东进,准备北上参战。

黄维兵团,即国民党第十二兵团,成立于1948年9月。前身是国民党整编第十八军。整编后,辖第十、第十四、第十八、第八十五军等4个军和1个快速纵队,共12万余人。该兵团大部分配

---

① 中共淮北市委党史研究室:《中国共产党淮北地方史》,北京:中共党史出版社,2004年,第286页。

② 中共淮北市委党史研究室:《鏖战双堆集》,合肥:安徽人民出版社,1998年,第377—378页。

备了美械装备,为国民党军头等主力兵团,一向横行中原,声威赫赫,号称"攻如猛虎,守如泰山"。尤其是这个"猛虎兵团"的2个主力军,各有一个号称"老虎团"的王牌团队,凶恶无比,因此该兵团可说是国民党军一只张牙舞爪的恶虎。① 兵团司令官黄维,黄埔军校一期学员,是蒋介石嫡系陈诚的骨干分子。

11月6日至8日,黄维兵团分两路从河南确山和驻马店向阜阳、宿县方向前进。根据中央军委指示精神,中野攻占宿城后,主力立即南下,阻击黄维兵团的增援。

根据部署,中野第二纵队经唐家店、宣化店、息县向涡阳、蒙城方向急进,沿途侧击敌人;中野第六纵队和陕南第十二旅附豫西1个团,经方城、周口尾击、侧击敌人。中野第一纵队第二十旅和豫皖苏军区武装一部,在人民群众大力配合下,积极破坏敌人必经的道路、桥梁、渡口,实行空室清野,填平水井,并且沿洪河、泉河、颍河阻击、迟滞和消耗敌人,使得黄维兵团举步维艰,行军速度十分迟缓。

11月18日,黄维兵团右路第十八军先头部队进抵蒙城地区,左路第十军先头部队到达涡阳以东的西阳集附近。中野第一纵队第二旅在巩家渡口、蒙城、双涧镇一带,沿涡河北岸构筑工事,组织防御;第一旅在河套陈家、板桥集、王店子、李土楼地区构筑工事,准备纵深防御。第二十旅归建后进至陈大庄地区,作为纵

---

① 冷静:《双龙伏恶虎——黄维兵团覆灭记》,载《军事历史》,2006年,第12期,第3页。

队预备队。18日黄昏到20日，敌人沿蒙城西东线强渡涡河，发起进攻，遭到猛烈阻击。经过反复争夺，第一纵队第二旅在歼敌1000余人后，从涡河第一道防线转移到第二道防线。第一纵队依托浍河天然屏障，以板桥集为防御阵地核心，进行了更加严密的防御部署。21日，敌人依仗猛烈炮火，向板桥集及其两侧多次进攻，继续遭到顽强阻击和杀伤。第一纵队指战员在两道阵地上阻击敌人三天三夜，以近700人的伤亡，毙伤2000多敌人，迟滞了敌人的火速东援，为保障华东野战军歼灭黄百韬兵团，保障中野主力展开和形成袋形阵地赢得了宝贵的时间。21日，第一纵队奉命转移至祁集以北地区。

在人民解放军的顽强阻击下，黄维兵团的行军速度愈加迟缓，4天时间只推进了30公里。至22日，黄维兵团被中野部队阻止在浍河上游赵集地区。与此同时，奉令北上接应黄维的李延年、刘汝明2兵团在任桥、固镇地区也遭到中野第九纵队和豫皖苏独立旅顽强阻击，行动不得。蒋介石的"北上解围、拱卫徐州"的迷梦破产了。①

11月22日，黄百韬兵团被全歼后，摆在人民解放军面前的有三个可以歼击的目标：一是位于徐州及其以东地区的邱清泉、李弥、孙元良3个兵团；二是位于蚌埠及其以北的李延年、刘汝明2个兵团；三是位于赵集地区的黄维兵团。蒋介石为挽救危局，改

---

① 中共淮北市委党史研究室：《鏖战双堆集》，合肥：安徽人民出版社，1998年，第5—6页。

变其不利态势,于 11 月 23 日决定以缩回徐州的邱清泉、孙元良 2 个兵团沿徐蚌路向符离集攻击,以蚌埠、固镇的李延年、刘汝明 2 个兵团和赵集地区的黄维兵团向宿城进攻,企图南北夹击、三路会师,打通徐蚌线。

对于第二阶段的歼敌目标,在歼击黄百韬兵团的同时,中央军委与总前委有过多次磋商,提出过诱歼邱清泉、李弥 2 兵团,围歼黄维兵团,割歼李延年兵团等多种预案。11 月 19 日,黄百韬兵团即将被歼,刘伯承、陈毅、邓小平在研究战场情况后,向军委报告,认为华野经过连续作战已相当疲劳,"刀锋似已略形钝挫",如不休整,接着歼灭比黄百韬更强的邱清泉、李弥兵团,诚非易事,而中野 6 个纵队单独对付黄维、李延年、刘汝明 3 个兵团,困难颇多。建议歼灭黄百韬兵团后,不如"以七八个纵队钳制邱、李,以六七个纵队先打黄维、李延年,似为上策"。中央军委采纳了这一建议,于 19 日晚 7 时指示中野担负歼灭黄维兵团的任务;华野除速歼黄百韬兵团外,以主力一部担负歼击李延年兵团的任务。

黄百韬兵团被歼后,总前委于 23 日夜 10 时向中央军委报告:邱清泉、李弥、孙元良 3 个兵团紧缩于徐州一线,不易割裂;李弥、刘汝明 2 兵团到达任桥、花庄集后迟迟不前;黄维兵团孤军冒进,沿途受阻,消耗极大,又处于运动之中,现在"歼击黄维之时机甚好"。

24 日下午 5 时,中央军委立即复电:"(一)完全同意先打黄维。(二)望粟(裕)陈(士榘)张(震)遵刘陈邓部署,派必要兵力参

加打黄维。(三)情况紧急时机,一切由刘陈邓临机处置,不要请示。"①

根据中央军委的指示,总前委决定以中野全部7个纵队及华野第七纵队和特纵一部歼灭黄维兵团;以华野主力担任阻击徐州南援之敌,并力求歼灭由蚌埠北援的李延年、刘汝明兵团一部或大部。中野歼击黄维兵团的具体部署是:以2个纵队和1个独立旅,位于南坪集地区,担任正面阻击,引诱黄维兵团进至浍河以北,利用浍河分割敌人;以5个纵队隐蔽于浍河以南之曹市集、白沙集、五沟集、湖沟集地区,待黄维兵团展开并处于半渡之际,从东西两翼出击合围歼敌。另以华野第七纵队为预备队,在蕲县集附近集结待命。

华野遵照中央军委和总前委的指示,除11月20日即陆续组织部队南下外,并于25日部署以8个纵队和2个独立旅,位于徐州以南夹沟、符离集地区,阻击徐州之敌南援,保障中野围歼黄维兵团侧后的安全;以5个纵队和江淮军区2个旅向固镇地区急进,阻击并力求歼灭李延年、刘汝明兵团一部或大部,以协同中野作战。

中野参战部队有7个纵队和陕南军区第十二旅,以及豫西、豫皖苏军区各一个独立旅,总兵力与黄维兵团相近。其中多数纵队经过大别山艰苦转战,消耗较大,重炮极少,弹药不足,但部队

---

① 孟繁孝,史文敏,马学孟:《淮海决战与宿州》,北京:新华出版社,2007年,第31页。

士气极高,对全歼黄维兵团有着坚强的决心和信心。11月22日,总前委开会动员部署围歼黄维兵团。邓小平在会上说,只要歼灭了南线敌军主力,中野就是打光了,全国各地解放军还是可以取得全国胜利的,这代价是值得的。总前委的决心对广大指战员是巨大的激励和鼓舞。中野各级领导在动员中反复强调战役的整体性、持久性、连续性,要求各级指战员顾大局,识大体,全力以赴,不怕牺牲,坚决彻底歼灭黄维兵团。①

二、阻击合围

围歼黄维兵团的作战,从1948年11月23日起至12月15日止,历时23昼夜,分为三个阶段。11月23日至24日为第一阶段——阻击合围阶段。

南坪集是淮北较大的集镇之一,位于宿蒙公路要冲,是黄维兵团驰援徐州的主要通道。因此,控制宿蒙公路,坚决扼守南坪集是实现包围黄维兵团的关键。11月22日,总前委决定,中野第

---

① 中共淮北市委党史研究室:《鏖战双堆集》,合肥:安徽人民出版社,1998年,第6—7页。

四纵队在浍河沿岸阻击敌人,为把黄维兵团装进口袋赢得时间。①

总前委决定把南坪集作为扼守要点,命令陈赓率中野第四纵队坚守,并令他统一指挥第四、第九纵队及豫皖苏独立旅,依托浍河组织阻击。

为完成坚守南坪集的任务,陈赓亲自带领部分指战员到南坪集地区察看地形。根据南坪集南面地形平坦开阔,南高北低,现代化装备的敌人行动便利,易攻难守的情形,陈赓决定由第十一旅担负主要防御作战任务,并将防御阵地推进到南坪集以南的田野上,选择镇南1公里处公路两侧的杨庄、胡庄一线为防御重点,构成宽正面、大纵深、以班排为单位的集团工事。杨庄、胡庄地形突出,如此部署防御,可以凭借这两个村庄对宿蒙公路进行瞰制。

第十一旅将南坪集阻击任务主要交给第三十一团。其中第一营占领右侧几个小村庄;第二营占领右前方杨庄及周围的土冈;第三营大部占领南坪集和胡庄之间地带,一部在10公里之外作运动防御。

根据蒋介石三路会师打通津浦线的计划,11月23日拂晓,黄维兵团气势汹汹,以第十八军为中路,第十军在左,第十四军在右,第八十五军殿后,在飞机、坦克的掩护下,沿蒙宿公路及其两侧向南坪集、宿城方向进犯。

---

① 濉溪县政协文史资料委员会:《淮海战役双堆集歼灭战》,内部资料,1992年,第3页。

23日上午,敌人第十八军第一一八师3个团,配属快速纵队全部战车及榴弹炮营,在8架飞机掩护下,向南坪集发起多路猛攻。敌人深知控制了杨庄和胡庄,就等于控制了南坪集的咽喉。胡庄成为敌人强攻的首要目标。防守在这里的第三营第八连阵地工事大部分被摧毁,战士们以弹坑作掩体,用炸药包、集束手榴弹、陷坑、燃烧柴草对付敌人的坦克,打退了敌人的进攻。敌人集中力量攻击胡庄西南坟地,一连攻击十几次,工事被打平了,3个班长都牺牲了,排长身负重伤。卫生员魏树荣挺身而出,继续指挥战斗。①

中午时分,敌第十八军军长杨伯涛亲自乘战车指挥2个团的兵力向杨庄阵地猛扑。敌人集中12辆坦克,后面跟着步兵向第二营第六连阵地蜂拥而来,被暴风雨般的火力挡了回去。几百名敌人在执法队的威逼下,突入第六连阵地,双方展开白刃格斗,敌人丢下大批尸体又退了回去。当敌人再次发起进攻,第六连阵地仅剩二十几名勇士。共产党员郭栓柱主动出来指挥,把队伍编成2个班,他和机枪连杨排长担任班长,立即组织战斗。杨排长和4名战士牺牲了,敌人又突入阵地。两侧的第五连和第十一连集中火力封锁突破口,郭栓柱与战士们用刺刀再次将敌人逼出阵地。

敌人的进攻更加疯狂,倾泻的炮火将杨庄几乎炸翻了个儿。敌人进至团指挥所仅300米左右。第二营在第一营、第三营的配

---

① 濉溪县政协文史资料委员会:《淮海战役双堆集歼灭战》,内部资料,1992年,第4页。

合下奋起反击,逐屋逐墙,反复争夺,终于将杨庄阵地全部收复。

接着第三十二团一部也在南坪集以东阵地,打退了敌人2个团的进攻,粉碎了敌人迂回南坪集侧背的企图。南坪集阻击战,重创了敌人2个团,打破了黄维兵团北进宿城的企图,为围歼黄维兵团争取了时间。

根据总前委指示,解放军于23日夜主动放弃南坪集,中野第四纵队与第九纵队在浍河北岸布设袋形阵地诱敌深入。敌人占领南坪集后,24日上午,敌第十八军全部渡过浍河,进入解放军袋形阵地。敌人发觉形势不妙,于是向南收缩。中原野战军第一、第二、第三、第四、第六、第九、第十一纵队等7个纵队和陕南第十二旅、豫皖苏独立旅于24日黄昏全线出击,激战至25日早晨,将敌人包围在宿县西南的忠义集、王朱庄、马家楼、双堆集地区。在包围圈外的敌第十八军第四十九师,大部分被第六纵队第十八旅和豫皖苏军区部队歼灭在大营集地区,该师残余及骑兵团逃往蚌埠。此次浍河出击合围战,粉碎了国民党军三路会师打通津浦线的企图,迫使黄维兵团由进攻转入防御,为解放军彻底歼灭黄维兵团造成了有利态势。①

---

① 中共淮北市委党史研究室:《鏖战双堆集》,合肥:安徽人民出版社,1998年,第8—9页。

三、准备攻击

11月25日至12月2日为围歼黄维兵团作战的第二阶段——准备攻击阶段。中野根据总前委的部署,从四个方向逐步压缩敌人。25日晨,中野第四、第九、第十一纵队及豫皖苏独立旅由北、东向南向西压缩,第六纵队、陕南第十二旅由南向北压缩,第一、第二、第三纵队由西向东压缩,构成了对敌人的包围。至27日,黄维兵团已被压缩到双堆集、马圩子、杨庄、许庄一带,东西不到10公里,南北不过5公里左右。

(一)一一〇师起义

黄维兵团在中野的包围压迫之下,不甘心坐以待毙,决定乘解放军包围阵地还没有巩固的时机,向固镇方向突围,企图在固镇以西地区伸张,靠拢李延年、刘汝明兵团。黄维布置第八十五军主力在南坪集附近向西北警戒,掩护第十八军、第十军转移,待两军通过后,经罗集向固镇西集结;第十四军利用浍河南岸阵地,阻止解放军南进,掩护主力转移。并决定挑选第十八军第十一师及第一一八师,第十军第十八师、第八十五军第一一〇师4个师齐头并进,向南突围。

就在这关键时刻,原黄维兵团第八十五军第一一〇师,在共产党的领导和解放军的大力协助下,有组织、有计划、有准备地举行了战场起义,打乱了黄维兵团的突围计划,为双堆集歼灭战,乃至淮海战役的胜利做出了贡献。

国民党第一一〇师,原是西北军杨虎城的部队,编入第八十五军后,经常受到国民党嫡系部队的歧视和排挤,我党很早就派人在这个部队工作。

第一一〇师师长廖运周,安徽怀远人,黄埔军校第五期炮科班毕业。[①] 早在1927年3月,就光荣地加入了中国共产党,随后参加了南昌起义。之后又被组织派到冯玉祥部队做地下工作。全国抗日战争初期,廖运周参加了保卫正定和台儿庄等战役,因作战勇敢,治军有方,被擢升为第八十五军第三三〇旅旅长。其后又升任第八十五军第一一〇师副师长、少将师长。从此,廖运周想方设法在部队里安插地下党员,控制要害职位,第一一〇师逐渐被共产党掌握,随时准备伺机起义。[②]

廖运周得知黄维兵团将要突围这一情况后,及时派人把黄维兵团突围的计划送出,向刘伯承、邓小平请示,并提出了第一一〇师趁黄维兵团27日上午突围时举行起义的计划。为了避免误

---

① 孟繁孝,史文敏,马学孟:《淮海决战与宿州》,北京:新华出版社,2007年,第46—47页。

② 李兵:《淮海战役——战争史上以少胜多的奇迹》,载《党史文苑》,2009年,第1期,第9页。

会,请求解放军前沿部队在突围处的左翼闪开一个口子,让第一一〇师通过后,再把口子封上。

为了摆脱突围时第一一〇师夹居其他师中间的不利位置,廖运周亲自向黄维提出建议,第一一〇师头前开路,进展得手,其他师迅速跟进,扩大战果,第十八军的主力师留作兵团预备队以备不时之需。黄维见他"勇挑重担",欣然同意。

26日晚上,双堆集战场南线总指挥中野第六纵队司令员王近山接见了第一一〇师派来联系的同志,并向刘伯承、邓小平做了汇报。王近山司令员为起义部队规定了行军路线,准备沿途放上高粱秆为路标,让起义的官兵左臂一律扎白布条或毛巾,规定两军接触时,射击三发枪榴弹作为联络信号,起义的第一一〇师从解放军中野第六纵队和陕南第十二旅的阵地通过,到达罗集附近的大吴庄、西张庄,天亮之前通过。

起义准备工作基本就绪之后,为了预防万一,廖运周又给黄维送了一颗"定心丸":向黄维汇报了突围准备与侦察的情况,解放军阵地结合部有空隙可钻,认为拂晓前行动最为有利。这自然得到黄维的赞同。

27日早晨6点钟,第一一〇师在解放军向导的带领下,从双堆集附近的周庄、赵庄开出,两小时后,全部通过解放军阵地,随即解放军又将口子封了起来。后边跟进的黄维兵团第十八军的第十一、第一一八师和第十军的第十八师,被解放军中野第六纵队和陕南第十二旅击退。第一一〇师起义,使黄维精心策划的突围行动遭到惨败,动摇了黄维兵团的军心。12月24日,毛泽东、朱德亲自发来贺电,赞扬了全师官兵弃暗投明的义举。①

(二)攻占小张庄

黄维精心策划的突围行动遭到惨败后,仍不死心,于28日再次组织大规模突围,又被解放军击退。消息传到南京,蒋介石如坐针毡,随即召开军事会议,决定撤销要黄维兵团继续突围的计划,命令黄维兵团固守待援。当天,派总参谋长顾祝同乘飞机到双堆集上空,同黄维通话,传达蒋介石的命令,"站稳脚,就地固守,并把所占地区加以扩大"②。

在多次突围无望的情况下,黄维只好于29日调整部署,固守待援。每天纠集三四个团或两三个营的兵力实施出击,企图夺回丢失的阵地,改善防御态势,但均未得逞。

小张庄位于双堆集东北角,只有10多户人家。解放军占领了小张庄,向北可以割断张圩子和杨圩子的交通,使敌人第十军与第十四军失去联系,向西可以分割敌人兵团部与其所属各军的联系,破坏敌人的指挥系统,使敌人彼此陷于孤立。解放军决心攻占小张庄。

---

① 中共淮北市委党史研究室:《鏖战双堆集》,合肥:安徽人民出版社,1998年,第10—11页。

② 孟繁孝,史文敏,马学孟:《淮海决战与宿州》,北京:新华出版社,2007年,第47页。

防守小张庄的敌人为第十军第一一四师第三四一团。敌人在这里构筑三层工事,地堡密集,堑壕交错。11月27日,中野第九纵队第二十七旅第八团一度突破小张庄外围,但因为敌人火力密集,难以向纵深发展。该团一机枪连3名战士在敌人火网压制下,欲攻不进,欲退不能。他们就地挖成射击掩体并连成堑壕,在敌人火网下坚持整整一天。11月30日一整夜,准备攻击的部队挖成3条交通壕沟,一直通到小张庄前沿。中野第九纵队集中40门炮、12挺重机枪和许多炸药发射装置破坏敌人的防御工事。12月1日下午5时,第七十九、第八十团向小张庄发起强攻。由共产党员和班以上干部为骨干组成的突击队冲锋在前。第七十九团突击队14名队员,冲锋中仅剩下1名班长和1名战士,他们毫不犹豫地跃入敌人外壕,继续向前突破。第八十一团第二连在仅存12人的情况下,收容兄弟连的2名战士,编成3个战斗小组,在连长指挥下,一连攻破敌人5座地堡。激战10多个小时,全歼守敌1200多人,终于拿下了小张庄。中野第九纵队攻占小张庄的战斗,获得了对平原野战构筑堡垒的敌人攻坚的重要经验,受到邓小平的表扬和鼓励。①

(三)紧缩包围圈

中野为紧缩包围圈,创造聚集歼敌的条件,决定实施稳扎稳

---

① 中共淮北市委党史研究室:《鏖战双堆集》,合肥:安徽人民出版社,1998年,第12页。

打,逐点攻击,攻占一村,巩固一村和"以地堡对地堡,以战壕对战壕"的战法。在开阔平原地带进行工程浩大的近迫作业,把交通壕逐步延伸到敌人前沿阵地,有的楔入敌人第一道鹿砦内,给敌人造成严重的威胁。构筑纵深坚强的攻防阵地,利用敌军突围或出击之时,予以重大杀伤。

12月1日,陈毅打电话给粟裕说:"我们这里正在收拾黄维这个冤家。你们北边要把杜聿明抓住,南边要把李(延年)、刘(汝明)看好。"刘伯承则风趣地把这一战役部署比喻为胃口很好的人上酒席,嘴里吃着一块,筷子上夹着一块,眼睛又盯着碗里的一块,说我们现在的打法,就是"吃一个(黄维兵团),夹一个(杜聿明集团),看一个(李延年、刘汝明2兵团)"。[①]

12月1日至2日,中野第一纵队经过反复争夺,粉碎了敌人向丁胡庄、丁庄、顾家、周圩子的进攻;第二纵队打退了敌人对大、小宋庄及杨庄、马家楼的进攻;第三纵队战胜敌人的抵抗之后三面进逼马圩子;第四纵队经过血战多次打退敌人第十一师、第十八师的凶猛反扑,坚守住了张圩子西南的小张庄阵地;第十一纵队在攻击张圩子战斗中给敌人以重大杀伤;第六纵队与陕南第十二旅多次血战,守住了小李庄、杨庄、马小庄等南线阵地,歼灭3000多名敌人。在对敌军打击的同时,解放军还向敌人展开了强大的政治攻势。通过敌前喊话,散发传单,竖立大字标语,阵地释

---

① 孟繁孝,史文敏,马学孟:《淮海决战与宿州》,北京:新华出版社,2007年,第50页。

放俘虏等多种形式进行攻心战,瓦解敌军。这样,经解放军指战员艰苦围攻,至12月2日,黄维兵团被压缩在以双堆集为中心的纵横5公里的狭窄地区内。此时黄维兵团已有3万余人被歼或起义、投诚,11个师中,只有第十八军第十一师和第十军第十八师较为完整,其他均已残缺不全。

这期间,为保障中野围歼黄维兵团作战,华野组成2大阻击兵团:一路北阻由徐州南犯的邱清泉、孙元良2兵团;一路力挡由蚌埠北援的李延年、刘汝明2兵团。他们勇猛奋战,粉碎了敌人援救黄维的企图。①

四、阵地歼灭

从12月3日至15日夜,为围歼黄维兵团的第三阶段,即阵地歼灭战阶段。为全歼黄维兵团,总前委决定调集战役预备队,即华野第七纵队、第十三纵队和特种兵纵队炮兵一部,加强总攻力量。

12月5日,刘伯承、陈毅、邓小平下达了对黄维兵团作战总攻击的命令。根据黄维兵团的防御态势,总攻部队分为3个集团:

---

① 中共淮北市委党史研究室:《鏖战双堆集》,合肥:安徽人民出版社,1998年,第13页。

以中野第四、第九、第十一纵队及豫皖苏独立旅、华野特纵炮兵一部等为东集团，由陈赓、谢富治指挥，先歼灭位于双堆集以东的沈庄、李圩子、张圩子、杨庄4个村的敌第十四军残部及第十军第七十五师、第一一四师；以华野第十三纵队，中野第一、第三纵队组成西集团，由陈锡联指挥，歼击双堆集以西之后周庄、小马庄、马圩子、三官庙、葛庄、徐庄的敌第十军第十八师、第八十五军各一部；以中野第六纵队、华野第七纵队和陕南第十二旅组成南集团，由王近山、杜义德指挥，歼击双堆集以南之敌。①

（一）杨圩子歼灭战

按照总前委的命令，各纵队进行了充分的攻坚准备。12月6日下午4时30分，刘伯承、陈毅、邓小平命令发起总攻，各集团以优势兵力和火力，对黄维兵团实施有重点、多方面的连续突击。

根据总前委部署，总攻的重点在东集团，其主要任务是歼灭双堆集以东的敌人第十四军、第十军的第七十五师和第一一四师，攻占李圩子、沈庄、杨圩子等，剥光黄维兵团东侧的外壳，瓦解敌人的防御体系。

下达总攻命令的前一天，中央军委和毛泽东针对淮海战役发展的实际情况，在给刘伯承、陈毅、邓小平的电报中指出，对战斗力顽强之敌，依靠急袭手段是不能歼灭的。必须采取割裂、侦察、

---

① 孟繁孝，史文敏，马学孟：《淮海决战与宿州》，北京：新华出版社，2007年，第91页。

近迫作业、集中兵力火力和步炮协同诸项手段，才能歼灭。按照中央军委的指示和总前委的部署，中野第四纵队司令员陈赓召集有关干部，根据李圩子的地形、地物、敌人兵力部署、火力配置和阵地构筑情形，设置沙盘，总结以前两次攻击李圩子受挫的教训，强调向平原上坚固设防的敌人进攻必须采取抵近进攻战术，集中火力压制敌人，掌握歼灭敌人的战术和技术。攻击之前，陈赓到主攻团第二十八团和第三十一团的前沿阵地，检查进攻准备情况，鼓励指战员消灭敌人，夺取胜利。

12月6日下午，解放军几十门重炮和抛射筒齐发，半个小时后，敌人工事大部分被摧毁。第二十九团仅用5分钟就突破敌人李圩子西北角阵地，直接插向敌人集团工事，并且攻占了敌人的炮兵阵地。第二十八团第三连冲到敌人鹿砦前，遭到敌人2个连的反击和火焰喷射器的杀伤。连长牺牲了，指导员带伤指挥战斗。部队前仆后继，经过3次猛烈冲杀，最后只剩下1个班的兵力，英雄们仍然以压倒敌人的气概，突入敌人阵地。在这节骨眼上，第二十八团第一连机智地从第三连左侧投入战斗，乘胜向敌人核心阵地进击。第三十一团与第三十二团第一营也迅速突破敌人阵地，向纵深发展。敌人拼命反击，双方逐屋逐堡争夺。经过一个半小时激烈战斗，消灭敌人第十师师部和2个团，敌师长也负重伤。敌人吹嘘李圩子"固若金汤"，如今终于被踩在解放军脚下。敌人的伤兵吃惊地说："你们的大炮排放时，村庄被打得像一只船，乱摇晃！"

接着中野第四纵队集中第十旅、第十三旅、第二十二旅的4个团的兵力,于12月8日全歼沈庄守敌第八十五师师长以下1200多人,解放军伤亡则不足20人。① 之后,中野第四纵队乘胜前进,矛头直指杨圩子。

此时,敌第十四军军长熊绶春,率领他的军部和第十师、第八十五师残部困守在杨圩子,已经好几天了。敌军上千匹的牲口已经大部被打死在外壕里。士兵们每天用马肉果腹,成百的伤兵躺在工事里没有人管。但熊绶春仍旧固执着,不接受解放军的劝降,妄想凭着复杂的工事和四面的开阔地,支持到"二路大军会师"的一天。但是,解放军的交通沟改造了开阔地,又深又宽的壕沟从东面、北面、西面向敌人的工事伸去,战士们连夜在飞机轰炸和敌人火力下挖着交通沟,每分钟都向敌人接近着。一面挖掘,一面战斗。等到11日中午,杨圩子周围已经结成了一片错综曲折的交通沟的网,把敌人围在中间动也不能动了。突击队安全地进入了敌人面前30米的地方,静静地等着出击的开始。

2点半左右,上百门炮口对着杨圩子,榴弹炮、野炮、山炮、迫击炮开始了试射。敌人惊慌了,就派了第十一师1个营和5辆坦克来突袭交通沟,但当炮弹一排一排落在坦克旁边时,敌坦克马上逃了回去。接着步兵也跑了,丢下一大堆死尸在沟壕里。

4点半左右,排射开始了。成排的炮弹刮风似的落在敌人前

---

① 中共淮北市委党史研究室:《鏖战双堆集》,合肥:安徽人民出版社,1998年,第15页。

沿和纵深，鹿砦被扫得精光，暗堡飞上了天空，整个杨圩子变成了一片烟和火的海。就在这烟雾中，一连串红色信号飞上天空，步兵出击了。以副班长杨传任为首的洛阳英雄连和以排长王泰为首的第三连，并排插进了工事前沿，趁着爆破的浓烟，一直向纵深插去。接着东面和西面的突击队也迅速地闪进村内。正在这时，一连串的白色信号又升起来，炮火立即转向了纵深，敌人溃乱了，集团工事大部被我军占领，许多敌人向西南逃去。杂色的信号又升起来，炮兵的火力又伸延到西南，逃跑的敌人大部被截了回来，我军的5支突击队从三面交叉冲去，在西南角会合了。前后还不过10分钟，敌阵地全被我军占领，现在剩下的只是捉俘虏和搜武器了。

炮火的威力和战士们的英勇吓昏了敌人。许多敌人从打塌了的工事里爬出来，扔下枪就跑，一碰见解放军就跪了下来，有的还不住地磕着头，说："饶命啊！我们早就不愿打了！"战士们在野战阵地上俘虏了一群军官，其中一个高个子马上走出来说："报告，我是营长，这是连长，这是副连长。"许多俘虏都是不待收容便自动向我军后方走去。

在最后一个地堡里，有七八个人一出来便跳着喊起来："欢迎解放军，你们不来，我们就困死了，你们救了我们。"从他们的表情上看，这种呼喊是从他们的心底感到被解放的愉快。①

---

① 中共淮北市委党史研究室：《鏖战双堆集》，合肥：安徽人民出版社，1998年，第436—437页。

敌第十四军的军部在村子的西北角上,熊绶春从炮火一开始就躲在一个很深的洞里,一直到炮兵试射时,他还指望着第十一师来解围。排炮开始后,第一排炮就落在他的工事上面,工事塌了一角,他跳了出来,发疯似的向西南跑去,一颗子弹从他后面穿过他的左肋,连叫也没叫一声便倒下了。副参谋长詹璧陶刚跑出洞口,就被一颗炮弹打伤了,他狂喊着:"救命!救命!"军部的处长、科长们到处乱窜,但四面早就堵满了解放军,他们一个个驯顺地做了俘虏。有许多人是有经验的,当解放军刚攻入时,他们便收拾行李,等我军打到门口,他们正赶得上背起行李走。匪参谋长梁岱,第二五四团团长何玉林,第二五五团团长李剑民,都是事先准备好行李才当俘虏的。7点钟,枪声完全停止了,俘虏全被带了出来,一行行从交通壕走过去。西南面的敌人放着照明弹,正好给成群俘虏和打扫战场的人们照亮了道路。①

杨圩子拿下来之后,打开了黄维兵团的东大门,敌兵团部所在地双堆集及飞机场已经完全暴露在解放军的直接攻击之下。②

---

① 中共淮北市委党史研究室:《鏖战双堆集》,合肥:安徽人民出版社,1998年,第437页。
② 中共淮北市委党史研究室:《鏖战双堆集》,合肥:安徽人民出版社,1998年,第14—15页。

(二)三打马圩子[①]

根据总前委的部署,西集团攻击的主要目标是马圩子。马圩子分东、中、西马圩子,东西相距不足 200 米。敌人依托村落,在村内外设置梅花形或三角形子母堡作为骨干,辅之以散兵壕、交通壕、隐蔽部、鹿砦等,构成纵深面的防御阵地。据守的国民党第十军第十八师第五十二团,原属第十八军的老底子,部队初级军官整体军事素质较高,解放战争以来未吃过大亏。除此之外,马圩子的守敌还有另外 3 个营。

中野第三纵队经过五六天准备,计划于 12 月 3 日黄昏向马圩子发起进攻。不料,3 日上午,敌人第十一师集中 4 个团的兵力,首先发动了进攻。因为马圩子东北角的杨大庄突出在敌人的前沿,成为解放军阻击和攻击敌人的重要据点,因而成为敌人这次进攻的主要目标。敌人动用飞机、大炮、坦克向杨大庄狂轰滥炸 1 个多小时,解放军阵地工事大部被摧毁,交通沟被炸坏,电话线被炸断,上下联系中断。敌人在坦克的掩护下,从马圩子、王大庄多路蜂拥而上。坚守在这里的中野第三纵队第九旅第二十六团的指战员奋起突击,用炸药包、手榴弹、刺刀、枪托与敌人拼杀,逐房逐屋争夺。敌人侵占了村庄的三分之二,对第二十六团形成包围。第二十六团首长指挥机关直属分队投入战斗,并亲自拿起

[①] 或作马围子。见中共淮北市委党史研究室:《鏖战双堆集》,合肥:安徽人民出版社,1998 年,第 439 页。

冲锋枪扫射敌人。下午,中野第三纵队、第四纵队炮兵向敌人开火,第八旅第二十三团从侧翼向敌人出击,敌人横尸遍野。解放军一天打退敌人多次进攻,消灭1500多名敌人,守住了杨大庄阵地。

12月6日,中野第三纵队以第七旅、第八旅一部向马圩子进攻。进攻部队分别占领了东、西马圩子阵地,俘获敌人一部,但向纵深敌人主阵地进攻时遭到暗堡等各种火力的袭击和封锁,伤亡很大,只得退出战斗。

12月9日,第三纵队再次组织进攻马圩子。战斗发起半小时后,第七旅第十九团一部奋勇突击,全歼一个加强连的守敌,攻占了东马圩子。但是主攻西马圩子的部队因错过炮火掩护的出击时间,虽然突破敌人前沿,但是未能摧毁敌人主要地堡群,攻击再次受挫。

陈锡联司令员向总前委书记邓小平汇报了作战情况,谈到部队伤亡已近4000人。邓小平赞同部队的战斗决心,指示强调,只要能在江北消灭黄维兵团和杜聿明集团,就是伤亡再大也是值得的。

部队传达了邓小平的指示,群情激昂。中野第三纵队的领导同志和旅团的干部一起参加战术研讨会,深入部队一线共同分析敌人的特点和克敌制胜的对策。

12月11日,中野第三纵队集中全力对马圩子实施一点多面的强攻。对各方位的主攻、助攻、预备队作了周密的部署,并安排纵直搜索营担任警戒。头天夜晚,进攻部队进入阵地全部隐蔽地下,将伸到敌人鹿砦外面的交通壕横向延伸,加筑了阵地,火器推到前沿阵地,准备了2000公斤炸药。

11日下午4时30分,中野第三纵队、第一纵队及华野特纵、第十三纵队的炮兵一齐向马圩子开火,炮弹和炸药包将敌人的地堡连盖掀起,把敌人抛向半空。第七旅第十九团采取声东击西的战术,首先从东南角冲击助攻方向,吸引敌人火力,主力乘势迅速从正东方向突入村内。进攻部队分4个箭头楔入敌人纵深,使敌人被分割包围而无法反扑。第十九团第二连以组为单位逐堡突破,逐屋搜索。晚7时肃清中马圩子守敌。第九旅第二十六团伸向西马圩子东南截断了敌人的退路,第八旅冲进村里,不惧敌人施放毒气,打退敌人多次反扑。第十九团猛钻猛插,包围消灭了敌团指挥所,活捉了敌团长。该团第十连切断了敌人与王大庄联系的唯一交通壕,堵住敌人退路,敌人两面夹击,他们顽强作战,战到最后只剩2个人,仍然坚守阵地,保障了主攻方向顺利进行。西马圩子残敌100多人突围无望,只得缴械投降。这次战斗,歼灭了马圩子守敌,俘虏敌第五十二团团长唐铁冰、副团长曾品超以下500多人。①

据《淮海战役通讯集》记载,"我军向西马围(圩)子发起攻击时,仅以20分钟的短促突击就冲到这个村子,敌人在其陷于绝境

---

① 中共淮北市委党史研究室:《鏖战双堆集》,合肥:安徽人民出版社,1998年,第16—17页。

之际,向我施放催泪性毒气,并以美造手提火焰喷射枪向我射击,但这一次并没有阻住我军英雄们的道路。"①

(三)攻占大王庄和尖谷堆

根据总前委的部署,南集团主要歼击双堆集以南大王庄、尖谷堆之敌。大王庄位于黄维兵团部小马庄的东南角。东北距离双堆集制高点尖谷堆不到1里。尖谷堆高约20米,东北距临时飞机场大约1000米,西北离双堆集约500米。大王庄、尖谷堆为敌人龟守核心阵地的南面屏障。攻占了这些地方,黄维兵团部及其核心阵地大门洞开,就将在解放军的炮火之下暴露无遗。大王庄由号称"英雄团"(亦称"光荣团")的第十八军第一一八师第三十三团团部率领2个营防守。尖谷堆上设有敌人的炮兵和空军观察所,由第三十三团的另一个营防守。

担任攻击大王庄任务的是华野第七纵队第二十师第五十八、第六十团2个团。12月9日下午,在猛烈的炮火掩护下,解放军从三个方向向大王庄发起进攻。第五十八团发起冲击接连占领大王庄西侧的2个地堡群之后,接着突破敌人占据的村庄两侧和西北角主阵地,向敌人纵深攻击。第六十团从西南和东南向大王庄守敌进攻。该团第三营第九连从西南角突进大王庄。全连组织3个梯队进攻。第一梯队,连长率领50人,当突击接近敌人地

---

① 中共淮北市委党史研究室:《鏖战双堆集》,合肥:安徽人民出版社,1998年,第439页。

堡时全部壮烈牺牲。第二梯队由副连长率领立即冲杀上去，不到20分钟全部伤亡。指导员武连捷率领第三梯队又冲了上去，快到敌人碉堡时，仅剩下他一个人。武连捷愤怒地抱起炸药包扑向敌人，跟敌人同归于尽。第六十团在突破敌人的主阵地之后向东、向北发展，打通了与第五十八团的联系。经过近2个小时的殊死搏斗，解放军攻占了大王庄，俘虏敌人副团长以下700多人，敌所谓"英雄团"的2个营全部被歼。

华野第七纵队第二十师第五十九团接防守备大王庄，第五十八团、第六十团在大王庄东北角集结。

拿下大王庄，直接威胁黄维兵团核心阵地。黄维、胡琏急令第十八军军长杨伯涛连夜抽调第十一师1个团，用上第一一八师能用的兵力，连同第八十五军的野炮营在内，集中所有的炮火，一齐向大王庄轰击并疯狂反扑。第五十九团伤亡很大，英勇抗击，将敌人击退。天亮之后，敌人2个团在坦克与大炮掩护下，多路向大王庄攻击。村里一片火海，交通壕沟、地堡大多被摧毁堵塞，第五十九团的勇士们占据散兵坑与敌人拼杀。仅大王庄前面的坟头群，敌我就反复争夺十来次。共产党员黄子荫用一支步枪抵住了敌人的两挺机枪，杀伤敌人10多名。他脸上7处负伤，被炮弹震昏了过去，敌人以为他死了，刚跨过他的身旁，他醒来抄了敌人的后路。第一营营长巴华头部受伤，一面指挥，一面用短枪同敌人拼杀。整个大王庄分不出敌我阵地，双方拼杀在一起，扭打成一团，拼刺刀，拼枪托，战斗达到白炽状态。

由于敌我悬殊，援军受阻，大王庄阵地一度被敌人占领。

在这之前，为了配合协同作战，中野第六纵队第十六旅第四十六团被调作攻夺大王庄的预备队，统归华野第七纵队第二十师指挥。第四十六团是久经沙场的红军团，因为善于夜战、近战被誉为"夜老虎团"。

在关键时刻，第二十师师长张怀忠急令第四十六团增援。第四十六团首长统一指挥该团主力、第五十九团全部和第六十团第一营由南向北，第四十六团另一个营由西向东，反击敌人，迅速攻进大王庄。敌人不甘心失败，纠集第十八军精锐2个团的兵力拼死争夺大王庄。第四十六团和第五十九团协同作战，同敌人逐沟逐堡反复争夺。第四十六团第一营营长高俊杰专门组织火箭筒、爆破手对付敌人的坦克，火箭弹打光了，就用爆破筒、集束手榴弹继续战斗。第一营第二连排长张大兴多次负伤坚决不下火线，沉着指挥仅有的2名战士打退敌人一次又一次冲击。两个团并肩战斗，干部牺牲了，战士们就主动组织起来打击敌人。敌人以火焰喷射器和坦克为先导，又一次猛扑过来，解放军顽强奋战，因弹药将尽相继退至大王庄外沿坚守，第四十六团一个连被截留在庄内，第六十团第一营被压缩在几个地堡群内，各自独立坚守。第二十师重新组织第六十团主力反击，于10日傍晚终于将大王庄夺回。

在我军强大军事压力和政治攻势下，驻守在大王庄附近小王庄的敌第八十五军第二十三师师长黄子华率师直属队和所属残部及第二十六师一部等共约万余人向我军投诚。① 小王庄不战而克。

从12月10日夜里开始,华野第七纵队第二十一师进入大、小王庄阵地开展近迫作业,一直把交通沟挖到尖谷堆。13日傍晚,第二十一师第六十一团一部和第六十三团在特纵炮火援助下,向尖谷堆发起攻击。守敌除第十八军第一一八师第三十三团一个营之外,还有师直工兵连、第三五四团第九连。一条条交通沟像蜘蛛网一样把整个尖谷堆包围起来,有的挖进敌人的碉堡,敌人在上面打枪,下面腿被解放军拖住,双方在战壕里厮杀。2个小时的激战,解放军杀进去,又被敌人推出来,又杀进去,终于歼灭敌人,占领了尖谷堆,俘敌团长廖汉庭以下150余人。尖谷堆制高点是整个双堆集阵地的骨干。敌制高点的失守,使整个双堆集处于解放军瞰制之下。②

(四)消灭"老虎团"

12月12日,刘伯承、陈毅发布了《促黄维立即投降书》,信中说:"现在你所属的4个军,业已大部被歼。""你的整个兵团全部被歼,只是几天的事。而你们希望的援兵孙元良兵团,业已被全

---

① 孟繁孝,史文敏,马学孟:《淮海决战与宿州》,北京:新华出版社,2007年,第95页。

② 中共淮北市委党史研究室:《鏖战双堆集》,合肥:安徽人民出版社,1998年,第18—20页。

歼。邱清泉、李弥两兵团业已陷入重围,损失惨重,自身难保,必遭歼灭。李延年兵团被我军阻击,尚在 80 里以外,寸步难行,伤亡惨重。在这种情况下,你本人和你的部属,再作绝望的抵抗,不但没有丝毫的出路,只能在人民解放军的强烈炮火下完全毁灭。贵官身为兵团司令,应该爱惜部属的生命,立即放下武器,不再让你的官兵作无谓牺牲。如果你接受我们这一最后警告,请即派代表到本部谈判投降条件。"①

然而,敌人拒绝投降。总前委为了迅速歼灭黄维兵团,决定调整部署,以南集团为主,东西两集团配合,围歼黄维兵团残部;确定以华野第三、第十三纵队及特纵一部加强南集团,由华野参谋长陈士榘统一指挥,向双堆集及其周围地区攻击。

中野第六纵队第十七旅第四十九团第一营——"襄阳登城第一营"与华野第三纵队第八师第二十三团第一营——"洛阳登城第一营",共同担负攻击敌人在双堆集东北构筑的野堡集团工事。这是胡琏为了确保兵团司令部的安全,下令修筑的野堡阵地。它是关系黄维兵团生死存亡的最后一道防线。这块野堡据点,距兵团部 800 米。周围筑有 1 米高、2 米厚的土圩子,形成环形阵地。正面两侧构筑 6 个集团堡垒,据点内外密布暗堡与火力点,组成多重严密火力网。墙内满布曲折复杂的交通壕联系着蜂窝一般的散兵坑和掩蔽部。敌人的机动兵力随时可以沿着壕沟投向任

---

① 孟繁孝,史文敏,马学孟:《淮海决战与宿州》,北京:新华出版社,2007年,第 96 页。

何一处被攻破的缺口。据点背后设有炮兵阵地、全无伪装的坦克以及临时机场。敌人吹嘘,这样强大稠密的火力网,"就是老鼠麻雀,也休想从此通过"。

在这里防守的是黄维兵团的精锐部队第十军第一一四师第五十四团,号称"威武团"。此团是黄维的嫡系部队,团长曾经担任黄维的副官主任。这个团在鲁西南战场上曾经多次与解放军交手,因其特别狡猾,未被全歼,于是更加狂妄,自诩为"老虎团"。黄维为了保驾,在粮食、弹药匮乏的情况下,始终把这只"老虎"喂得饱饱的,以备不时之需。

担任歼灭"老虎团"任务的中野第六纵队第十七旅第四十九团第一营和华野第三纵队第八师第二十三团第一营,都是具有光荣战史的英雄部队。在襄樊战役中,中野第四十九团第一营首先突破襄阳城防,荣获"襄阳特功营"的称号。华野第二十三团第一营在夺取中原重镇洛阳的战斗中,率先将红旗插上洛阳城头,荣获"洛阳登城第一营"的光荣称号。

12月14日下午,解放军集中上百门大炮狂风暴雨般倾泻向"老虎团"阵地,敌人的集团工事顿时变为滚滚的烟海火龙。炮火轰击1个小时之后,"襄阳营"和"洛阳营"分别从南、东两个方向发起攻击。"襄阳营"第一连首先占领敌人前沿一个集团工事,第二连从右翼突入敌人交通沟。突破敌人阵地之后,3个连队迅速插向敌人纵深。敌人依托残破的地堡顽抗。"襄阳营"指挥所刚刚在一个掩蔽部里扎下,立即面临"老虎团"团长亲自指挥的反扑。该营第一连第三排冲到最前面，打退敌人2次反扑之后，只剩下3名战士。他们自动推举老战士刘乃江当组长，继续战斗。在这关键时刻，沿着南圩墙向西发展的"洛阳营"迅速支援过去，配合"襄阳营"将反扑的敌人打退。黄维一听"老虎团"丢了阵地，气得把电话机摔碎了，用手枪指着他的警卫团长说："马上把阵地夺回来！"警卫团2个营的敌人戴着钢盔像马蜂一样压向第三连阵地。第三连与敌人展开血战，副教导员壮烈牺牲。营长谭笑林率领战士及时赶到，杀开一条血路，占领一段交通沟，终于将敌人击退。

"洛阳营"攻入敌人阵地之后，营长张明命令第三连占领右前方集团工事，保证后续部队投入战斗。他率领第一连、第二连冲锋，吸引敌人火力，支援"襄阳营"正面进攻。经过2个多小时鏖战，英勇的"襄阳营"在"洛阳营"的密切配合下，终于消灭了"老虎团"，打掉了黄维兵团的最后一张王牌，敌人的最后一道防线被突破了。

至此，解放军南集团攻占尖谷堆及临时机场南端野堡阵地，东集团攻占杨老五、杨子全庄，敌人的核心阵地完全暴露。15日黄昏，各集团继续围歼残余敌人，东西集团通过敌人严密火网，突破敌人用汽车筑成的防线，迅速摧毁了敌人的指挥中心——小马庄。黄维率残敌向西收缩。[①]

---

① 中共淮北市委党史研究室：《鏖战双堆集》，合肥：安徽人民出版社，1998年，第20—22页。

（五）黄维兵团的最后覆灭

双堆集东侧制高点尖谷堆阵地和双堆集东北端野堡工事被攻占以后，黄维兵团仅剩下双堆集及其周围几个村庄的弹丸之地。黄维、胡琏知道末日来临，不甘心坐以待毙，决定15日黄昏全线突围。

敌突围方针是"四面开弓，全线反扑，觅缝钻隙，冲出重围"。第十军第七十五师、第一一四师余部由军长覃道善率领向东突围，第十八师向东北角突围；第十八军第十一师残余由黄维、胡琏、吴绍周指挥向西突围；第十八军第一一八师及其炮兵、工兵等由军长杨伯涛指挥向西北突围。同时命令将轻便武器尽量带走，其余重武器及电台、电话机等通信工具悉行破坏。

突围命令下达后，敌人内部一片慌乱，官兵争相逃命。黄维、胡琏唯恐夜间坦克开行不便，连覃道善和杨伯涛都顾不上通知，就急急于下午4时分乘坦克跟在第十一师和战车后面突围。为了逃命，竟惨无人道地将死尸和未断气的伤兵推下黄沟河，为逃窜的坦克垫路。一时间敌没死的四处乱奔，跳下河沟想突过草河，前面还没有站稳，就被后面人挤下河来。有的挤掉帽子，有的跑掉鞋，掉在水里冻得直打战，有的全身都是泥。①

总前委及时命令各部队乘敌人慌乱突围之机，对敌人穿插割

---

① 中共淮北市委党史研究室：《鏖战双堆集》，合肥：安徽人民出版社，1998年，第440页。

裂分头围歼。各路大军乘胜追歼敌人。黄维率残部行至玉皇庙附近,所乘坦克被炮火摧毁,在混入人群逃命时被俘获。

黄维被俘还有一段插曲,据1948年12月29日《大众日报》记载:

12月15日黄昏,电话机忙得不可开交地向各部传告:"敌人溃逃了,赶快捉俘虏,赶快捉黄维!"解放军某部特务营教导员范天仆听到电话就马上带着5个通讯员分头向南坪集东南四五里地的周庄一带搜索。他们发现一辆被打坏的坦克停在大周庄的东南。通讯员傻小六、范介明,沿着坦克搜索过去,在一道麦田里发现一个黑影,平伸着两手,翘着屁股,头朝地下钻,他们开始以为是一只野狗,随便喊叫一声,那黑影应声就抬起头来,原来是个人,头上的钢盔在月光下发亮。傻小六、范介明端着枪跑过去,那人马上举起双手乖乖地站起来了,两条腿发抖。"干什么的?"他们喊了一声。那个家伙便吞吞吐吐地说:"十四军军部上尉司书。"他们看见许多敌俘都在过河时湿了脚,他却没有湿,问他原因,他说是骑马出来的,再追问几句,他却一句也回答不出了,他们就把这个上尉司书带回来送到俘虏收容所了。

到了收容所,大家才看清这个"十四军军部上尉司书",穿着一身草绿细布军装,头上沉重的钢盔低低地压住了眉眼。在他的钢盔被大家揭下来以后，露出了光滑的头发，惨白的圆脸，两眼无精打采地张着。嘴上蓄着短短的胡子，脸的右边长着一颗小黑痣。这些都合于政治部通知里写的黄维的特征。收容所的同志把登记簿拿出来，叫他登记。他写上："方正馨，江西弋阳人，十四军军部上尉司书。"他左手插在裤袋里，右手握着笔不停地打颤，回答一句话，要迟疑好久。他说他是今年10月在确山入伍的。问他入伍以前干什么，他说："我民国十七年就当小学教员。"问他还干过什么，他慌乱地说："我当了6年小学教员，1年科员，以后就入伍啦！"问话的同志禁不住笑了，反问他："你不是说今年10月才入伍的吗？还有14年你在干什么？"露了破绽的捏造者打着自己的耳光说："我糊涂，我糊涂！"再问他上尉司书一个月多少饷，他说："70多元。"到底七十几元？他又答不出来。连声说："你看我真糊涂，我真糊涂！"随后，他写了一张"如姓名职别不符，愿受枪毙"的"保证书"，并且厚着脸皮说："我还能胡说八道吗？我还能卖了姓名吗？"当摄影员来给他照相时，他的面色变得更加惨白了，脸上的肌肉都在颤抖，想躲避又躲避不了。别的俘虏来证明时，他连忙说："这些人我一个也认不得，他们也没有一个认得我。"但是遂即来了一个在宿县新解放的战士李永志，一见了他就说："这就是黄维。"原来这位新战士以前当过黄维的马夫。

"上尉司书"已知道瞒不过来,却还说:"我保证书也写过了,你们不信。我还说什么?"这时收容所的同志看出他是怕那个扯谎的"保证书"将来成了罪案,于是当他的面把它撕毁了。他苦笑了,嘴巴张了又闭闭了又张。"那你们说我是谁吧。"收容所的同志厉声地呵斥说:"你是谁,你自己还不知道吗?装什么糊涂!"俘虏沉静了片刻,阴沉的脸上一阵青一阵白,随后不自然地吐出"我就是黄维"五个字,并拿起笔在登记册上签了这么一行字:"黄维,十二兵团司令官,陆军中将,41岁,江西贵溪人,黄埔一期毕业。"①

至当日午夜,黄维兵团12万余人被全部歼灭,历时23天的双堆集歼灭战以完全的胜利载入史册。除兵团副司令胡琏等少数将领逃脱外,兵团副司令吴绍周,军长杨伯涛、覃道善,副军长王岳,师长王元直、尹钟岳、夏建劲、潘琦等将级军官都做了俘虏。

在围歼黄维兵团的同时,华野主力将杜聿明集团的3个兵团包围在青龙集、陈官庄地区,歼灭了突围的孙元良兵团。在这一阶段,华野第六纵队和渤海纵队第十一师、中野第二纵队及豫皖苏军区、豫西军区5个团,在蚌埠以北固镇、新马桥、曹老集地区阻击李延年、刘汝明2兵团,坚守阵地,歼敌1万多人。这样,蒋

---

① 中共淮北市委党史研究室:《鏖战双堆集》,合肥:安徽人民出版社,1998年,第443—444页。

▲ 广大妇女为淮海前线的子弟兵赶做军鞋

介石的要杜聿明集团配合蚌埠李延年、刘汝明兵团南打北进以解黄维兵团之围的计划彻底破产。

淮海战役第二阶段歼灭敌人 2 个兵团部、6 个军、16 个师、1 个快速纵队,共 20 万人。其中双堆集歼灭战歼灭敌人 1 个兵团部、4 个军、12 个师、1 个快速纵队,共 12 万余人。这是人民解放军以伤亡 3 万余人的代价赢得的辉煌战果。黄维兵团被歼,使被围的杜聿明集团陷入绝境,为第三阶段全歼该敌,夺取淮海战役全面胜利创造了条件。淮海战役结束后的第十二天,即 1949 年 1 月 21 日,蒋介石不得不以"因故不能视事"名义,宣告"引退",国

民党反动统治集团从此陷于土崩瓦解。①

　　淮海战役的胜利,是人民战争的胜利,离不开解放区广大人民的大力支援。时值淮海战役总前委委员、华东野战军司令员陈毅分析这次战役胜利的原因,认为有四点:首先是毛主席的战略决策的胜利;第二,贯彻了集中兵力打歼灭战的原则;第三,两大野战军的密切配合;最后一个原因,是人民群众的广泛支前。他很形象地说:"淮海战役的胜利,是人民群众用小车推出来的。"时任淮海战役总前委书记的邓小平认为,后方人民群众的历史功绩同人民军队的辉煌一样,将永远载入史册,值得世世代代称颂。②

---

　　① 中共淮北市委党史研究室:《鏖战双堆集》,合肥:安徽人民出版社,1998年,第22—23页。

　　② 朱子文:《人民群众的支援是淮海战役胜利的一个决定因素》,载《淮海战役新论——纪念淮海战役暨徐州解放50周年学术讨论会论文集》,1998年,第338—342页。

结　语

时至今日,中国共产党已经走过了近百年的光辉历程。

1840年以来,由于西方列强的入侵和封建统治的腐败,中国一步步沦为半殖民地半封建社会,山河破碎,生灵涂炭,中华民族遭受着前所未有的苦难。面对苦难,中国人民挺起脊梁、奋起抗争,以百折不挠的精神,进行了一场场气壮山河的斗争,谱写了一曲曲可歌可泣的史诗。

1921年,在中华民族内忧外患、社会危机空前深重的背景下,在马克思主义同中国工人运动相结合的进程中,中国共产党诞生了,如旭日东升,雄鸡啼晓;如雷电狂飙,开天辟地。从此,中国共产党作为中国工人阶级的先锋队,作为中国人民和中华民族的先锋队,以全心全意为人民服务为根本宗旨,以实现共产主义为最高理想,在波澜壮阔的历史进程中,紧紧依靠人民,筚路蓝缕,开拓前进,披荆斩棘,不懈奋斗,跨过一道又一道沟坎,取得一个又一个胜利。中国共产党的诞生,深刻改变了近代以来中华民族发展的方向和进程,深刻改变了中国人民和中华民族的前途和命

运,深刻改变了世界发展的趋势和格局。

中国共产党诞生以来,无数共产党人,怀着崇高的理想与必胜的信念,不畏艰苦,不怕牺牲,抛头颅,洒热血,以百折不挠的英雄气概创造了惊天动地的丰功伟绩,以扭转乾坤的恢宏气魄谱写了亘古未有的历史篇章,领导中国人民在中华大地描绘出气壮山河的革命、建设和改革的崭新画卷。

在宿州,在这片红色的土地上,诞生了无数可歌可泣的革命英雄儿女。

他们中有如一把利刃插在奉系军阀腹中的北京十八烈士之一的吴可,他生前说:"共产主义这个事,不是开玩笑的,得付出生命的代价。没有牺牲,没有代价,马列主义是出不来的。""死也得会死,要死得有气魄,有价值。"①他这样说的,也是这样做的,用短暂的一生践行了自己的箴言。

有"碧血洒宿州,浩气壮山河"的中共宿县县委书记赵龙云。面对敌人的酷刑逼问,他沉着应答:"我的上司是中国共产党,我的同伴是亿万老百姓,我们下一步的计划就是砸碎旧世界,建设新世界。"②他临刑那天,高唱《国际歌》,豪迈地走向了西关刑场。

有领导萧宿铜人民英勇抗日、写下可歌可泣篇章的中共萧宿

---

① 中共宿县地委党史办:《碧血霜天——宿县地区党史人物专辑》,内部资料,1993年,第35页。
② 中共宿县地委党史办:《碧血霜天——宿县地区党史人物专辑》,内部资料,1993年,第87页。

铜县委书记曹介。为揭露敌人,发动群众,他编写了反顽五更调歌:"一更里,月正东,股北区长赵一鸣,抗日救国为人民,全区人民喜盈盈。二更里,月上升,顽固分子大孬种,准备投降先反共,人民大众不答应。三更里,月正南,顽固分子耍刁蛮,每顿要吃四个菜,少了便打地方官。四更里,月平西,赵区长反顽找战机,夜袭灵常捉顽驴,释放顽驴是妙计。五更里,天将明,赵区长布阵抖威风,顽伪六路被粉碎,抗战史册留英名。"①在谈及日本发动太平洋战争时,曹介说:"亲眼看到日本帝国主义侵占我中华国土,惨无人道杀害我中华民众,抢夺我中华财产,妄想使中国成为他的殖民地,但他忘记了中华民族是具有反抗外来侵略的光荣传统的民族,中国人民是不好欺的。日寇想灭亡中国霸占全世界,那不过是一场'蛇吞象'的美梦,最后只能落得'搬起石头打自己的脚'的下场。"②

有为人民的解放事业将个人生死置之度外、多次深入龙潭虎穴而无难色的敌工干部刘滔。为革命学敌工,深入虎穴斗敌顽,掩护四师过路东,1942年夏执行任务时不幸被捕,面对敌人的威逼利诱和严刑逼供,坚贞不屈壮烈牺牲。他的战友张文华赋诗三首以示怀念:"抗战徐海三角争,纵横捭阖决雌雄。敌顽也爱连环

---

① 于有龄,张家耐,夏成一,薛长德:《宿县英烈》,上海:华东师范大学出版社,1992年,第94—95页。

② 于有龄,张家耐,夏成一,薛长德:《宿县英烈》,上海:华东师范大学出版社,1992年,第99—100页。

计,差我一筹常折兵。""抗大擢优修敌工,龙潭斗志奏奇功。同窗诸杰成仁去,徒遗无才梦众英。""温诗故人通姓名,忆容先烈却犹生。英姿不见奇迹在,碧血丹心照汗青。"①

他们中还有"血管里流着共产党的血,决不当叛徒"、血洒雨花台的陈履真;有红军的好干部、党和人民的好儿子沈维干;有"坚持马列不迷航,热血洒尽为革命"的宿县共产党的创始人之一的李启耕;有"血洒奶奶山,英名留人间"的中共宿县中心县委书记任训常;有"生为共产党员,死为党鬼,宁愿流血牺牲,也不做敌人的鹰犬"的中共宿县县委书记孙达之;有为同日军争夺美国失事残机展开激烈战斗而英勇牺牲的王国藩;有英勇善战斗敌顽,血洒凤凰山,为人民解放事业献出年轻生命的胡方亮……

许许多多的宿州英雄儿女和全国的无数英雄儿女一起,以自己的血肉之躯,共同铸就了民族之魂,每一个名字都是一尊丰碑,一串名字撑起了中华民族的脊梁!

习近平总书记曾说过,我们走得再远都不能忘记来时的路。2013年2月4日,他在原兰州军区视察时强调,要发扬红色资源优势,深入进行党史、军史和优良传统教育,把红色基因一代一代传下去,首次提出了"红色基因"。2014年4月29日,在参观新疆军区某红军师师史馆时,他叮嘱部队领导,要把红色基因融入官兵血脉,让红色基因代代相传。10月31日,他在福建上杭出席全

---

① 于有龄,张家耐,夏成一,薛长德:《宿县英烈》,上海:华东师范大学出版社,1992年,第198页。

军政治工作会议时提出,青年一代是党和军队未来的希望,革命事业靠你们继续奋斗,优良传统靠你们继续发扬,军队政治工作要大家一起来做,基层做好工作是重要环节。要带头学传统,爱传统,讲传统,带动部队官兵传承好红色基因,保持老红军本色。12月14日,他在南京军区机关视察时,叮嘱军区领导要把红色资源利用好,把红色传统发扬好,把红色基因传承好。2016年2月,他到江西视察时强调,要让广大党员干部知道现在的幸福生活来之不易,多接受红色基因教育。4月24日,在安徽考察期间,他前往金寨县红军广场,向革命烈士纪念塔敬献花篮,瞻仰金寨县红军纪念堂,参观金寨县革命博物馆。他深情地说,一寸山河一寸血,一抔热土一抔魂。回想过去的烽火岁月,金寨人民以大无畏的牺牲精神,为中国革命事业建立了彪炳史册的功勋,我们要沿着革命前辈的足迹继续前行,把红色江山世世代代传下去。革命传统教育要从娃娃抓起,既注重知识灌输,又加强情感培育,使红色基因渗进血液、浸入心扉,引导广大青少年树立正确的世界观、人生观、价值观。

那么,习近平总书记在多个场合多次提及的、能够"使我们的党永远不变质,我们的红色江山永远不变色"的"红色基因"究竟是什么?

其实,同无数中华英雄儿女一样,许许多多的宿州英雄儿女抛头颅,洒热血,前赴后继,鞠躬尽瘁,写下无尽风流,以自己的行动甚至生命表现了对国家、民族、人民的热爱和对信念的忠诚,在五千年中华文明画卷上又增添了壮丽的色彩,他们所践行的对共产主义事业的坚定信仰、大无畏的英雄气概、伟大的自我牺牲精神就是对这个问题的最好回答。红色基因就是共产党人永葆本色的生命密码,始终根植于共产党人的血脉之中,伴随共产主义的传播以及中国共产党人的诞生而产生。在共产党人不断壮大、不断成熟的革命历史过程中,红色基因得到了锤炼和强化。正义的战场战斗中,抛头颅、洒热血,铸就红色基因的鲜红血色。艰苦的革命岁月里,嚼草根、吃树皮,锤炼红色基因的顽强斗志。前进的革命道路上,涉险滩、闯难关,强大红色基因的抗御能力。胜利的革命旗帜上,闪五星、耀党徽,凝结红色基因的民心党性。

2017年12月,习近平总书记参观淮海战役纪念馆时指出,淮海战役能够打赢,一是刘伯承、粟裕等将帅们有智慧,部队英勇善战;二是依靠群众的力量,我们要相信群众、依靠群众,不能脱离群众。要用好资源,传承好红色基因,把淮海战役精神发扬光大。

淮海战役精神就是红色基因——中国共产党的精神族谱中一个绚丽的标识。

淮海战役精神是什么,就是全体军民一往无前、决战决胜的战斗精神。在淮海战役主战场之一的宿州土地上,人民解放军以少胜多,以弱胜强,取得了大捷,很大程度上就是依靠全体参战军民始终保持的一往无前、决战决胜的战斗精神。这种精神弥补了武器装备的不足,保证了战略战术的充分发挥。

淮海战役精神,就是共产党人勇于担当的鲜明品格。大事难事见担当,担当需要铁肩膀。毛泽东说"淮海战役,粟裕同志立了第一功",赞扬的就是粟裕勇于担当的精神。正是因为粟裕的三次建议,引起了中央的高度重视。毛泽东和中央领导同志在冷静而深刻地分析敌我形势的基础上,果断地做出了在淮海地区打一大仗的战略决策。1948年10月11日,毛泽东亲自起草《关于淮海战役的作战方针》的电报,对淮海战役的部署提出了具体意见。而作为第一线指挥员的粟裕,在经过深思熟虑后,敢于实事求是地向中央重大战略部署提出不同意见,是难能可贵的。

淮海战役是一场真正的人民战争,淮海战役的胜利正是人民的胜利。在淮海战役中,人民的支持是中国共产党人赢得胜利的重要法宝。淮海战役进行中,解放区人民群众提供了巨大的人力、物力支援。它使人民解放军取得了真正的优势,使这场战争成为真正的人民战争。据统计,当年苏鲁豫皖四省解放区动员民工达543万人,组织牲畜10万多头,担架20万多副,小车41万辆,挑子30万多副,还设立粮站110多处,供应粮食4.5亿多公斤,建立伤员转运站150多处,运送伤员11万多人,协助部队运输弹药1000多万吨。在淮海战役中,人民群众对广大指战员充满了深厚的情谊,给予了极大的支持,做出了无私的奉献,谱写了党同群众生死相依、患难与共的动人篇章。①

淮海战役精神和无数革命先烈用鲜血和生命凝结而成的党

---

① 胡明:《传承好淮海战役的红色基因》,载《群众》,2018年,第13期,第51—52页。

的光荣传统和优良作风，正是我们党穿越时空的红色基因，无论何时都具有永恒的魅力和深远的影响，是我们取之不尽，用之不竭的精神动力和红色养分。

历史、现实、未来是相通的，只有对我们党昨天的奋斗有深切了解，才能做好今天的现实工作，承担起明天的新使命，更好地走向未来。今天，我们已经进入中国特色社会主义新时代，肩负实现中华民族伟大复兴重任，更加需要传承好包括淮海战役精神在内的红色基因，从中汲取奋发向上的精神力量，凝心聚力、攻坚克难，不忘初心、牢记使命、永远奋斗。正如习总书记所说，只要全党全国各族人民团结一心、苦干实干，中华民族伟大复兴的巨轮就一定能够乘风破浪，胜利驶向光辉的彼岸。

大事记

1925 年

8月,共青团宿县独立支部成立,书记杨梓宜。

秋,共青团宿县临涣特别支部成立。

1926 年

5月,中共宿县独立支部成立,书记朱务平。

8月,中共宿城临时支部成立,书记由朱务平兼任。

冬,中共泗县支部成立,书记王子玉。

1927 年

8月,中共宿县临委成立,书记徐风笑。

8月,中共泗县特别支部建立,书记王子玉。

1928 年

1月,中共砀山特别支部建立,书记蒋嘉宾。

3月,中共萧县特别支部成立,书记胡玄圃。

6月28日,中共萧县县委成立,书记孙叔平。

10月,中共砀山县委成立,书记蒋嘉宾。

1929 年

9月,中共灵璧县小吴家支部成立,书记戴文生。

秋,中共泗县县委成立,丁超伍(丁再德)任书记。

1930 年

5月,中共濉溪中心区委成立,书记李时庄。

1931 年

春,中共徐州特委分成铜山、宿县、宿迁三个中心县委。中心县委直属江苏省委领导。

7月,中共江苏省委巡视员刘瑞龙到徐海蚌地区巡视工作。

1932 年

6月,宿县、铜山两个中心县委合并,重建徐州特委,特委书记由吴国治代理。

8月16日,由于宿县县委书记任训常在古饶集暴动中牺牲,中共徐州特委调孙达之到宿县任县委书记。

11月,中共长淮(蚌埠)特委书记朱务平在南京雨花台英勇就义。

1933 年

春,中共宿县县委书记孙达之,到县城东关全兴粮行与管账的进步青年李雪楼取得联系,以该粮行职员的身份为掩护,恢复和发展宿县党的组织。

8月,孙达之在宿城东关被捕,宿县县委遭到严重破坏。

1934 年

3月,砀山城北党组织第三次遭到破坏,党的活动基本停止。

1935 年

2月上旬,中共苏鲁边区临时特委成立,特委书记郭子化。特委以"职业掩护,站稳脚跟,积蓄力量,以待时机"为工作方针,隐蔽恢复和发展党的组织。

1936 年

中共党员徐风笑从上海回到家乡宿县临涣,创办"共学处",推行贫民识字运动,并以教书为掩护,向群众进行抗日宣传。

冬,泗县党组织开始恢复。中共苏鲁豫皖特委书记郭子化通知泗县党员许宝庭(1935年4月出狱)去徐州开会,研究恢复泗县党的组织。许宝庭回到泗县后,在许大庄一带恢复和发展党的组织,发展党员25人,建立2个党支部。

1937 年

春,泗县白庙圩党支部书记许宝新,赴陕北瓦窑堡中央干校学习,支部书记由许宝霞接任。

上半年,中共党员赵一鸣等相继获释出狱,他们出狱后,在宿城酝酿成立抗日救亡社组织,开展抗日工作。

1938 年

1月,中共宿县特别支部成立,戴晓东任特支书记。

2月,中共砀山工委成立,书记尹夷僧。

5月17日,日军进入砀山周寨制造周寨惨案。

5月18日,萧城沦陷。

5月19日,宿城沦陷。

5月22日,日军包围萧县牛眠村制造牛眠惨案。

5月25日,砀城沦陷。

5月26日,灵璧沦陷。

9月30日,彭雪枫率新四军游击支队东征抗日。

11月8日,泗县县城沦陷。

11月,皖东北特支建立,江上青任特支书记。

1939年

3月,中共皖东北特委建立,书记杨纯。

3月初,豫皖边省委成立,书记张爱萍,副书记吴芝圃。

4月,中共砀山县委成立,书记王恒德(王振扬、李振扬)。

5月,中共灵宿县委成立,书记孔子寿。

5月,张爱萍赴皖东北工作。

6月,中共苏皖边区党委成立,金明任书记。

8月29日,江上青在泗县小湾村遇难。

9月,中共豫皖苏边区党委成立,书记吴芝圃,副书记刘瑞龙(后向明、周季方接任)。

9月,中共砀南县委成立,书记杨元璋。

10月,中共灵睢县委成立,书记戴尚义(后王觉民)。

10月,中共泗县县委成立,书记石立志。

11月6日,刘少奇视察新四军游击支队。

12月,苏皖边区军政委员会建立,书记张爱萍。

1940年

1月,中共丰单砀中心县委建立,书记刘昭筹。

1月,中共灵北县委建立,书记李广涛(2月廖量之接任)。

2月,中共夏永砀中心县委成立,书记王学明。同时成立夏永砀县政府,刘稚秋任县长。

3月,中共萧灵睢铜边县委成立,王觉民任书记。5月,并入中共灵睢县委。

4月底,刘少奇视察皖东北。

7月,中共淮上地委、淮上办事处成立(1941年1月改为淮上行署),辖怀远、凤台、蒙城、宿南、宿东5个县党组织和政权,地委书记李丰平,副书记王学武,李丰平、雷明先后任办事处主任。

9月,中共萧县县委成立,书记辛程。

9月,中共皖东北地委成立,书记张彦。地委辖淮泗、泗宿、泗北、泗南、泗五灵凤、盱凤嘉6个县(工)委及半城、界集2个直属区。

1941年

1月22日,刘少奇、陈毅电令彭雪枫以游击战争坚持津浦路西现有阵地。

2月,张爱萍率部西返皖东北。

5月,中共萧西县委成立,书记戴世雅。

6月6日,中共宿东地委成立。书记谢邦治,副书记张德群

（何启光）。

6月下旬，中共宿东县委成立。书记曹介，副书记毛更苏、李春元，县委隶属宿东地委，辖10个区党组织。

6月，中共丰单砀县委成立。

9月，中共宿灵县委成立。宿灵县委驻大小秦家一带，辖花庄区和宿南区。县委书记姚克，副书记李玉亭。不久，成立了宿灵边大队，郑良瑞任大队长。

11月18日，新四军第四师参谋长张震受淮北区党委委托，赴宿东地区检查指导工作。

1942年

3月，中共泗灵睢县委成立。

4月14日，淮北军政党委员会成立。华中局决定，以邓子恢、彭雪枫、刘子久、刘瑞龙、赖毅、萧望东6人组成淮北军政党委员会，邓子恢任书记。

秋，中共萧铜县委改称中共萧宿铜县委。

秋，宿灵办事处改为宿灵县政府。

11月，淮北根据地实行一元化领导。根据中共中央决定和华中局指示，淮北根据地实行党的一元化领导。淮北区党委由邓子恢任书记，刘子久任副书记，彭雪枫、刘瑞龙、吴芝圃为委员，统一领导淮北根据地党政军民工作。同时，决定撤销淮北军区，由新四军第四师兼淮北军区，彭雪枫兼司令员，邓子恢兼政委，张震兼参谋长，吴芝圃任政治部主任。

1943年

1月8日,宿东地委改为淮北苏皖边区第四地委。书记张太生,副书记何启光,王烽午、李任之为委员。

5月,灵北县建立。县委书记毛更苏、副书记陈立祥;县长王烽午,副县长毛更苏。

上半年,宿东办事处改为宿东县政府。县长赵一鸣,副县长岳之平。

1944年

4月15日,萧宿铜灵县抗日民主政府成立。

9月,萧县、宿(县)西、砀(山)南地区先后恢复。中共萧县县委、萧县抗日民主政府建立,县委书记纵翰民,县长彭笑千。

11月,萧县县总队成立,许西连、纵翰民分别兼任总队长和政委。中共宿西县委、宿西县抗日民主政府成立,李时庄任县委书记兼县长。中共砀南工委、砀南大队先后成立,王次青任工委书记兼大队长。

12月17日,中共灵北中心县委成立。中心县委代管宿东、宿灵、灵北3个县委,李任之、李春元任正、副书记。

1945年

8月19日,泗县县城解放。县委书记石立志,县长胡铁民。

9月5日,灵璧县城解放。县委书记李任之,县长农超谋。

9月27日,濉溪解放。

10月11日,华中第七、第八地委成立。华中局决定:原淮北路东第一、第三地委合并,改为华中第七地委。赖毅任地委书记,刘玉柱任副书记,辖宿县、灵璧、泗县、泗南、泗阳、泗宿、五河、盱凤嘉、邳睢、铜睢、萧铜、淮宝、洪泽湖、睢宁14个县(工)委,地委驻泗县县城。原淮北第二地委改为华中第八地委,吴芝圃任地委书记,何启光任副书记。地委驻宿西县丁合子(今属濉溪县)。辖雪枫(永城)、宿西、萧县、夏邑、宿怀、宿蒙、雪商亳、雪涡8个县。

10月17日,萧县解放。

10月18日,宿东、宿灵县合并为宿县。县委书记李玉亭,县长赵一鸣。

1946年

11月8日,豫皖苏军区、区党委成立。张国华任军区司令员,吴芝圃任政委、区党委书记,陈明义任军区参谋长,王幼平任军区政治部主任。

1947年

1月,淮北工委、淮北挺进支队成立。由饶子健、赵汇川、王学武、王烽午、张灿明、陈元良、李任之组成党政军工作委员会(简称淮北工委),饶子健任书记。同时,以华野第九纵队第七十七团、第八十一团、骑兵团一部以及地方干部大队共3300余人组成淮北挺进支队,司令员兼政委饶子健,副司令员兼参谋长赵汇川,副政委兼政治部主任王学武,副主任王烽午。

4月,萧宿永县成立。县委书记田启松,县长李品立,副县长谢继恩。

6月,宿怀、宿蒙县恢复。宿蒙县委书记兼县长邵光,副县长马敦五;宿怀县委书记兼县长汪冰石,副书记崔剑晓。

9月26日,陈粟大军发起豫皖苏战役。

10月中旬,萧宿永县撤销,恢复萧县和宿西县。萧县县委书记兼县长朱玉琳,副书记王尚三,副县长单劲之,宿西县委书记田启松,县长赵元俊。

10月,泗灵睢县恢复。县委书记周宇明,县长胡铁民。

11月21日,华中第七分区攻克泗县城。

1948年

1月初,灵璧县委建立。吴云培任县委书记兼县长。

3月初,萧宿县建立。县委书记王尚三,县长张岸。

3月28日,淮北军区成立。军区司令员饶子健,政委向明(未到职)。

5月29日,江淮第二地委成立。

7月25日,江淮第三地委、专署、分区成立。地委机关驻灵璧北张大路。地委书记李任之,副书记吴云培;专员赵一鸣,副专员张祚萌;分区司令员李士怀,政委李任之(兼),副政委王烽午。

9月,萧城解放。

9月22日,泗县县城解放。县委书记石立志,县长胡铁民。

11月3日,邓小平、陈毅向第三分区传达"关于进行淮海战役"的指示。

11月6日,淮海战役开始。中国人民解放军华东野战军、中原野战军以及华东、中原、华北部分地方武装共60多万人,同国民党徐州"剿匪"总司令刘峙所部及其增援部队80万人,在以徐州为中心,东起海州,西迄商丘,南达淮河,北抵临城(今薛城)的广大地区内进行战略决战。

11月7日,砀山解放。

11月10日,中野指挥部移驻宿西临涣。

11月16日,宿城解放。

11月16日,淮海战役总前委成立。中共中央军委决定,由刘伯承、陈毅、邓小平、粟裕、谭震林组成淮海战役总前敌委员会,邓小平任总前委书记,指挥华东、中原两大野战军,以徐州为中心与国民党军队决战。中央军委指出"此战胜利,不但长江以北局面大定,即全国局面亦可基本解决"。

11月25日,中野将黄维兵团包围在宿县双堆集、南坪一带。

11月25日,灵璧县城解放。县委书记吴献贤,县长谢楠。

12月5日,中野司令部下达对黄维兵团总攻击命令。

12月12日,刘伯承、陈毅发出《促黄维立即投降书》。

12月6日,华野歼灭了孙元良第十六兵团。兵团司令孙元良只身化装逃跑。

12月16日,华野指挥部移驻萧县蔡洼。

12月17日,淮海战役总前委在蔡洼召开会议。会议研究了淮海战役结束后的渡江战役和部队整编方案。

12月,宿城市设立。江淮第三地委为尽快恢复与发展宿城的

工业、商业,决定设立宿城市,市委、市政府负责人周圣权、祝明夫。

1949 年

1月10日,淮海战役结束。

3月25日,中共宿县地委、宿县专员公署、宿县军分区成立。宿县地委书记李任之,副书记吴云培;宿县专员公署专员赵一鸣,副专员张祚萌;宿县军分区司令员李士怀,政委李任之(兼),副政委王烽午。

3月底,宿县地委组织支援渡江战役。

6月,宿东、宿西合并为宿县。县委书记田启松,县长郑良瑞。

参考文献

[1]中共安徽省委党史工作委员会.安徽现代革命史资料长编(第一卷)[M].合肥:安徽人民出版社,1986.

[2]中共灵璧县委党史办公室.灵璧县革命斗争史[M].合肥:安徽人民出版社,1990.

[3]中共安徽省委党史工作委员会.淮北抗日根据地[M].北京:中共党史出版社,1991.

[4]于有龄,张家耐,夏成一,薛长德.宿县英烈[M].上海:华东师范大学出版社,1992.

[5]中共安徽省委党史工作委员会.中共安徽党史大事记[M].合肥:安徽人民出版社,1992.

[6]中共安徽省委党史工作委员会.中共安徽党史纲要[M].合肥:安徽人民出版社,1992.

[7]中共宿县地委党史办公室,中共宿县地委讲师团.党史党建文汇[M].合肥:安徽人民出版社,1992.

[8]中共河南省委党史工作委员会,中共确山县党史工作委

员会.刘少奇主持中原局[M].郑州:河南人民出版社,1993.

[9]中共淮北市委党史办公室.心上的丰碑[M].合肥:安徽人民出版社,1993.

[10]中共宿县县委党史工作委员会.中国共产党安徽省宿县党史资料[M].合肥:安徽人民出版社,1993.

[11]欧远方,童天星.淮北抗日根据地史[M].北京:中央文献出版社,1994.

[12]中共安徽省委党史工作委员会.安徽现代革命史资料长编(第三卷)[M].合肥:安徽人民出版社,1995.

[13]中共江苏省委党史工作办公室.中共江苏地方史[M].南京:江苏人民出版社,1996.

[14]新四军第四师老战士回忆录编委会.抗战在淮北[M].北京:华艺出版社,1997.

[15]王敏.中共宿州市党史简编[M].合肥:黄山书社,1998.

[16]中共淮北市委党史研究室.鏖战双堆集[M].合肥:安徽人民出版社,1998.

[17]中共淮北市委党史研究室.血染的土地——淮北市地区抗日斗争史料集[M].合肥:黄山书社,1998.

[18]阜阳市新四军历史研究会,中共阜阳市委党史研究室.豫皖苏边抗日丰碑[M].北京:中共党史出版社,2000.

[19]史文敏.魂系皖东北[M].北京:中共党史出版社,2000.

[20]中共安徽省委党史研究室.中国共产党安徽地方史(第

一卷)[M].合肥:安徽人民出版社,2000.

[21]中共宿州市委党史研究室.中国共产党宿州史[M].北京:中共党史出版社,2001.

[22]中共中央党史研究室.中国共产党历史(第一卷)[M].北京:中共党史出版社,2002.

[23]中共安徽省委党史研究室.中共安徽八十年简史[M].合肥:安徽人民出版社,2003.

[24]中共淮北市委党史研究室.中国共产党淮北地方史[M].北京:中共党史出版社,2004.

[25]中共泗县县委党史研究室.中国共产党泗县地方史(第一卷)[M].北京:新华出版社,2004.

[26]安徽省新四军历史研究会.安徽抗日战争史[M].合肥:安徽人民出版社,2005.

[27]中共萧县县委党史研究室.中国共产党萧县地方史(第一卷)[M].北京:中共党史出版社,2006.

[28]何沁.中国共产党武装斗争认识史[M].北京:中共党史出版社,2007.

[29]孟繁孝,史文敏,马学孟.淮海决战与宿州[M].北京:新华出版社,2007.

[30]中共安徽省委党史研究室.安徽省抗战时期人口伤亡和财产损失[M].北京:中共党史出版社,2010.

[31]史鉴.敌后战场的战略基地——中国共产党领导的抗日

民主根据地纪事[M].北京:中共党史出版社,2015.

[32]中共中央党史研究室.中国共产党的九十年(新民主主义革命时期)[M].北京:中共党史出版社,党建读物出版社,2016.

[33]中共宿州市埇桥区委党史研究室.中国共产党宿州市埇桥区历史[M].合肥:黄山书社,2017.

[34]齐克省,黄忠超.攻占宿县是淮海战役胜利的关键[J].安徽教育学院学报,1998(1).

[35]胡居成.从"小淮海"到"大淮海"——淮海战役中的粟裕大将[J].党史博览,2002(2).

[36]刘明光,胡北.中国共产党是全民族抗战的中流砥柱[J].合肥:党史纵览,2015(9).

[37]刘义贤,马自勤,刘璇.红色基因是中国共产党最宝贵的精神财富[J].决策与信息,2017(3).

[38]胡明.传承好淮海战役的红色基因[J].群众,2018(13).

[39]吴奇.中共在淮北抗日根据地的执政经验研究[D].天津:天津商业大学,2013.

后　记

　　宿州是一块具有悠久历史和光荣革命传统的红色热土。自二十世纪二十年代以来,在中国共产党的领导下,宿州地方党组织团结带领广大人民为争取民族独立、人民解放进行了不懈的奋斗,涌现出无数可歌可泣的英雄人物。抗日战争时期,新四军第四师的抗日健儿在这片土地上与日本侵略者进行了浴血奋战;解放战争时期,刘伯承、邓小平、陈毅、粟裕指挥的中原、华东两大野战军,在这里开辟了淮海战役的主战场……

　　二十世纪末二十一世纪初,欧远方、童天星、王敏、史文敏等安徽党史界前辈已对发生在宿州土地上的这段光荣的革命历史作了深入而细致的研究,并取得了丰硕的成果。如1994年欧远方、童天星主编的《淮北抗日根据地史》,1998年王敏主编的《中共宿州市党史简编》,2001年史文敏主编的《中国共产党宿州史》……

　　党的历史是党的根、党的魂。2019年3月,习近平总书记在参加政协会议文化艺术界、社会科学界委员联组会时语重心长地

说:"不忘初心,方得始终啊!我们的初心是什么?上海石库门、南湖红船,诞生了中国共产党,14年抗战、历史性决战,才有了中华人民共和国。共和国是红色的,不能淡化这个颜色。"

这本《红色宿州》,是在安徽大学陆发春教授悉心指导下,在吸收前辈研究成果的基础上,对宿州革命史进行的一次专题式梳理,以期擦亮这张红色名片,使红色宿州的底色愈加鲜红,进而从中汲取前进的智慧和力量。然而笔者深知,由于自己才疏学浅,缺乏党史知识积淀,对陆发春教授的指导意见理解执行得不够;对欧远方、童天星、王敏、史文敏等党史界前辈已有的研究成果和学界新涌现的研究成果,吸收和消化得也远远不够。因而,书中一定会存在诸多的缺点和不足,敬请各位前辈和读者批评指正。同时,对学界前辈和一直指导本书写作的安徽大学陆发春教授、安徽省委党史研究院徐京主任,以及为本书出版付出巨大心血的安徽教育出版社表达我最衷心的感谢和崇高的敬意。

胡　　北